"十二五"职业教育国家规划教材
经全国职业教育教材审定委员会审定

全国旅游专业规划教材

中国旅游客源国概况

（第8版）

ZHONGGUO
LÜYOU KEYUANGUO GAIKUANG

王兴斌　主编

北京·旅游教育出版社

责任编辑：郭珍宏

图书在版编目（CIP）数据

中国旅游客源国概况 / 王兴斌主编. --北京：旅游教育出版社，2000.10（2024.7）

ISBN 978-7-5637-0867-3

Ⅰ.①中… Ⅱ.①王… Ⅲ.①旅游业－旅游客源－研究－世界 Ⅳ.①F591

中国版本图书馆CIP数据核字(2000)第04297号

"十二五"职业教育国家规划教材
全国旅游专业规划教材

中国旅游客源国概况
（第8版）

王兴斌　主编

出版单位	旅游教育出版社
地　　址	北京市朝阳区定福庄南里1号
邮　　编	100024
发行电话	（010）65778403　65728372　65767462（传真）
本社网址	www.tepcb.com
E - mail	tepfx@163.com
排版单位	北京旅教文化传播有限公司
印刷单位	北京市泰锐印刷有限责任公司
经销单位	新华书店
开　　本	720毫米×960毫米　1/16
印　　张	16.75
字　　数	272千字
版　　次	2019年6月第8版
印　　次	2024年7月第11次印刷
定　　价	39.00元

（图书如有装订差错请与发行部联系）

目 录

第一章 世界旅游客源市场 ·· 1
  第一节 世界旅游业概况 ·· 1
  第二节 世界旅游区概况 ·· 4
  第三节 世界旅游客源市场格局及发展前景 ···················· 11
  学习提要 ·· 15

第二章 中国旅游业 ·· 17
  第一节 中国旅游业历史与现状 ······································ 17
  第二节 中国（大陆）入境旅游市场 ································ 19
  第三节 中国（大陆）出境旅游市场 ································ 22
  第四节 中华旅游市场 ··· 25
  学习提要 ·· 28

第三章 亚洲地区 ·· 29
  第一节 东北亚地区 ··· 29
  　日　本 ·· 29
  　韩　国 ·· 36
  　朝　鲜 ·· 42
  　蒙　古 ·· 47
  第二节 东南亚地区 ··· 50
  　泰　国 ·· 50
  　马来西亚 ··· 56
  　新加坡 ·· 61
  　菲律宾 ·· 66
  　印度尼西亚 ·· 71

越　南 …………………………………………………… 75
　　　柬埔寨 …………………………………………………… 79
　　　缅　甸 …………………………………………………… 82
　　第三节　南亚地区 ………………………………………… 86
　　　印　度 …………………………………………………… 86
　　　巴基斯坦 ………………………………………………… 92
　　　尼泊尔 …………………………………………………… 97
　　　马尔代夫 ………………………………………………… 101
　　第四节　中亚地区 ………………………………………… 104
　　　哈萨克斯坦 ……………………………………………… 104
　　　吉尔吉斯斯坦 …………………………………………… 108
　　第五节　西亚地区 ………………………………………… 110
　　　沙特阿拉伯 ……………………………………………… 110
　　　阿拉伯联合酋长国 ……………………………………… 113
　　　伊　朗 …………………………………………………… 117
　　　土耳其 …………………………………………………… 120
　　　以色列 …………………………………………………… 124
　学习提要 ……………………………………………………… 129

第四章　欧洲地区 ……………………………………………… 130
　第一节　西欧地区 …………………………………………… 130
　　　英　国 …………………………………………………… 130
　　　德　国 …………………………………………………… 136
　　　法　国 …………………………………………………… 141
　　　奥地利 …………………………………………………… 147
　　　比利时 …………………………………………………… 151
　　　荷　兰 …………………………………………………… 154
　　　瑞　士 …………………………………………………… 158
　第二节　北欧地区 …………………………………………… 162
　　　挪　威 …………………………………………………… 162
　　　芬　兰 …………………………………………………… 165
　　　瑞　典 …………………………………………………… 169
　　　丹　麦 …………………………………………………… 172

第三节　东欧地区 …… 176
　　俄罗斯 …… 176
　　波　兰 …… 182
　　捷　克 …… 186
　　匈牙利 …… 189
第四节　南欧地区 …… 192
　　西班牙 …… 192
　　葡萄牙 …… 199
　　意大利 …… 202
学习提要 …… 207

第五章　美洲地区 …… 208
第一节　美国 …… 208
第二节　加拿大 …… 216
第三节　墨西哥合众国 …… 221
第四节　巴西 …… 226
学习提要 …… 231

第六章　非洲地区 …… 232
第一节　埃及 …… 232
第二节　南非 …… 237
第三节　尼日利亚 …… 243
学习提要 …… 246

第七章　大洋洲 …… 248
第一节　澳大利亚 …… 248
第二节　新西兰 …… 253
学习提要 …… 257

参考书目与网站 …… 258

第8版修订后记 …… 260

第一章

世界旅游客源市场

第一节 世界旅游业概况

旅游业作为国民经济的一个重要产业，作为世界经济的一个组成部分，旅游活动作为一种有组织、大规模的社会性活动，作为世界经济文化交流的一个重要领域，作为人类文明生活方式的一个组成部分，是随着近代世界市场经济的发展和世界政治经济文化体系的形成而产生并发展起来的。

近代旅游业发端于19世纪中叶的西欧和北美。伴随着火车和轮船的出现，19世纪六七十年代，西欧和北美出现了专门组织国内和跨国旅游的旅行社。从19世纪后期起，旅游活动的主体从少数的贵族、僧侣、商贾、政要、探险家、科学家，扩大到以观光休闲和商务活动为主要目的的富裕市民，旅游的范围从国内向跨国、跨洲扩展。

20世纪前半叶，世界经济在战争危机和革命风暴的冲击下起伏不定，世界旅游业时断时续，发展缓慢。20世纪后半叶以后，世界的主题从战争与革命转向和平与发展。科技革命日新月异，人类文明突飞猛进，经济文化迅速发展，国际交往日益频繁，人们的物质和文化生活水平不断提高，世界旅游业也随之取得了空前的发展，进入了一个全新的阶段。

——旅游活动具有广泛的群众性。2018年全年全球旅游总人次达121亿人次，全球旅游总收入达5.34万亿美元，相当于全球GDP的6.1%。2018年，全球国内旅游人次达108.2亿人次，全球国内旅游收入达3.76万亿美元。旅游消费已从少数权贵豪富的特权享受，进入寻常百姓的家庭，成为现代生活方式的一个组成部分。

——国际旅游业发展速度快、增幅大。从1950年到2018年，国际旅游从2520万人次增加到13.23亿人次，国际旅游收入从21亿美元增加到1.59万亿美元。旅游业的发展速度高于世界经济平均发展水平。

——旅游活动遍及全球。它从西欧、北美等近代产业革命的发源地和经济发达地区扩展到全世界。旅游者的足迹遍及欧洲、美洲、亚洲、大洋洲、非洲以至南极洲。

——旅游的内容和方式日趋多样化。观光、度假、商务、会展、文化、研学、康养、体育、探险、探亲、婚庆等各类旅游产品和项目层出不穷，观光游览与各种社会活动密切结合，具有越来越丰富的社会文化内涵，并从生活性的服务业发展为生活性服务与生产性服务相结合的现代服务业。

——旅游业已成为当今世界经济中最大的产业，成为许多国家国民经济的重要产业和创汇渠道。2017年全球旅游业收入已占到全球国内生产总值的10%、全球贸易的7%、全球就业人口的1/10、全球出口的7%、全球服务贸易的30%。

——旅游业的国内管理和国际协调走向制度化、规范化。许多国家设立了专门的或复合的旅游管理机构，世界性和区域性的国际旅游组织纷纷成立，国内管理和国际协调逐步加强。世界旅游组织是联合国下属的国际官方旅游机构。世界旅行旅游理事会是世界非官方的旅游专业研究机构。亚太旅游协会是亚洲和太平洋地区的区域性国际合作组织。近年来又成立了世界旅游联盟和世界旅游城市联合会。

回顾19世纪中叶以来的历史，人类社会经历了工业革命之后，而今已进入了数字革命时代，服务业在国民经济和社会生活中的作用日益重要，旅游业经历了从传统服务业向现代服务业的重大变革。

——旅游资源依托。传统旅游业主要依托自然生态资源和历史文化资源，现代旅游业更注重挖掘当代各种社会资源（工业、农业、文化、科技、教育、康体、节事、现代科技成就、军事工程等），依托整个现代城乡社会环境，同时出现了由文化为主题、科技为支撑的综合性主题公园等新颖资源。

——旅游产品特征。传统旅游业主要提供观光、度假和康体健身等休闲娱乐产品，通常被认为是生活性服务产品。现代旅游业进一步扩展到公务、商务、会议、展览、人才培训和企业推广等产品，具有生活性服务与生产性服务的双重属性。

——客源市场范围。传统旅游业的市场幅度较窄小，主要在国内和周边邻近地区，而现代旅游业扩展到全球。传统旅游业的市场群体有限，主要是政要、富商和名流等社会富裕阶层。现代旅游业的消费群体已扩展到以中产阶级为主体的社会众多阶层，包括收入较低的群体。

——旅游科技支撑。传统旅游业主要依托近代以蒸汽机发明使用为标志的第一次产业革命成果（火车、汽车、轮船等）、以电气发明使用为标志的第二次产业革命的成果（电话、传真等），现代旅游业是在以数字电子为标志的第三次产业革命成果的基础上，广泛地吸收、利用现代科技的各方面成果，从而使旅游产品的制作、营销、服务和管理等各个领域发生革命性的变革。

——旅游产业组织。传统旅游企业一般在国内或洲内从事经营活动，由客运、旅行社、旅馆、餐饮店、商店、康乐机构等不同类型的企业各自承担相应的旅游服务环节，形成招徕、组织、客运、观光、住宿、餐饮、康乐、购物等旅游服务链。现代旅游业逐步形成了跨行业、跨国家、跨洲界的国际性旅游集团，形成了由批发、代理、零售组成的全球性旅游产销体系。

——旅游产业队伍。传统旅游业主要是劳动密集型产业，就业门槛相对较低。现代旅游业以高新科技为支撑，以创意产业与知识经济为依托，拥有一支优秀的企业家队伍、高素质的管理团队、具有各种技术专长的专家群体以及训练有素的员工队伍。

——旅游产业形态。传统旅游业主要由客运、景区、住宿、餐饮等行业组成，配套的有通信、购物、娱乐、康疗等行业，产业构成较为简单。现代旅游业以行、游、住、食、购、娱和信息为核心，是由旅游服务行业和与该行业直接、间接相关的一、二、三产业共同构成的旅游产业群，是由众多行业链与行业群组成的产业集合体。

——旅游社会功能。传统旅游业主要看重其经济功能，现代旅游业在经济功能的基础上，强调其文化功能、社会功能和生态功能，是促进公共外交、民间交往和文化传播的重要渠道，对传播国家形象、促进国家软实力提升具有广泛的作用。

——旅游与自然环境的关系。传统旅游业依托良好的生态环境和优美的自然风光，侧重对自然生态环境的利用开发，是对自然生态环境的"索取"。现代旅游业在依托生态环境和自然风光的同时，更注重对自然生态环境的保护、培育和优化，已成为资源节约型、环境友好型产业。

——全球国际化、区域一体化。第二次世界大战以前，旅游业的国际联系与协调主要在市场经济由旅游企业自发进行，各国政府间少有官方联系。20世纪中后期以后，国际协调逐步加强，旅游经济的全球国际化、区域一体化程度越来越高，出现了众多全球性和区域性的政府、行业和专业性的国际旅游组织，形成了旅游管理与服务的国际化规则、标准与惯例。联合国世界旅游组织（UNWTO）拥有156个成员国、6个准成员国和逾400个代表私营部门、教育机构、旅游协会和地方旅游局的下属成员。非官方的国际旅游研究机构有：世界旅行旅游理事会（WTTC）、亚太旅游协会（PATA）。近年来又成立了世界旅游联盟（WTA）和世界旅游城市联合会（WTCF）。

第二节 世界旅游区概况

按照世界旅游组织（UNWTO）的统计标准，全球分为五个旅游区：非洲、美洲、亚洲及太平洋、欧洲和中东。

一、非洲地区

非洲全称阿非利加洲（Africa），总面积3030万平方千米，约占世界陆地总面积的20.2%；人口约7.48亿，约占世界人口的12.8%。[1]在地理上习惯分为北非、东非、西非、中非和南非。世界旅游组织把非洲地区分为北非和撒哈拉以南非洲两大部分，同时又把撒哈拉以南非洲进一步划分为西/中非、东非和南非等地区。

非洲的历史悠久，文化独特。15世纪以后，长期遭受西方殖民主义侵略。目前已全部独立，共有56个国家和地区，绝大多数属于发展中国家。

非洲幅员辽阔、地貌多样、历史悠久、民俗奇异，具有丰富的历史文化遗迹、迷人的自然风光和奇异的野生动植物。截至2013年6月，非洲共有世界自然文化遗产91处。非洲文化旅游有远古人类寻祖之旅、中世纪文化遗产之旅、近代非洲历史风云之旅和非洲民俗采风之旅；自然生态方面有探险旅游、自然奇观旅游和海滨海岛度假旅游。

非洲的旅游业起步晚、基础差，正在加速发展。1960年，非洲接待国际旅游者75万人次，占世界总数的1.1%；国际旅游收入1.78亿美元，占世界总额的2.6%。2017年接待国际旅游者0.63亿人次，占世界份额5%；国际旅游收入0.37万亿美元，占世界份额3%。世界旅游组织预测，到2030年非洲接待国际旅游者将达到1.34亿人次，占世界市场份额7.4%。

非洲地区各国政府旅游管理机构。

1. 单设旅游部的国家

埃及共和国旅游部，安哥拉饭店与旅游部，厄立特里亚旅游部，莫桑比克旅游部，塞内加尔手工业和旅游部，塞舌尔旅游部，肯尼亚旅游部，几内亚比绍旅游部，科特迪瓦旅游部，安哥拉饭店与旅游部，坦桑尼亚旅游管理委员会。

2. 旅游与文化等部门结合的国家

埃塞俄比亚文化和旅游部，冈比亚旅游和文化部，贝宁文化、扫盲、手工业和旅游部，赤道几内亚信息、文化和旅游部，尼日利亚旅游、文化指导部，利比

---

[1] 世界分国地图册.星球地图出版社，2005年1月.第16、167页。

里亚新闻、文化与旅游部，喀麦隆旅游和娱乐部，布基纳法索文化和旅游部，塞拉利昂旅游与文化部，刚果（布）旅游和环境部，吉布提青年、体育、娱乐与旅游部，赤道几内亚信息、文化和旅游部，加纳旅游与宗教关系部。

3. 旅游部与工商等部门结合的国家

阿尔及利亚旅游和手工业部，摩洛哥旅游和手工业部，突尼斯贸易与旅游部，利比亚旅游和传统工业总局。佛得角旅游、工业和能源部。布隆迪共和国商业、工业、邮政与旅游部，加蓬促进投资、公共工程、交通、住房、旅游和领土整治部，乍得旅游和手工业部，几内亚旅馆业、旅游业与手工业部，毛里塔尼亚商业、手工艺和旅游部，马里手工业和旅游部，圣多美和普林西比工业、商业和旅游部，卢旺达商业、工业、投资、旅游和合作社部，中非旅游和手工业发展部，利比亚旅游和传统工业总局，塞内加尔手工业和旅游部，乌干达旅游、贸易与工业部。

4. 旅游部与交通等部门结合的国家

毛里求斯旅游和对外交通部，科摩罗邮政、电信、新信息技术推广、通信兼交通和旅游部，马达加斯加旅游、交通和气象部。

5. 旅游部与生态环境等部门结合的国家

博茨瓦纳环境、野生动物与旅游部，多哥环境、旅游与森林资源部，莱索托旅游、环境和文化部，马拉维旅游、野生动物和文化部，津巴布韦环境与旅游部，南苏丹野生动植物保护和旅游部，马拉维旅游、野生动物和文化部，斯威士兰旅游和环境事务部，赞比亚旅游、环境和自然资源部，纳米比亚环境和旅游部，刚果（金）环境、自然保护与旅游部，苏丹旅游与野生动物部。

二、美洲地区

美洲全称亚美利加洲（America），陆地面积4213.8万平方公里，约占世界陆地总面积的28.2%。人口7.94亿，约占世界总人口的13.8%。[1] 在地理上习惯分为北美洲和南美洲。居民大都是英、法等欧洲国家移民的后裔，其次是印第安人、黑人和混血人种。北美洲主要通用英语和法语，南美洲巴西的官方语言为葡萄牙语，法属圭亚那为法语，圭亚那为英语，苏里南为荷兰语，其他国家均使用西班牙语。本土的印第安人使用印第安语。居民主要信奉天主教和基督教新教。

全美洲包括51个国家和地区。通常把美洲分为北美地区、拉丁美洲和加勒比地区两部分。北美地区主要指美国和加拿大两国，以及格陵兰岛等。拉丁美洲和加勒比地区包括北美国家墨西哥、中美洲地峡各国、加勒比地区和南美大陆及其毗邻岛屿。第二次世界大战后，本地区20个独立国家均为拉丁语系国家，通

---

[1] 世界分国地图册. 星球地图出版社，2005年1月. 第16页。

称拉美国家。

美洲的经济发展非常不平衡。北美是世界经济最发达的地区之一，由美国、加拿大和墨西哥组成的北美自由贸易区实力强大。拉丁美洲为发展中地区，20世纪70年代以来，拉丁美洲经济发展较快，巴西、墨西哥、阿根廷、委内瑞拉、智利、哥伦比亚和秘鲁等国，已建立起相对完整的工业体系或初步的工业基础，为新兴经济体国家。

美洲地域广阔、自然条件多样、历史人文厚重、社会经济多层，旅游吸引元素多样，具有开展多种旅游的自然、人文和社会环境。截至2013年6月，美洲有世界自然文化遗产167项。主要旅游产品有现代都市之游、印第安文化之旅、美洲开拓历史之旅、自然观光与生态之旅和热带海岛海洋之旅。

美洲地区是世界重要的旅游区之一。1960年，美洲接待国际旅游者1670.5万人次，占世界总数的24.1%；国际旅游收入24.52亿美元，占世界总额的35.7%。2017年，接待国际旅游者2.87亿人次，占世界份额的16%；国际旅游收入3.9万亿美元，占世界份额的24%。世界旅游组织预计，2030美洲接待国际旅游者将达到2.48亿人次，占世界市场份额的13.7%。

美洲地区国家政府旅游管理机构。

1. 单设旅游主管部门的国家

巴西、墨西哥、厄瓜多尔、阿根廷、巴巴多斯、巴拿马、巴拉圭、多米尼加、格林纳达（由外交部长兼任旅游部长）、古巴、海地、危地马拉、哥斯达黎加、特立尼达和多巴哥、委内瑞拉、玻利瓦尔、牙买加、洪都拉斯、萨尔瓦多、尼加拉瓜。

2. 旅游与商贸部门结合的国家

美国商务部旅游发展局，加拿大小企业和旅游国务部，智利经济部国家旅游服务局，玻利维亚对外贸易和投资部内设旅游副部长，安圭拉财政、经贸投资和旅游部，百慕大商业发展和旅游部，哥伦比亚贸易、工业和旅游部，秘鲁外贸与旅游部，牙买加工业和旅游部，开曼群岛财政、旅游和发展部（由总理兼任该部部长），圭亚那财政、经贸、投资和旅游部，圣多美和普林西比工业、商业和旅游部，荷属圣马丁旅游、经济事务、运输和通信部。

3. 旅游部与航空企业等部门结合的国家

阿鲁巴旅游、劳工和运输部，安提瓜和巴布达旅游、民航和文化部，伯利兹旅游、民航、文化部，巴哈马旅游和航空部/旅游局，下设旅游促进基金会，格林纳达旅游、民航、文化部，圣基茨和尼维斯旅游和国际运输部，圣卢西亚旅游和民航部，苏里南运输、通信和旅游部。

4. 旅游部与体育部门结合的国家

乌拉圭东岸旅游和体育部。

5. 旅游与司法部门结合的国家

多米尼克旅游与法律事务部。

三、东亚及太平洋地区

亚洲全称亚细亚洲（Asia），面积4400万平方公里，占世界陆地面积的29.4%；人口约32.39亿，约占世界总人口的60.5%，为世界人口最稠密的大陆。共有49个国家和地区。[①]亚洲在地理上习惯分为东北亚、东南亚、南亚、西南亚、中亚和北亚。

大洋洲（Oceanica），意为大洋中的陆地，1812年由丹麦地理学家马尔特·布龙命名；陆地总面积为897.1万平方公里，约占世界陆地总面积的6%，人口约2962万，占世界总人口的0.5%，是世界上面积最小、人口最少的一个洲。欧洲移民的后裔占70%以上，当地土著居民约占20%。绝大部分居民通用英语并信奉天主教，少数居民信奉其他宗教。共有14个独立国家和10多个美、英等国的附属地和内部自治区。[②]

东亚及太平洋地区（简称东亚太地区）包括中国、朝鲜、韩国、蒙古、日本、泰国、马来西亚、新加坡、印度尼西亚、菲律宾、文莱、东帝汶、越南、老挝、柬埔寨和缅甸等国，还有澳大利亚、新西兰以及其他南太平洋岛国和地区。

东亚太地区按经济发展水平可分为三个层次：一是经济发达国家，如日本、澳大利亚和新西兰；二是新兴工业国家，如新加坡、韩国等；三是发展中国家。近半个世纪来，东亚太地区一直是世界经济快速发展的地区。

亚太地区自然、历史、人文资源丰富多样，截至2013年6月，亚洲共有世界自然或文化遗产185项，大洋洲共有世界自然或文化遗产28项。主要旅游产品有历史文化旅游、社会人文旅游、都市旅游、自然奇观与生态旅游、海洋和滨海度假旅游。

亚太地区旅游业的区域合作与区域经济合作同步发展。亚太经济合作组织成立的10个专业工作组中，成立旅游工作组。东南亚国家联盟设有贸易和旅游委员会，下设东盟旅游协会，亚太地区的旅游组织还有太平洋亚洲旅游协会、东亚旅游协会和亚太旅游健康协会等。

60多年来，东亚太地区旅游业的发展超出世界平均速度，居世界之首。1960年，接待国际游客68万人次，占世界总数的1.0%；国际旅游收入1.95亿美元，占世界总额的2.8%。2017年，接待国际游客3.23亿人次，占全球总额24%，旅游收入3.89万亿美元，占全球总额30.3%。世界旅游组织预测，2030年东亚太地

[①] 世界分国地图册．星球出版社，2005：16、35.

[②] 同上书．第16、207页。

区接待国际旅游人数将达到5.35亿人次,占世界市场份额的29.6%。

亚太地区国家政府旅游管理机构。

1. 单设国家旅游部（局）的国家

朝鲜国家旅游总局,菲律宾旅游部,柬埔寨旅游部,缅甸饭店与旅游部,印度旅游部,斯里兰卡旅游部和不丹旅游委员会,阿曼旅游部,卡塔尔国家旅游局,乌兹别克全国旅游机构、土耳其旅游部、以色列旅游部。新西兰旅游部,汤加旅游部,萨摩亚旅游部。

2. 旅游与文化等部门结合的国家

中国文化和旅游部,韩国文化体育观光部,马来西亚旅游与文化部,泰国旅游与体育部,老挝新闻文化与旅游部,印度尼西亚旅游与创意经济国务部,马尔代夫旅游、艺术与文化部,阿富汗信息、文化和旅游部,吉尔吉斯斯坦文化与旅游部,伊朗文化遗产、手工业和旅游组织（由副总统任部长）、巴基斯坦文化旅游部、巴林文化部下设旅游局,约旦旅游与文物部,巴勒斯坦旅游和文物部。巴布亚新几内亚旅游、艺术与文化部,所罗门群岛文化和旅游部。

3. 旅游与工商等部门结合的国家

新加坡贸易和工业部下设旅游局,格鲁吉亚经济与可持续发展部,文莱产业和首要资源部下设国家旅游局,澳大利亚联邦资源、能源和旅游部,东帝汶民主共和国旅游、商业和工业部。图瓦卢外交、劳工、贸易、旅游和环境部。瓦努阿图旅游与贸易部（由副总理兼任部长）,库克群岛教育、海洋资源、旅游、珍珠管理和国家人力资源发展部。

4. 旅游部与交通等部门结合的国家

日本国土运输省下设观光厅,尼泊尔文化、旅游和民航部,孟加拉国民航与旅游部,基里巴斯共和国通信、交通和旅游部,斐济群岛共和国公共企业、工业、旅游、民航、贸易和通信部由1名部长兼任,钮埃民航、旅游、环境和体育部由总统兼任部长。

5. 旅游与环境保护部门相结合的国家

蒙古环境、绿色发展与旅游部,帕劳自然资源、环境和旅游部,密克罗尼西亚资源发展部。

四、欧洲地区

欧洲全称欧罗巴洲（Europe）,全洲面积1016万平方公里,占世界陆地总面积的6.8%;人口7.9亿,占世界人口总数的12.7%。[①] 欧洲在地理上习惯分为南欧、西欧、中欧和东欧,到2006年5月有45个国家和地区。

---

① 世界分国地图册. 星球地图出版社,2005:16、107.

欧洲是当代世界旅游业最发达的地区。古代希腊罗马文明，近代文艺复兴运动、民主革命和工业革命，现代科技革命、城乡一体化和区域政治经济一体化，多样性的地质地貌、气候天象和动物植物形成的自然生态环境，为欧洲旅游发展开拓了广阔的天地。欧洲旅游资源集自然生态、历史文化与社会人文于一身，旅游产品富于经典性、独特性和普适性。截至2013年6月，欧洲有459项世界自然文化遗产。

"二战"以后的半个多世纪中，欧洲政治经济一体化进程持续推进。欧洲联盟现有成员国28个，内部实现了商品、劳务、资本和人员的自由流通，废除关税和进口限额，统一工业和产品标准，加强和扩大在环保、交通、教育、科研和旅游等领域的合作。随着欧洲一体化的深入，旅游业的国际协调和合作不断加强。欧洲旅游委员会成立于1948年。欧洲联盟制定了统一的旅游行动纲领，要求各成员国政府大力支持旅游业的发展，协调国营和私营企业之间的合作，建立统一的质量保证体系，成立欧洲旅游管理学院，推动了欧洲旅游的高质量发展。

欧洲是近代旅游业的发源地，也是当代世界旅游业最发达的地区，历来居世界各大洲之首。1960年，欧洲接待国际旅游者5035.1万人次，占世界总数的72.6%；国际旅游收入39.18亿美元，占世界总额的56.8%。2017年，接待国际旅游者6.7亿人次，占世界份额51%；旅游外汇收入5.19万亿美元，占世界份额39%。世界旅游组织预测，2030年欧洲地区接待国际旅游者将达到7.44亿人次，占世界市场份额的41.1%，将继续在世界上保持领先地位。

欧洲地区国家政府旅游管理机构。

1. 单设国家旅游部（局）的国家

白俄罗斯国家旅游机构，克罗地亚旅游部，塞尔维亚国家旅游局，摩纳哥旅游和会议管理局，蒙迪内哥罗旅游部，爱沙尼亚旅游局，塞浦路斯国家旅游组织。

2. 旅游部与文化/体育部结合的国家

英国文化、传媒和体育部，俄罗斯联邦体育、旅游和青年部，比利时文化部，希腊文化与旅游部（据世界旅游组织网站为国家旅游组织），意大利地区事务、旅游与体育部，哈萨克斯坦体育与旅游部，摩尔多瓦文化和旅游部，格鲁吉亚体育和旅游部，土库曼斯坦国家旅游与体育委员会，阿塞拜疆文化旅游部，塔吉克斯坦青年、体育和旅游委员会，亚美尼亚贸易与经济发展部，阿尔巴尼亚旅游、文化、青年和体育部，波兰体育与旅游部，马耳他旅游、文化和环境部，斯洛伐克文化和旅游部（据世界旅游组织网站，为运输、建设和区域发展部），摩尔多瓦文化和旅游部，乌克兰文化和旅游部，圣马力诺旅游、体育、经济计划和公用事业国企关系部（世界旅游组织网站，为旅游、体育、通信、运输和经济合作部）。

3. 旅游部与工商等经济部结合的国家

德意志经济与技术部，法国旅游行政管理机构是法国经济、工业和就业部，西班牙工业、商业和旅游部，奥地利经济与劳工部，瑞士经济部，芬兰贸易与工业部，挪威贸易与旅游部，丹麦商业和经济增长部，冰岛工业、能源和旅游部，卢森堡旅游、中小企业部，安道尔旅游、贸易与产业部，直布罗陀旅游、贸易和港口部，荷兰经济事务部，葡萄牙经济部，罗马尼亚中小企业、商业环境和旅游特派部，捷克地方发展部，匈牙利国家经济部，保加利亚经济、能源与旅游部，立陶宛经济部，马其顿经济部，斯洛文尼亚经济发展和技术部，拉脱维亚经济部。

4. 旅游部与交通部结合的国家

爱尔兰交通、旅游和体育部。

5. 旅游部与环境部结合的国家

黑山可持续发展和旅游部，波斯尼亚和黑塞哥维那（波黑）联邦环境和旅游部。

6. 旅游设在外交部内的国家

瑞典王国外交部下设旅游局。

五、中东地区

世界旅游组织统计体系中的"中东"包括巴林、埃及、伊拉克、约旦、科威特、黎巴嫩、阿曼、卡塔尔、沙特阿拉伯、巴勒斯坦、叙利亚、阿拉伯联合酋长国和也门等13国，不包括以色列和土耳其。人口2.28亿，绝大多数为阿拉伯人，通用阿拉伯语，大多数居民信仰伊斯兰教，少数居民信仰基督教、犹太教和其他宗教。

中东地区大多数国家国民经济以开采原油和炼油为主，是世界上最大的石油输出地。沙特阿拉伯、科威特、阿联酋、卡塔尔、巴林和阿曼等国是石油输出高收入国家，以色列和土耳其属中等发达国家，其余大都是发展中国家。

中东地区地扼欧、亚、非三大洲的交通要道，曾经是世界两河（底格里斯河和幼发拉底河）流域文明发源地，基督教、伊斯兰教和犹太教的发源地和圣地，丰富而独特的民俗风情和宗教文化古迹，海滨、沙漠、死海等奇特的自然景观，构成了神秘而诱人的旅游吸引物。截至2013年6月，阿拉伯国家有世界自然文化遗产74处。毗连三大洲的地理区位、东西方多元文化的交汇和跌宕起伏的历史进程，形成了中东的特殊区情，造就了中东旅游的独特品质。伊斯兰文化之旅、历史遗产之旅和时尚休闲度假之旅并存，中东地区的地中海、红海和阿拉伯海海滨也建设了完善的休闲度假设施。

中东地区的旅游业长期受该地区战争和恐怖活动的制约，起伏不定，发展缓慢。1960年，中东地区接待国际旅游者63万人次，占世界总数0.9%；国际旅游收入0.89亿美元，占世界总额的1.3%。2017年，接待国际旅游者0.58亿人次，占世界份额4%；旅游外汇收入1.16万亿美元，占世界份额5%。世界旅游组织预计，2030年中东地区接待国际旅游者将达到1.49亿人次，占世界市场份额的8.2%。

中东国家的旅游管理体制：单独设立旅游部或国家旅游局的有埃及旅游部、阿曼旅游部和卡塔尔国家旅游局；旅游与文化文物部门结合的有巴林文化部下设旅游局，约旦旅游与文物部，巴勒斯坦旅游和文物部；旅游与手工业相结合的有利比亚旅游和传统工业总局。

第三节 世界旅游客源市场格局及发展前景

一、世界旅游将持续、稳健发展

世界旅游是世界经济和国际交流的晴雨表，其发展态势首先受到世界经济形势的制约，反映世界经济的走势，同时各国政局与国际关系对世界旅游的发展发生重大影响，国际冲突、恐怖活动或战争，不管局部性还是全局性，都会对世界旅游发生直接影响。严重的技术性灾难、自然灾害或疾病流行也会对世界旅游起伏产生快捷影响。旅游业是一个十分敏感但又十分坚韧的产业，人们休闲度假的民生需求与商务文教科技交流的社会需求是推动旅游发展的根本动力，在发展进程中虽有波折但会迅速复苏、强劲反弹。当今世界和平与发展的主题没有改变，世界旅游仍会以略高于世界经济的发展速度持续发展。

世界旅游组织于2017年1月发布的《2030年全球旅游展望研究报告》预测，今后20年间国际旅游将会以年均3.3%的增长率发展。世界旅游组织预测，2010—2030年期间，全球国际入境游客人数将从9.35亿人次增长到2020年的14亿人次、2030年的18亿人次。

二、全球旅游区域重心持续东移

旅游业是国民经济的组成部分，国际旅游业是世界经济的组成部分。旅游业的发展水平、旅游客源市场的成熟程度，总体上取决于社会经济的发展水平。世界旅游客源市场的格局从根本上说是由世界经济格局决定的。

亚太地区接待的国际入境游客人数预计将在今后20年增加3.31亿人次，由2010年的2.04亿人次增加至2030年的5.35亿人次。中东和非洲地区的入境游客接待量有望在此期间实现翻番，分别从0.61亿和0.50亿人次增加至1.49亿和1.34亿人次。而欧洲和美洲地区增长相对较慢，分别由4.75亿人次增加至7.44亿人次，由 1.5 亿人次增加至 2.48 亿人次。亚太、中东和非洲地区在全球旅游市场中的比重呈上升趋势，将分别由 2010 年的 24.3%、3.8% 和 5.2% 提高到 2030 年的 29.6%、8.2% 和 7.4%；欧洲和美洲地区的比重将呈下降趋势，分别从 50.5% 和 16.2% 下降至 41.1% 和 13.7%（见表 1-4）。

从全球范围来看，国际旅游人数和世界人口比例将由 2010 年的 14∶100 上升至 2030 年的 22∶100，但地区之间存在较大差异。欧洲地区的出境旅游人数比例最高，将由 2010 年的 57∶100 上升至 2030 年的 89∶100。亚太地区将由 3∶100 提升到 6∶100。美洲和中东地区的比例将分别由 17∶100 上升到 24∶100 和 25∶100。从国际旅游人数和地区人口比例的角度衡量国际旅游的发展水平，欧洲仍居前列，美洲和中东地区居中位，亚太地区居后位，非洲地区居末位。

三、新兴经济体国家接待入境游客的发展速度高于发达经济体国家

多年来，新兴经济体国家出境旅游迅速增长、出境旅游消费强劲，有力地拉动了国际旅游消费的增长。新兴国家的国际旅游发展潜力巨大，是推动世界旅游的强劲增长点。2000 年发达国家经济体国家接待国际游客 4.30 亿人次，占世界总额的 63%；新兴经济体国家接待国际游客 2.50 亿人次，占世界总额的 37%。2017 年发达国家经济体国家接待国际游客 7.26 亿人次，占世界总额的 55%；新兴经济体国家接待国际游客 5.97 亿人次，占世界总额的 45%。据预测，2030 年发达国家经济体国家接待国际游客将达 7.7 亿人次，占世界总额的 43%；新兴经济体国家接待国际游客将达 10.4 亿人次，占世界总额的 57%。

四、旅游区域合作不断深入、旅游市场全球化和区域一体化持续发展

世界经济全球化和区域一体化的潮流推动着世界旅游市场全球化和区域一体化的发展。世界旅游市场欧洲、美洲和亚太三足鼎立的格局将仍然存在。欧洲地区旅游一体化将深入发展，亚太地区旅游一体化将逐步推进，北美地区旅游一体化将继续发展。"金砖 5 国"和"一带一路"国家在世界旅游平台上的作用将逐步显现。

五、旅游需求更加多样化、个性化

科技革命的发展、社会经济文化的普及、弹性工作制的推广、退休年龄的提前、人口的老龄化、就业妇女的增多、晚婚趋势的发展、移民和出境限制的放松等，使更多的人将有更多的时间、财力和兴趣参加旅游的发展和人口结构的变化，使旅游者的数量增加、素质提高。以探亲、就医、宗教等为目的的出行增长速度将明显超过休闲与商务出行。

旅游经营服务方式不断创新。旅游需求的变化必然导致旅游供给和经营管理方式的革新。传统的团队式、全包价式的接待方式将发生变化，逐步向自由组合、自主选择、灵活多样的形式发展。数字信息系统将应用于旅游经营管理和旅游服务的各个环节之中。旅游线路的选定，交通票证的预购，客房、餐饮和文体娱乐活动的预订和销售将逐步普及数字化运行。世界各大旅行商、饭店集团、航空和其他交通部门将实行数字化经营。

旅游与文化、工业、农业、商贸、教育、体育和交通等各种产业和部门的协调、合作和融合将更加广泛与深入，旅游的文化、经济、民生、生态功能将得到充分发挥。世界各大旅行商、饭店集团、航空和其他交通部门将实行互联网经营。旅行商兼营行、住、食、购、娱等多种业务；旅游业与文化、工业、农业、商贸和交通等产业广泛融合，旅游产业的综合性将达到更高的水平。

表1-1 1950—2010年世界各地区接待国际游客人数和旅游外汇收入表

地区	接待游客数（亿人次）							旅游外汇收入（亿美元）						
	1950	1960	1970	1980	1990	2000	2010	1950	1960	1970	1980	1990	2000	2010
全球	0.252	0.694	1.658	2.782	4.41	6.806	9.39	20.8	69	179	1066	2731	4792	9276
非洲	0.005	0.08	0.024	0.073	0.152	0.282	0.50	0.1	2	5	34	64	106	304
美洲	0.075	0.167	0.423	0.623	0.928	1.282	1.50	11.0	25.0	48	247	693	1310	1810
亚太	0.002	0.009	0.062	0.236	0.577	1.149	2.04	0.4	2	12	113	467	904	2552
欧洲	0.168	0.504	1.13	1.775	2.653	3.841	4.75	9.0	39	110	637	1456	2316	4093
中东	0.002	0.006	0.019	0.075	0.10	0.252	0.61	0.3	1	4	35	51	156	517

资料来源：根据世界旅游组织（WTO）历年公布数据编制。

表1-2 1950—2010年世界各地区接待国际游客人数和旅游外汇收入份额表

地区	接待国际游客数份额（%）							国际旅游外汇收入份额（%）						
	1950	1960	1970	1980	1990	2000	2010	1950	1960	1970	1980	1990	2000	2010
全球	100.0	100.0	100.0	100.0	100.0	100.0	100.0	100.0	100.0	100.0	100.0	100.0	100.0	100.0
非洲	2.0	1.1	1.5	2.6	3.3	4.1	5.2	4.8	2.9	2.8	3.2	2.0	2.2	5.3
美洲	29.6	24.1	23.0	21.6	20.6	18.8	16.2	52.4	36.2	26.8	23.2	26.6	27.3	15.9
亚太	0.08	1.3	3.6	8.2	12.3	16.9	24.3	1.9	2.9	6.7	10.6	15.7	18.9	21.8
欧洲	66.4	72.5	70.5	65.5	62.1	56.5	50.5	42.9	56.5	62.0	59.8	53.7	48.3	50.6
中东	0.08	1.0	1.4	2.1	1.7	3.7	3.8	1.4	1.5	2.2	3.3	2.0	3.2	6.4

资料来源：根据世界旅游组织（WTO）历年公布数据编制。

表1-3　2017年全球各地区国际旅游接待人次与收入表

地区	国际旅游人数		国际旅游收入	
	亿人次	份额 %	万亿美元	份额 %
欧洲	6.70	51	5.19	36
亚太地区	3.23	24	3.92	27
美洲	2.09	16	3.90	27
非洲	0.63	5	0.37	3
中东	0.58	4	0.98	7
合计	13.23	100.0	14.36	100.0

资料来源：世界旅游组织《旅游亮点》（2018年版）。

表1-4　2010年、2020年、2030年世界各地区接待国际游客人数和旅游外汇收入份额表

地区	2010年（实际）		2020年（预测）		2030年（预测）	
	亿人次	份额（%）	亿人次	份额（%）	亿人次	份额（%）
全球	9.4	100.0	13.60	100.0	18.10	100.0
非洲	0.50	5.2	0.85	5.3	1.34	7.4
美洲	1.50	16.2	1.99	15.9	2.48	13.7
亚太	2.04	24.3	3.55	21.7	5.35	29.6
欧洲	4.75	50.5	6.20	50.6	7.44	41.1
中东	0.61	3.8	1.01	6.5	1.49	8.2

资料来源：世界旅游组织《旅游亮点》（2016年版）。

表1-5　2017年世界前10位入境旅游人数、国际旅游收入与支出的国家/地区表

位序	入境旅游人次		入境旅游收入		出境旅游支出	
	国家/地区	万人次	国家/地区	亿美元	国家/地区	亿美元
1	法国	8690	美国	2107	中国*	2577
2	西班牙	8080	西班牙	680	美国	1350
3	美国	7590	法国	607	德国	891
4	中国*	6070	泰国	575	英国	714
5	意大利	5830	英国	512	法国	414
6	墨西哥	3930	意大利	442	澳大利亚	342
7	英国	3770	澳大利亚	417	加拿大	318

续表

位序	入境旅游人次		入境旅游收入		出境旅游支出	
	国家/地区	万人次	国家/地区	亿美元	国家/地区	亿美元
8	土耳其	3760	德国	398	俄罗斯	311
9	德国	3750	墨西哥/中国	356	韩国	306
10	泰国	3540	日本	347	意大利	277

资料来源：根据世界旅游组织《旅游亮点》（2018年版）编制。

* 中国：指中国大陆的入境旅游收入，包括香港、澳门与台湾地区入境游客的人数。

表1-6 1980年、1995年、2020年发达经济体国家与新兴经济体国家接待国际游客人次与份额表

	1980		1990		2010		2020		2010—2020年均增长率（%）
	亿人次	份额（%）	亿人次	份额（%）	亿人次	份额（%）	亿人次	份额（%）	
世界	2.77	100.0	5.28	100.0	9.48	100.0	13.6	100	3.8
发达国家	1.94	70.0	3.34	63.3	5.06	53.0	6.43	54.7	2.6
新兴国家	0.83	30.0	1.93	36.5	4.42	47.0	7.17	45.3	4.49

资料来源：世界旅游组织《旅游亮点》（2016年版）。

表1-7 2020—2030年发达经济体国家与新兴经济体国家接待国际游客人次与份额表

地区	2010年（实际）		2020年（预测）		2030年（预测）		年均增长率（预测）		
	亿人次	份额（%）	亿人次	份额（%）	亿人次	份额（%）	2010—2030（%）	2010—2020（%）	2020—2030（%）
全球	9.4	100.0	13.60	100.0	18.09	100.0	3.3	3.8	2.9
发达国家	4.98	53	6.43	47.3	7.72	42.7	2.2	2.6	1.8
新兴国家	4.42	47	7.17	52.7	10.37	57.3	4.4	4.9	3.6

资料来源：世界旅游组织《旅游亮点》（2018年版）。

学习提要

本章是全课程的总纲。了解世界旅游的全局是认识中国出入境的发展环境和发展前景的前提。

教学重点

1. 世界旅游业发展趋势。
2. 世界旅游市场格局。

 思考与讨论

世界旅游格局与世界经济格局之间有什么关系?

第二章

中国旅游业

第一节　中国旅游业历史与现状

一、中国旅游业发展简史

中国是一个幅员辽阔、风光多姿、历史悠久、文化灿烂的文明古国。古代中国一直是东方政治、经济、文化的中心。唐代的长安（今西安），元、明、清时的北京，曾有万方使臣、客商、高僧、名士云集。在自然经济占统治地位的封建社会中，中国虽有旅行游览活动，但没有也不可能形成作为经济产业的旅游业。

20世纪初，英国的通济隆洋行、美国的运通公司和日本的国际观光公社，在上海、天津和广州等沿海城市设立了分公司，经营中外人士在中国的出入境旅游。1923年8月，上海商业储蓄银行设立了"旅游部"，开始经营国内旅游业务，主要范围在沪、宁、杭地区。1927年6月，该部改名"中国旅行社"。其总社设在上海，全国有22个分社、9个支社、7家旅馆，并在马来西亚、印度、越南、缅甸、菲律宾、美国、新加坡和中国香港等国家和地区设有办事处，出版有《旅行杂志》（1927—1954年）。"中国旅行社"开创了中国人自办旅行社的先河。

中华人民共和国成立后，中国旅游业的历史揭开了新的一页。建国初期，福建、广东先后成立华侨服务社，免费或低费为华侨出入境服务。1954年4月，中国国际旅行社成立。1957年3月各地华侨服务社合署办公，1974年与中国旅行社合署办公并更名为"中国旅行社"。1964年中国旅行游览事业管理局成立。中国的旅游事业逐步发展。在当时的国际环境和政治经济体制下，旅游活动及其管理属于外事接待和统战工作的一部分，还没有成为一个经济产业。20世纪六七十年代是世界旅游业迅速发展时期，而中国正处于"文化大革命"期间，中国的旅游事业与世界旅游业更拉大了距离。

二、中国旅游业的历史性转变

党的十一届三中全会以后,随着改革开放的深入,中国的旅游业经历了一场历史性转变。邓小平在1979年初指出:"旅游事业大有文章可做,要突出地搞,加快地搞。""旅游这个行业,要变成综合性行业。"

(1)在旅游业的性质上,从政治接待活动转变为经济产业,旅游业成为由食、住、行、游、购、娱六个要素组成,并关联到一、二、三产业发展的新兴综合性产业。2018年全国旅游业对GDP的综合贡献为9.94万亿元,占GDP总量的11.04%。旅游直接就业2826万人,旅游直接和间接就业7991万人,占全国就业总人口的10.29%。旅游业已成为国民经济的战略性支柱产业。

(2)在接待对象上,入境旅游、国内旅游、出境旅游三大市场共同发展。2018年,国内旅游人数55.39亿人次,国内旅游收入5.13万亿元;入境旅游人数14120万人次,其中外国人3054万人次;入境旅游收入达1271亿美元。中国公民出境旅游14972万人次。

(3)在产业规模上,从少数几家旅行社、高档宾馆、餐馆,发展为由饭店业、旅行社、交通、商品、娱乐、教育、宣传出版等构成的综合性的产业,旅游业与城建、农业、工业、商业、建筑、交通、外事、金融、信息、电信、国土、海洋、文化、文物、教育、出版、科技、环保、卫生、海关、公安等各行业各部门相配合,成为国民经济的支柱产业。2017年,我国已经形成2万家旅游景区、3万家旅行服务商、30万家旅游住宿机构、180万家乡村旅游接待户的庞大产业规模。旅游产品向观光游览、度假休闲与专项旅游产品方面拓展,一个规模巨大、结构优化、具有竞争力的现代化旅游产业体系基本形成。

(4)在旅游文化体系上,文化与旅游进一步融合,旅游的文化内涵不断丰富,旅游从业人员的数量和水平不断提高。由旅游教育、科研、创意、咨询、宣传、出版、文娱组成的旅游文化体系迅速发育成长,并成为旅游产业和旅游生产力中不可缺少的一部分。2017年年底,旅游院校(系)总数2641所,招生为27.39万人。

(5)在旅游经济的所有制构成上,从单一的国有制转向国有、集体、民营、个体、股份、中外合资(或合作)和外商独资并存的多种所有制结构。

(6)在管理体制上,从政企合一的指令性计划管理向政企分开的市场经济型管理转变。旅游企业从外事接待单位向自主经营的旅游企业转变。各级行政管理机构对旅游业的管理模式从指令式的微观掌管向导向型的宏观调控转变。《旅游法》等一系列旅游法规相继出台,旅游业在市场经济基础上逐步形成了政府引导、行业自律和企业自主经营的体制机制。

(7)在国际联系上,从过去的封闭走向全面、双向开放。1983年10月,我国正式加入世界旅游组织,成为该组织的第106个成员国。原国家旅游局在美国、加拿大、英国、法国、德国、瑞士、意大利、澳大利亚、日本、新加坡、印度、尼泊尔、俄罗斯和匈牙利等国设立了办事处。我国代表团参加了世界各种旅游博览会、交易会。中国旅游以崭新的姿态登上了世界旅游舞台。近年来由中国发起成立了世界旅游联盟和世界旅游城市联盟。

（8）中国旅游的国际地位日益提高。中国接待过夜入境旅游者人数在世界上的排位，1980年为第18位，2004年后上升至第3、4位；旅游外汇收入1980年排名第34位，2015年后上升为第1、2位。中国已成为世界旅游的重要目的地和客源地。由2013年第45位上升到2017年的15名。

中国旅游业在改革开放中崛起，已经树立起世界旅游大国的鲜明形象，成长为推动世界旅游发展的极富活力的重要力量。旅游业在政治建设、文化建设、社会建设、生态建设以及国际交往中发挥着积极作用，旅游业已成为我国国民经济的战略性产业，成为全面建设小康社会与和平发展的重要部分。

第二节 中国（大陆）入境旅游市场

一、入境客源市场现状

中国（大陆）入境客源市场分两大部分，一部分是香港、澳门和台湾同胞，另一部分是外国人（包括已加入外国国籍的海外华人）。在入境游客中，港、澳、台同胞和海外华侨约占8/10，外国人约2/10。40年来，中国入境客源市场基本上保持这种格局，近年来外国游客比例有所上升（见表2-1）。

表2-1　1980年、1990年、2000年、2010年至2018年入境旅游市场构成表

年份	总计	港澳台同胞		外国人	
	万人次	万人次	%	万人次	%
1980	570.2	517.3	90.7	52.9	9.3
1990	2746.2	2571.5	93.6	174.7	6.4
2000	8344.4	7328.4	87.8	1016.0	12.2
2010	13376.2	10763.5	80.5	2612.7	19.5
2018	14120	11066	78.4	3054	21.6

资料来源：根据国家旅游局历年统计资料编制。

二、国际客源市场

国际客源市场指外国游客，以亚洲为主体，欧洲和北美为两翼。

亚洲客源市场约占我国外国人客源市场的3/5左右,是国际客源市场的基础。欧洲市场约占1/4左右,北美市场约占1/10左右。

2018年入境外国游客(含相邻国家边民)4795万人次,亚洲占76.3%,欧洲占12.5%,美洲占7.9%,大洋洲占1.9%,非洲占1.4%。前17位国家为缅甸、越南、韩国、日本、美国、俄罗斯、蒙古、马来西亚、菲律宾、新加坡、印度、加拿大、泰国、澳大利亚、印度尼西亚、德国、英国(其中缅甸、越南、俄罗斯、蒙古、印度含边民人数)。

表2-2 1979年、1990年、2000年、2017年各大洲来华旅游外国人数表

洲别	1979年		1990年		2000年		2017年	
	人次(万)	份额(%)	人次(万)	份额(%)	人次(万)	份额(%)	人次(万)	份额(%)
亚洲	17.85	49.3	91.52	52.4	622.47	61.3	3201.8	74.6
欧洲	9.07	25.0	44.63	25.5	236.73	23.3	586.3	13.7
美洲	8.12	22.4	30.35	17.4	121.71	12.0	354.0	8.2
大洋洲	0.89	2.5	6.35	3.6	28.24	2.8	89.1	2.1
非洲	0.31	0.8	1.26	0.7	6.57	0.6	62.8	1.5
其他			0.63	0.4	0.32	0.1	0.22	0.0
总计	36.24	100.0	174.74	100.0	1016.04	100.0	4294.3	100.0

资料来源:根据国家旅游局历年统计资料编制。

表2-3 1979年、1990年、2000年、2017年中国前10位客源国表

位次	1979年	1990年	2000年	2017年
1	日本	日本	日本	缅甸
2	美国	美国	韩国	越南
3	菲律宾	俄罗斯	俄罗斯	韩国
4	英国	英国	美国	日本
5	法国	菲律宾	马来西亚	俄罗斯
6	新加坡	新加坡	新加坡	美国
7	德国	泰国	蒙古	蒙古
8	泰国	德国	菲律宾	马来西亚
9	加拿大	法国	英国	菲律宾
10	澳大利亚	澳大利亚	泰国	新加坡

资料来源:根据国家旅游局历年公布数据编制。

三、入境游客特点

据《中国入境旅游发展年度报告2018》，超90%的游客是第一次来中国，主要的旅游目的是游览/观光（25.7%）、休闲/度假（25.5%）、了解中国特色文化（21.2%）、探亲访友（11.8%）。主要的游览项目是文物古迹（52.50%）、文化艺术（48.00%）、山水风光（43.50%）、美食烹调（38.50%）等。

25~44岁的游客为入境旅游市场的主力，超过入境游客总数的70%。大学本科、大学专科、硕士及以上学历的入境游客人数比例最高，合计超过入境游客总数的85%。旅游伴侣主要为：和家人一起出游（27%）、和好友结伴出游（27%）、网络结伴旅游（14%）、自助游组织出游（12%）等。旅游时长的选择以8~15天（39.7%）、4~7天（38.8%）居多。

入境游客主要为中高收入人群，个人月收入在3001~5000美元、5001~8000美元的人群，两者占游客总数的一半以上。入境游客人均消费呈现中间大、两头小特征。超过80%的入境游客消费集中在1001~5000美元，消费超过5000美元的有8.1%。入境游客更倾向于选择中等价位酒店（二星、三星酒店及同级酒店）（49%）、经济型酒店（36%）、豪华酒店（12%）。

四、大陆入境市场发展前景

中国的入境客源市场将向横广方向和纵深层次拓展，地区更加广泛，规模更加宏大，群体更加多样，需求更加多元。

中国的入境客源市场将在"一体两翼"格局的基础上，进一步扩展到世界五大洲更多的国家和地区，趋向全方位、多元化。

在亚太地区经济进一步发展和该地区区域经济合作进一步深化的基础上，我国的这一主体客源市场将达到一个新的水平。

在东北亚地区，日本的经济实力仍名列世界前茅，日本的国民收入、储蓄能力和消费水平仍居亚洲前列，出境旅游已经成为国民生活的不可缺少的组成部分。日本旅华客源地将覆盖该国更多的地区，仍将是中国一大客源国。随着中韩两国经贸、文化交流的增长，交通条件的改善，中韩之间旅游的双向交流将进一步扩大。

近年来中蒙俄三国加大"茶叶之路"合作开发的旅游线路的力度。从17世纪起，"茶叶之路"始于福建武夷山产茶区，途经湖南、河北、内蒙古、蒙古高原、俄罗斯腹地莫斯科直至圣彼得堡，横跨亚欧大陆、绵延万里的运茶之道，曾繁荣活跃了近3个世纪，是一条中国连接俄罗斯乃至欧洲腹地的重要古商道。目前，中、蒙、俄三国正在联手打造"茶叶之路"国际旅游品牌。

随着中国—东盟自由贸易区的建立，中国与东南亚各国的外交、经贸和文化关系进一步加深，旅游合作将进一步扩大，东南亚作为我国的一个传统市场必将得到更大的发展。随着革新开放的深入和国民经济的发展，越南将成为中国在东南亚地区的又一新兴客源市场。印度是一个很有潜力的客源市场。印度的中产阶级正在迅速崛起，印度出境旅游一直稳步增长。中印两国是近邻，印度市场有望成为我国入境市场的一大新兴市场。

在大洋洲地区，澳大利亚和新西兰的国民经济稳步增长，商务旅游和观光度假等出境旅游在21世纪将以较快速度增长。随着中国与澳大利亚旅游交往的新进展、中澳航班的增加，澳大利亚将成为中国居民的旅游目的地，澳大利亚赴中国的客源市场也会得到同步增长。

在欧洲市场上，由于中国与欧洲各国经济合作的扩大和中国旅游产品的更新升级，英国、德国和法国等传统客源市场将有新的增长。中国与中东欧国家"15+1"的旅游合作不断加强，中东欧各国来华旅游者会有较大幅度增长，消费的质量和水平也将有所提高，来华客源市场将逐步覆盖整个欧洲。

在美洲地区，美国将仍然是中国的一个重点客源市场，来华旅游者将从目前主要集中在纽约和加利福尼亚等几大城市，扩展到美国的其他地区，客源层次将由目前的中下层居多向高中层拓展。加拿大市场亦会有较大的增长。南美洲是中国国际客源市场中的一个有待开发的处女地。随着我国与南美洲经贸文化交流的开展、新航线的开通，南美将会成为中国的一个新兴客源地。

中东和非洲历来是中国入境客源市场中的薄弱环节。中国将陆续开拓这个富有潜力的国际客源市场。

"一带一路"穿亚欧非大陆，一头是活跃的东亚经济圈，另一头是发达的欧洲经济圈，中间经东南亚、南亚、中亚和西亚到达北非、中东欧，共65个国家、32亿人口，涵盖了从低收入国家到高收入国家、发展中国家到发达国家，经济发展潜力巨大、客源市场广大。随着一带一路倡议的推进、经贸文化交流的频繁，中国与相关国家间的相互旅游会不断发展，成为我国新的旅游客源地和目的地。

中国将针对不同客源市场的特点，制订切实可行的营销计划和促销措施，巩固传统市场，发掘潜在市场，开发新兴市场；提升观光传统产品，开发度假产品，推出特种专项产品；改善入境游客的消费结构，延长逗留时间，提高人均消费水平，把入境旅游推向新水平。

第三节　中国（大陆）出境旅游市场

一、中国（大陆）出境旅游现状

中国（大陆）公民出境旅游目的地由两大部分组成：我国的香港、澳门、台湾地区和外国。其中去香港、澳门和台湾地区的一直占六七成，去外国的国际旅游者不足四成。近年来去外国的游客增长迅速，占一半左右。2017 年出境游客 13 050.1 万人次，出境旅游花费 1152.9 亿美元。2018 年出境游客 14 972 万人次，其中去香港 5103.8 万人次，去澳门 2526.1 万人次，去台湾 269.6 万人次，合计 7899.5 万人次。去外国旅游的 7072 万人次。

大陆居民出境旅游市场总体以亚太地区为主体。2017 年去亚太（含港澳台地区）的游客 89%，去欧洲的占 4.0%，去美洲的占 2.8%，去大洋洲的占 1.4%，去非洲的占 0.5%，去其他地区的占 1.9%。2017 年内地居民出境前往国家、地区居前十三位的分别是：中国香港、中国澳门、泰国、日本、越南、韩国、美国、中国台湾、马来西亚、新加坡、印度尼西亚、俄罗斯和澳大利亚。

出境旅游的目的，以观光休闲为主，其次为商务会展、探亲访友、文体/教育/科技交流、健康医疗等。出境自由行的国家越来越多，自由行游客的比例越来越大。2017 年出境游客中，大学和大专以上的占七成，中高以上收入的占六成，家人一起出游的占六成，好友结伴的占三成，参加旅行社组织的占七成，入住中等价位酒店的占五成、经济型酒店的占三成，单次花费在 1 万元以上的占六成、5000 至 1 万元的占三成。40 年来，出境旅游中因公出游的比例不断降，因私出境游客的增长速度远高于因公出境游客。

二、出境旅游政策

我国实行出境旅游目的地"ADS 协议"制度（Approved Destination Status，中文的意思是"官方确认的目的地地位"）。中国与外国分别签订关于对方作为中国公民出境为中国公民出境旅游目的地的协议，规定出境旅游目的地的确定只针对旅游团队，而不是个人，有些协议中特别限定团队的最低人数，并规定要整团出入境；双方分别确定经营中国公民出境旅游的旅行社，经营这一业务的旅行社要在对方确认的旅行社范围内寻找合作伙伴。经国家旅游局批准的特许经营中国公民自费出国旅游业务的旅行社。

截至 2018 年，在已经与我国建交的 178 个国家中已经有 130 个国家和地区成为我国公民出境旅游目的地。

亚洲：泰国（1988），新加坡、马来西亚（1990），菲律宾（1992），韩国（1998），日本、越南、柬埔寨、缅甸、文莱（2000），尼泊尔、印度尼西亚、土耳其（2002），印度、马尔代夫、斯里兰卡、巴基斯坦（2003），塞浦路斯、约旦（2004），老挝（2005），蒙古（2006），孟加拉、叙利亚、阿曼（2007），以色列（2008），阿拉伯联合酋长国（2009），朝鲜、乌兹别克斯坦、黎巴嫩（2010），伊朗（2011）、哈萨克斯坦（2016）、卡塔尔（2018）。

大洋洲：澳大利亚、新西兰（1999），北马里亚纳群岛联邦、斐济、瓦努阿图（2005）、汤加（2006）、法属波利尼西亚（2008）、巴布亚新几内亚（2009）、密克罗尼西亚、萨摩亚（2012）、法属新喀里多尼亚（2017）。

欧洲：马耳他（2002），德国、克罗地亚、匈牙利（2003），希腊、法国、荷兰、比利时、卢森堡、葡萄牙、西班牙、意大利、奥地利、芬兰、瑞典、捷克、爱沙尼亚、拉脱维亚、立陶宛、波兰、斯洛文尼亚、斯洛伐克、丹麦、冰岛、爱尔兰、挪威、罗马尼亚、瑞士、列支敦士登（2004），英国、俄罗斯（2005），安道尔、保加利亚、摩纳哥（2007），黑山（2009），塞尔维亚（2010），乌克兰（2014）、马其顿（2016）、亚美尼亚（2016）、阿尔巴尼亚（2018）。

非洲：埃及（2002），南非（2003），埃塞俄比亚、津巴布韦、坦桑尼亚、毛里求斯、突尼斯、塞舌尔、肯尼亚、赞比亚（2004），乌干达、摩洛哥、纳米比亚（2007），佛得角、加纳、马里（2009），马达加斯加、喀麦隆（2012），卢旺达（2013）、肯尼亚（2014）、塞内加尔（2016）、苏丹（2017）。

美洲：古巴（2003），智利、牙买加、巴西、墨西哥、秘鲁、安提瓜和巴布达、巴巴多斯（2005），格林纳达、巴哈马（2006），阿根廷、委内瑞拉（2007），美国、哥斯达黎加（2008），圭亚那、厄瓜多尔、多米尼克（2009），加拿大（2010）、哥斯达黎加（2015）、圣多美和普林西比（2017）、巴拿马（2018）。

三、大陆出境旅游的发展前景

目前中国大陆的出境旅游仍处在初步发展时期，出境旅游的国际化程度较低、潜力巨大，规模扩展与质量提升有十分广宽的空间。

高速增长的大陆出境市场对世界旅游业持续发展具有重大作用，引领亚太国家与地区旅游业的提升，进一步促进世界旅游重心继续向亚太地区转移；进一步提升中国旅游的国际地位，提高在国际旅游界的话语权；扩大国民视野，提高国民的国际活动素质，增进人文交流和各国人民之间的友谊；出境旅游提升国家文化软实力、推进人文领域交流与合作，改善中国的国际形象。出境市场推动中国企业加快了"走出去"的步伐，积极向外输出资本、旅游品牌、管理技术与人才。出境旅游业务向合资与外资企业的逐步开放，吸引更多商业机构进入这一产业。

出境旅游目的地将进一步扩大。出境旅游目的地以亚洲为主体、欧美为两翼的总体格局将会继续保持，赴欧洲、美洲、非洲和大洋洲的游客将会不断增长。在亚洲，将从东亚向南亚、中亚和西亚扩展；在欧洲，将从西欧向东欧扩展；在美洲，将从北美向中南美洲扩展；在非洲，将从北非、南非少数国家向非洲更多的国家扩展，旅游出游将会遍及世界更多的国家和地区。一带一路遍及亚、非、欧，带动出境旅游的深广发展。

出境旅游手续将更加方便，旅游环境将继续完善。越来越多的国家将会采取多种政策与方式，降低现有签证门槛，如免签入境、落地签证、一次签证多次进出、缩短签证时间、降低签证条件等，使大陆居民出境旅游越来越便捷。截至2018年年底，持普通护照的中国公民可免签或落地签前往的国家和地区达72个，其中与14个国家实现全面互免签证。越来越多的国家启用电子旅游签证申请和签发系统。

出境旅游从观光游览为主向休闲度假、购物、娱乐及探亲、求学、商务等多样化发展，观看与参与节事活动、邮轮旅游、考察体验、定制出游等深度旅游。团队包价游、自由行、个性化定制、"机票+酒店"半包价等出境旅游方式更加多样化。

出境旅游的管理方式将逐步改进，ADS协议将会在适宜时间做调整，其中对必须采取团队旅游的方式将会适时调整。外资旅行社和中外合资旅行社经营中国公民自费出境旅游业务将进一步放开。同时出境旅游的发展将带动旅游企业的"出境"，推动更多的服务企业首先到出境旅游的热点地区布点，开展跨国经营。中国公民出境旅游的交通、住宿、餐饮、休闲度假等服务，其中一部分将由中国在境外经营的企业提供，实现部分境外消费的外汇回流。

出境旅游者的旅游经历将逐步丰富，旅游素质将不断提高，游客消费将更加理性，从观光游览向文化体验和休闲度假扩展，大陆内部出境旅游的客源产出地将逐步从东部地区为主向中西部扩展，拓展到全国范围。

高速增长的中国大陆出境市场对世界旅游业持续发展具有重大作用，将进一步改变世界旅游格局，引领亚太国家与地区旅游业的提升，进一步促进世界旅游重心继续向亚太地区转移。

第四节　中华旅游市场

大陆、台湾、香港、澳门四个地区，一个国家、两种社会制度、四个行政区、关税区、货币区，是目前及很长时期内的社会现实。香港、澳门回归祖国后，实行"港人治港""澳人治澳""高度自治""一国两制"的方针，香港、澳门特别行政区享有充分自主管理本地区事务的权力，同时香港、澳门和台湾还是单独的关税区，各自发行货币。两岸四地都属一个中国，但四地民众彼此来往（包括旅游）都要办理某种证件和手续，游客要兑换成相应的货币进行消费。因此，两岸四地同胞之间的旅游仍称之为"入境旅游""出境旅游"。

一、内地／大陆地区入出境旅游

2018年中国内地／大陆接待入境游客共14 120万人次，其中香港、澳门、台湾共 11 066 万人次，占全部入境游客的 78%。港澳台是内地／大陆地区入境旅游市场的主体。

内地／大陆出境旅游共 14 972 万人次，其中去香港、澳门、台湾共 7899.5 万人次、占出境游客总数的 53%，港澳台一直是内地／大陆出境旅游的主要目的地。

二、香港地区入出境旅游

按香港的统计方法，访港游客由两部分游客组成：外国游客与中国大陆、澳门和台湾游客。香港方面把本地居民去内地、澳门、台湾和外国旅游称为"出港旅游"，把内地、澳门、台湾居民和外国游客来香港旅游称为"访港旅游"。

改革开放以后，香港一直是内地最大的入境客源产出地，内地是香港市民的第一旅游目的地。1997 年香港回归祖国后，赴内地游客加速增长。香港同胞赴内地旅游人数从 1997 年的 3977 万人次增长至 2018 年 7937 万人次，占内地入境游客总数的 56.2%。

1983 年香港是中国内地第一批开放内地居民出游的目的地。1997 年香港回归之后，扩大了内地居民赴港旅游的范围与数量，内地成为香港最大、最稳定的客源市场。2003 年起逐步开放内地居民赴港自由行。2018 年，内地访港游客 5103.8 万人次，占全部访港游客数 6514.8 万人次的 78.3%。

2018 年香港入境旅客共 6514.8 万人次，其中内地、澳门和台湾 3 地共 5305.8 万人次，占访港旅客总数 81.4%。香港居民出境 9221.4 万人次，其中赴内地、澳门、台湾共 8741 万人次，占出境游客总数 94.8%。

三、澳门地区入出境旅游

按澳门的统计方法，在"访澳游客"统计中，分为"大中华市场"与"国际市场"两部分。"大中华市场"由"内地"、香港特别行政区和"中国台湾"组成；"国际市场"即指外国游客。

改革开放后，内地是澳门居民外出的最主要的目的地。1996 年赴内地旅客 790.65 万人次。1999 年澳门回归祖国后，赴内地旅客大幅增长，2018 年赴内地 2515 万人次，其中过夜游客 553 万人次，占澳门赴内地旅客总数的 22.0%；一日游游客 1962 万人次，占澳门赴内地旅客总数的 78%。从 2004 年起，《内地与香港关于建立更紧密经贸关系的安排》《内地与澳门关于建立更紧密经贸关系的安排》相继实施，内地与香港、澳门之间开启了逐步实行自由贸易之门。

1983 年澳门是第一批内地居民出境旅游目的地。1998 年内地赴澳游客 72.01 万人次，1999 年澳门回归后，赴澳旅游快速增加，2005 年突破 1000 万人次。2003 年 7 月起，内地居民可以申请办理以"个人游"方式到港澳旅游，内地访澳旅客数量持续大幅上升，成为澳门现时最重要和最具潜力的庞大客源市场。2018年内地赴澳门游客2526.1万人次，占全部访澳旅客3580.4万人次的70.6%。

2018年澳门入境旅客共3580.4万人次，其中来自内地、香港、台湾共3265万人次，占入境游客总数91.2%。澳门居民出境2775.66万人次，其中前往内地、香港、台湾旅客共2624.1万人次，占出境旅游总数的94.5%。

四、台湾地区入出境旅游

按台湾的统计方法，分为"来台旅客"与"出国旅客"，"来台游客"又分为"外籍游客"与"华侨旅客"两部分，中国大陆、香港、澳门游客计入"华侨旅客"之中。

1987年10月，台湾当局宣布除现役军人和现职公职人员外，凡在大陆有血亲、姻亲等以内的亲属者，可赴大陆探亲。之后逐步放宽赴大陆旅游限制，由早期的探亲访友，向观光休闲、商务会展、科技交流和求学修学等多方向发展。1988年台湾赴大陆160.2万人次，2018年614万人次，其中过夜游客553万人次。

2001年底，台湾当局实行《大陆地区人民来台从事观光活动许可办法》，开放大陆居民赴台旅游。2001年赴台2.47万人次。2005年5月，大陆宣布将开放大陆居民赴台旅游。2006年8月，大陆方面成立"海峡两岸旅游交流协会"（简称"海旅会"），10月台湾方面成立"财团法人台湾海峡两岸观光旅游协会"（简称"台旅会"），分别由双方政府旅游管理部门官员组成，就海峡两岸双向旅游交流进行协商。

2008年5月国民党在台湾重新执政，6月，台湾海基会与大陆海峡会签署《大陆居民赴台旅游协议》，规定大陆居民赴台旅游以组团方式实施，采取团进团出形式，团体活动，整团往返。2011年6月大陆逐步开放个人赴台游。2018年大陆赴台旅客269.6万人次，占当年台湾入境旅游总人数1106.7万人次的24.3%，为第一大入境客源市场。

2018年台湾入境旅客共1073.96万人次，其中大陆、香港、澳门旅客共442.45万人次，占入境旅客总数的41.2%。台湾出境旅客1664.47万人次，其中赴大陆、香港、澳门共647.4万人次，占出境旅客总数的39%。

五、中华旅游市场

2017年，中国内地（大陆）、香港、澳门和台湾四地相互接待旅客共计19161.88万人次，近2亿人次。内地/大陆、香港、澳门、台湾互为主要客源产出地和旅游目的地。两岸四地之间彼此都已成主体客源地与目的地，而且你中有我、我中有你融为一体，形成了近2亿人次相互流动的区域性客源市场。这是世界上同一个民族、同一个国家中交流量最大的旅游区、旅游市场。

同年，大陆接待外国游客 2916.53 万人次，香港接待 1101.62 万人次，澳门接待 318.91 万人次，台湾接待 631.51 万人次，四地合计接待外国游客 4968.57 万人次。与此同时，大陆出国游客 3478.9 万人次、香港出国游客 454.7 万人次、澳门出国游客 302 万人次、台湾出国游客 349.3 万人次，四地共向世界各国输出 5280 万人次的出国游客，两岸四地已成为亚太地区最大的国际旅游目的地和出国旅游客源地、世界重要的国际旅游目的地和客源地。

2017 年 10 月 6 日习近平主席在巴厘岛出席亚太经合组织年会时对台湾代表萧万长先生说："两岸经济同属中华民族经济。"2019 年 1 月 2 日，习近平主席在《告台湾同胞书》发表 40 周年纪念会指出："我们要积极推进两岸经济合作制度化，打造两岸共同市场，为发展增动力，为合作添活力，壮大中华民族经济。"内地（大陆）、香港、澳门、台湾四个地区之间的旅游市场是中华民族旅游市场，它们之间的相互旅游是中华民族旅游市场内部的交流，不是国际旅游。

目前，两岸四地的旅游交流与合作正在深入发展，两岸四地之间人员过境、货币兑换将更加便捷，大陆居民赴港澳台的自由行更加"自由"，港澳台同胞来大陆休闲度假更加方便与适宜，四地之间开辟"一程多点"的旅游线，四地的旅游企业协作、融合逐步推进，旅游经营管理和服务人员到对方的就业更方便等。四地之间从客源互流向产业合作与融合深化拓展。一个世界上规模最大的中华旅游市场正在形成与发展之中。

学习提要

本章是全课程的核心。了解中国出入境旅游市场的格局与特点，了解内地（大陆）、香港、澳门、台湾四地旅游交流与合作的现状与前景。

教学重点

1. 中国出入境客源市场的格局与特点。
2. 香港、澳门和台湾游旅游产品、市场和旅游管理有什么特点，对内地（大陆）有什么借鉴意义？
3. 港澳台旅游业的现状与大陆旅游业的关系。

思考与讨论

"一国两制"下如何进一步发展内地（大陆）、香港、澳门、台湾四地之间的旅游交流与合作？

第三章

亚洲地区

第一节 东北亚地区

日 本

一、基本国情

1. 自然地理

日本国（Japan）是东北亚的一个岛国，位于日本海和太平洋之间，与中国是一衣带水的邻邦。领土由北海道、本州、四国、九州4个大岛和伊豆、冲绳、小笠原等3900多个岛屿组成，呈弧形延伸。总面积377 880平方公里。山地和丘陵约占全国总面积的3/4。位于环太平洋火山、地震带上，被称为"火山、地震之国"，全国约有火山200座。阿苏山的火山口规模居世界第一位，富士山是典型的圆锥形休眠火山。全国约有大小温泉近2万处。属温带海洋性季风气候，四季分明，雨水多，南北气温相差很大。常遭台风袭击。

2. 简史

公元前3~2世纪之前，进入新石器时代。公元3世纪中叶以后奴隶制国家大和国兴起。6世纪末，派遣隋使和遣唐使及大批留学生和高僧，来中国学习文字、制度、佛教、儒学和工艺技术等，仿照中国唐朝的政治经济制度，建立起了以土地国有制为基础、以天皇为绝对君主的中央集权制国家。12世纪后期形成由武士阶层掌权的幕府政治。17世纪建立中央集权封建制度，同时实行锁国政策，禁止与国外来往。

1868年1月，明治天皇废除幕府制度，实行"明治维新"，日本进入近代资本主义时期，输入了欧美文化。19世纪末至20世纪上半叶，发动一系列战争，

1945年8月15日，日本宣布无条件投降，美军占领日本，1947年5月，日本颁布新宪法。

3. 国名与国旗、国花、国鸟

国名："日本"，意思是"日出之国""太阳升起的地方"。在明治宪法中称"大日本帝国"，现行宪法中称"日本国"。

日本国旗的图案是白色布地中央有一个象征太阳的红色圆轮，称为"日之丸旗"或"日章旗"。国歌是"君之代"。日本自7世纪开始起用年号，并一直由天皇确定。1989—2019年年号为"平成"，意指"国内国外、天下地上实现和平"。2019年5月1日，新天皇德仁即位，改年号为"令和"，取自日本《万叶集》中的梅花歌，意味着美好与和平。现在的正式公函中，虽然使用日本的年号，但一般也用公历。

国花：樱花。

国鸟：绿雉。

4. 政治体制

1946年11月《日本国宪法》规定，实行立法、司法、行政三权分立制度，天皇是国家象征，无权参与国政。国会是国家的最高权力机关，是国家唯一的立法机关，国会由众议院和参议院组成。内阁是国家最高行政机关，除负责行政常规事务外，还负责执行法律、处理外交事务、签署条约、制定国家预算、制定政策法令。战后日本实行政党政治，内阁总理大臣由国会多数党首领担任。目前主要政党有民主党、自由民主党、公明党、日本共产党等。

5. 国民经济

世界第三经济大国。2017年国内生产总值（GDP）约531.4万亿日元（约合4.7万亿美元），人均国内生产总值3.7万美元。截至2018年11月底，外汇储备达12583亿美元。日本2017年对外直接投资额约174万亿日元，重点投资的国家为美国、英国、中国、巴西等，重点投资地区为亚洲、欧洲。2012年工业产值在国内生产总值中约占25%，农业产值约占1.2%，服务业占73%。

货币名称：日元。汇率：1美元≈113日元（2018年11月）。

6. 对外政策

以日美关系为基轴，加强日美安全合作，稳定对华关系，深化与东盟关系，加强对欧关系，改善日俄和日朝关系。主推"俯瞰地球仪外交"和"战略性外交"，力求参与地区和国际政治、经济和安全事务，力图成为联合国安理会常任理事国。截至2004年4月，已与190个国家建立外交关系。

二、人文习俗

1. 人口、民族、语言与宗教

人口 12 650 万（2018 年），单一民族国家，大和族占 99.3%。北海道地区目前虽然还有人口约 2.4 万的阿依努族（古亚细亚人种之一），但已基本上失去了其体质上的特征和固有的文化。通用语言是日本语。

宪法保证信仰自由，实行政教分离。日本有神道教、佛教、基督教等多种宗教。神道教起源于古代历史和神话，是日本固有的自然式宗教，祭祀场所是神社。佛教于 6 世纪由中国经朝鲜传入日本。神道教和佛教信仰人口分别占宗教人口的 52.3% 和 42.2%。基督教 1549 年从西方传入日本。很多人信仰两种以上的宗教。

2. 节假日

（1）法定节日

一年有 14 个法定节日。节日当天全国放假。当节日和星期天相重时，采取调休制。

元旦：1 月 1 日，庆贺一年的开始。

成人节：1 月 15 日，庆贺并勉励青年（满 20 岁）成年。

建国纪念日：2 月 11 日，国庆节，树立爱国心。

春分节：3 月 20 日，赞颂自然，爱护生物。

环境日：4 月 29 日，日语为"绿之日"，感谢大自然的恩惠，爱护环境。

宪法纪念日：5 月 3 日，纪念 1947 年 5 月 3 日本国宪法的颁布。

儿童节：5 月 5 日，尊重儿童的人格，期望儿童的幸福。

海洋日：7 月 20 日，感谢海洋的恩惠，愿海洋国"日本"更加繁荣。

敬老节：9 月 15 日，尊敬老人并祝愿他们长寿。

秋分节：9 月 2 日，庆祝入秋，祭奠祖先。

体育节：10 月 10 日，纪念第十八届奥运会在东京开幕。

文化节：11 月 3 日，对文化杰出人士授予文化勋章。

劳动感谢节：11 月 23 日，庆祝五谷丰收，尊重劳动。

天皇诞辰日：12 月 23 日，祝贺明仁天皇生日。

（2）民间节日

元旦（1 月 1 日），庆新年。举家去神社、寺庙参拜。全家团聚吃年饭（称"御节料理"）、吃年糕汤（称"杂煮"）、喝"屠苏酒"。

节分（立春前一天），庆祝漫长的冬天结束。夜里在住宅周围撒大豆，边撒边祷告"祸去福来"，然后吃大豆，吃的数量与年龄数相同。

樱花节（公历 3 月 15 日~4 月 15 日），日本列岛樱花盛开，迎接春天的到来。

端午节（农历五月初五），男孩子的节日。有男孩子的家里装饰武士偶人，屋檐下插上菖蒲，升起鲤鱼幡，全家吃柏叶饼或粽子。

七夕（农历七月初七），牛郎星一年一度在这天晚上渡过天河同织女星相会。

盂兰盆节（关东为7月，关西为8月），传说盂兰盆节时祖先的灵魂要回家，供奉祭品于先祖灵位前，祝福亡灵。

赏月（农历八月十五）。

彼岸（春分或秋分前后各3天共7天），到祖先墓地扫墓。佛教中指悔悟的人到达苦海彼岸即得到拯救，在民间则祈祷祖先保佑。

七·五·三节（11月15日），父母带着3岁、5岁、7岁的孩子（男孩3岁和5岁；女孩3岁和7岁）去神社参拜，祈求孩子幸福成长。

圣诞节（12月25日）。

除夕（12月31日），晚上全家团聚，欣赏一年一度的新年《红白歌》比赛。

"黄金周"：从4月29日环境日开始，5月3日宪法纪念日到5月5日儿童节，加上其间周六、周日，形成一周左右的连续休假，大多数家庭旅游休闲，机关、银行、商店停业，称为"黄金周"。

（3）带薪休假

1998年修改后的《劳动标准法》把各类人员的年度带薪休假天数做了明确规定，公务员20天，公司员工（含合同工），10~20天。出勤率在80%以上或连续工作6个月以上的劳动者，每年可以享受10天的带薪休假。6年6个月工龄以上的劳动者，每年可以有20天的带薪假期。

3. 文艺体育

重要的传统文艺有：

"大和绘"，出现于奈良、平安时代，富有日本民族风格的绘画。

"浮世绘"，出现于江户时代，为庶民的绘画及版画。

"能"剧，起源于14世纪的古典歌舞剧。

"歌舞伎"，出现于16世纪末，是反映宫廷及武士生活的历史剧目。

"文乐"，形成于16世纪的木偶戏。

"书道"，即书法，古代随汉字由中国传入日本。

"茶道"，即品茶之道，日本人接待宾客的一种特殊礼仪。

"花道"，古代随佛教从中国传入日本，亦称"插花""生花"。

传统体育运动有柔道、空手道、剑道、相扑等，其中相扑被称作"国技"。

4. 饮食

以米饭为主食，副食多吃鱼，喝酱汤。喜欢清淡，除油炸食品外，使用油的菜很少，一般都是低热量、低脂肪，而且营养也均衡。传统饭菜有生鱼片、寿司、天妇罗（油炸菜、虾、鱼等）、鸡素烧（日式火锅），还有各式各样的鱼饼、海菜制品等，讲究新鲜的配料。很少吃动物"下水"；肉铺里一般不会摆出猪蹄、鸡爪；宴会里也不会出现猪心、猪肝等。

酒分为普通酒、纯米酒、本酿造酒、吟酿酒、生酒和原酒等。其中最有代表性的是用大米酿造成的"清酒"，酒精含量15%~16%，糖分3%~4%，呈微酸，口感醇和。

大多饮绿茶，根据茶叶品质大体分为玉露、煎茶、粗茶。著名的有京都府宇治产的宇治茶等，红茶也很普及。

吃饭时忌将筷子垂直插在米饭中。因为日本习惯于人死后在枕边放一满碗米饭，把筷子垂直插在其中。

5. 社交礼仪

见面礼仪。脱帽鞠躬，很少握手。但如女性或长辈主动伸出手时，男性或晚辈即可迎握，但不要用力握或久握。与人说话不要凝视对方。常用见面礼节语有"您好""对不起""打搅您了""请多关照"，等等。习惯于准备一些见面礼品。

访问礼仪。预约访问时间。首次访问应作自我介绍（或递名片）。介绍第三者时，先将晚辈介绍给长辈、男子介绍给女子。进日本式房间前要脱鞋、脱大衣、摘帽。进房间后根据主人安排就座。不经允许不要抽烟。除特意被招待吃饭外，在吃饭时间前要离去。男性不要到女性房间谈话，有事将她邀至附近咖啡厅等。

忌讳"4"和"9"，因为日语中"4"和"9"的发音和"死""苦"相同。受西方影响，不少人也避开"13"，更忌讳星期五、13日；不用梳子做礼品，因为它的发音和"苦死"相同；赠送结婚礼品时忌送易破碎物品，"破碎"意味着良缘破裂；在佛教中，荷花常出现于丧事中；探视病人时，忌用仙客来花、山茶花为礼物；忌绿色，认为绿色不吉利；忌称"残疾人"之类词语，应称他们为"眼睛不自由的人""腿不自由的人""耳朵不自由的人"，等等。

三、旅游业

1. 旅游城市与景点

首都东京：位于本州中部，包括关东地区南部和伊豆、小笠原诸岛。文物古迹众多，如浅草神社、明治神宫等诸多神社。皇城是德川时代将军的居所，江户城的遗迹。

京都：日本从8世纪末起约有1000余年历史的皇宫所在地，有"千年古都"之称。有清水寺、三十三间堂、金阁寺、银阁寺、平安神宫、二条城、桂离宫等众多寺院及历史古迹，其建筑、庭园富有日本特色。岚山以日本樱花和红叶闻名于世，有周恩来的纪念诗碑。

奈良：日本三大古都之一，公元710—794年的日本首都，1950年被定为国际文化城，是神社、佛像、雕刻、绘画等国家重要文物所在地。有著名的东大寺、兴福寺、法隆寺等众多寺院。公元759年唐代高僧鉴真兴建的唐招提寺也在奈良。

长崎：1571年开港，是一座充满异国情趣的港口城市。1945年原子弹爆炸的中心地。旅游者可参观"长崎和平公园"以及长崎原子弹中心陈列馆。市内主要名胜古迹有兴福寺、浦上天主教堂、大浦天主教堂等。

日本制定了自然公园法和海中公园法。根据自然公园法，设有国立公园28所，国定公园（国家指定，由公园所在都道府县管理）54所，都道府县立自然公园300所。在国立或国定公园内设有海中公园130所。富士山：高3776米，为日本最高峰，世界著名火山，被誉为"圣岳"。最近一次喷发在江户时代。

目前有国家重点文物11 731件（含国宝1036件），其中美术工艺品（含绘画、雕刻、工艺品、书籍、考古资料、历史资料）9647件（含国宝829件），建筑物2084处（含国宝207处），遗迹、名胜、天然纪念物2479件，博物馆（含动物园、植物园、水族馆等）共799座。

2017年，国际旅游竞争力世界排名第4位。

2. 旅游客源市场

1998年外国游客410万人次，旅游外汇收入41.5亿美元；2014年1341.3万人次，188.5亿美元。2017年外国游客2869.1万人次，旅游外汇收入340.54亿美元。2017年接待外国游客人数与全国人口之比为23：100。五大传统客源市场是韩国、中国大陆、中国台湾、中国香港和美国，占入境旅游游客的七成以上历年入境游客中，来自亚洲的占70%以上、欧洲和美洲的各占10%左右。亚洲游客偏好购物、温泉和日餐，欧美游客偏好传统文化。

自1964年实行海外旅行自由化以来，出境旅游人数迅速增加。1971年出境旅游人数首次超过入境游。2017年出境旅游1788.93万人次，与全国人口之比为14：100。日本公民出境旅游以观光休闲为主要目的，海外休学旅游稳定增长。主要出境目的地为：美国、中国大陆、韩国、中国台湾、中国香港、泰国、越南、新加坡、中国澳门、马来西亚、菲律宾、澳大利亚和英国。客源地集中东京、横滨为主的首都圈占65%以上。2019年，190个国家和地区对日本居民实行免签入境或落地签证（据2019年亨氏指数，下同）。

1970年国内旅游第一次突破1亿人次大关。2012年国内旅游住宿4.25亿人次，国内旅游与全国人口之比为335：100。国内旅游中以"自然观光名胜游览"与"福利旅游"为主。最受欢迎的目的地依次为北海道、长野、神奈木、东京、静冈、千叶、京都、枥木、冲绳、兵库等，一半以上集中在东部关东地区。团体旅行的比重逐年减少，"夫妇旅行""独身旅行"比重逐年增加。旅行目的居首位的是温泉养生，其次是观赏自然景观。

3. 旅游产业

2016年旅游业对国内生产总值的直接贡献为2.4%，综合贡献为7.4%。2011年旅游业提供了441万人就业岗位，为就业总人数的6.9%。从1972年以后，出境游客超过了入境游客，从旅游收支顺差国成为逆差国。2011年国际旅游收入109.7亿美元、支出272亿美元，旅游贸易逆差达162亿美元。

酒店分为日式旅馆（和式榻榻米房间及和式服务）与西式酒店两大类。2010年，全国有西式酒店9629家，客房80.2万间；日式旅馆46 906家，客房76.4万间。日式旅馆一般客集规模较小（平均16间客房），注重传统文化习俗，多有温泉浴。还有价格低廉的"国民旅馆"，富有家庭气氛的"民宿"以及青年招待所等。东京帝国饭店是西式酒店的代表，有120年历史。

旅行社分三种类型：第一类旅行社既可以开展国内外旅游业务组织，也可以进行产品分销，约占旅行社总数的7%；第二类旅行社没有海外旅游业务组织的权限，相当于我国的国内旅行社；第三类旅行社和旅行代理商从事旅游产品的分销，相当于零售商。2011年，日本登记在册的第一类旅行社738家、第二类旅行社2785家、第三类旅行社5837家，总计9360家，还有旅游代理商880家。日本的旅行社行业十分集中，交通公社、近畿旅游公司、日本旅行和阪急观光、乐天旅行等10家公司的市场份额约占全国旅游市场的70%以上。

2017年日本各大铁路公司开始运营新型观光列车，这种以观光为目的的特别列车，将更加重视乘客的观光体验。

4. 旅游管理

2003年实施"观光立国"战略，作为国家战略体系的重要组成部分。2006年12月，国会通过《推进观光立国基本法》，次年6月颁布了《推进观光立国基本计划》。2008年10月在国土交通省内设观光厅，面向各国，代表日本政府加强对外交流和信息发布；面向相关省厅，加强政府横向协调；面向地方和民众，提供观光方面的咨询服务。2009年专门成立了由所有中央部门副大臣组成的"观光立国推进总部"，由国土交通大臣担任部长。日本国家观光局的前身是日本观光公社，负责旅游调查、统计与信息发布，专门负责对外旅游宣传推广。日本政府目前在世界主要客源国共设有旅游办事处13个，委托性代理机构6个。

旅游咨询机构有观光政策审议会、自然环境保全审议会、文物保护审议会和历史风土审议会，负责调查和审议自然环境、文物和历史风土的保存等。

日本的主要旅游社团有国际观光振兴会、日本观光协会、国立公园协会、观光资源保护财团、日本自然保护协会、日本饭店协会、国际观光饭店联盟、日本旅行业协会、全国旅行业协会，等等。这些团体对加强旅游促销宣传，协调各部门、行业之间的关系，促进旅游业的发展，起到了积极的作用。

1963年发布的《旅游基本法》，是所有旅游法规的依据。旅游的专门法规包括《旅行业法》《翻译导游法》《国际观光振兴会法》《旅馆业法》等。旅游的相关法规，如《国立公园法》《文化财产保护法》《城市规划法》等。

农林水产省设置绿色旅游研究会，出台相关政策，修订完善了《市民农园促进法》《农村休闲法》《促进农、山、渔村地区发展逗留型旅游活动的相关基础建设之法律》等，大力发展村民家庭旅馆、观光农业、农村休假旅游、"一村一品"等活动。

四、中日关系

1. 外交关系

1972年9月，《中日联合声明》发表，宣告两国结束不正常状态，并建立大使级外交关系。此后，两国友好关系不断发展。1973年1月，两国互设大使馆。1978年8月，两国在北京签署了《中日和平友好条约》。1983年，两国领导人确认"和平友好、平等互利、相互信赖、长期稳定"为中日关系四原则。1984年成立"中日友好21世纪委员会"。

2. 旅游关系

从1979年至2004年，日本一直是中国第一客源市场国家。2017年达到了268万人次，2018年268.9万人次，为中国第四客源国。日本来华旅游以观光休闲为主，商务旅行、经济考察与学术交流的人数增长较快，来华修学旅游的人数也有明显增加。

2000年后，日本成为中国公民出境旅游目的地国家。2017年中国大陆赴日游客约241万人次。观光、休闲度假者占78%，商务旅游者占8%，其他的占比约为10.4%。团体旅游者的比重占31.1%，自助旅游的占56.9%。2016年访日的中国内地游客637.3万人次，在访日外国人总数中占比超过25%，居首位。2017年735.6万人，花费166百亿日元（约合147亿美元），约占日本旅游外汇收入的40%。

我国文化和旅游部在日本东京和大阪设有办事处。

韩　国

一、基本国情

1. 自然地理

大韩民国（Republic of Korea）位于亚洲大陆东北朝鲜半岛的南半部，东临日本海，西与中国山东省隔黄海相望，北部以北纬38度为界，与朝鲜民主主义人民共和国相邻。面积99 262平方公里。以丘陵和平原为主，著名的山峰有汉拿山、雪岳山和智异山，较大的河流有汉江、洛东江等。西南部的平原是韩国主要农业区，半岛南面的济州岛是韩国最大的岛屿。属温带季风气候，四季分明。6、7、

8月为雨季，冬季干燥寒冷，秋季为最佳旅游季节。

2. 简史

公元 1 世纪朝鲜半岛上形成高句丽、百济和新罗三国，史称"三韩"。7 世纪，新罗统一朝鲜。新罗王朝向中国唐朝学习制度和文化，并尊佛教为国教。10 世纪，高丽取代新罗，大力仿效唐朝体制，佛教文化更为盛行。14 世纪末，李氏王朝取代高丽，改国号为朝鲜，以儒学立国，经济文化进入封建社会的鼎盛时期。1897 年李氏王朝结束，改国名为大韩帝国。1910 年起沦为日本殖民地，直到 1945 年 8 月 14 日日本投降。此时，美、苏军队以北纬 38 度为界，分别进驻南北朝鲜。1948 年 8 月 15 日，南部宣布成立大韩民国。

3. 国旗、国花、国兽与国鸟

国旗为太极旗，1883 年李氏王朝时正式确定的国旗，1948 年再次确定。太极旗的横竖比例为 3∶2，白底，中间为太极两仪，旁有黑色四卦。白地代表土地。太极的圆代表人民，圆内上下弯鱼形两仪，上红下蓝，分别代表阳和阴，象征宇宙。四卦中左上角是"乾"卦，代表天、春季、东方和"仁"；右下角是"坤"卦，代表地、夏季、西方和"义"；右上角是"坎"卦，代表日、秋季、南方和"礼"；左下角是"离"卦，代表月、冬季、北方和"智"。

韩国的国花为木槿花，称为"无穷花"，象征朝鲜民族的坚毅和充满朝气，国树为松树，国兽为虎，国鸟为鹊。

4. 政治体制

议会民主制国家，奉行"三权分立"原则，国会是国家立法机构，实行一院制。行政权属于以总统为首的政府，总统兼任政府首脑，国务总理辅助总统工作。司法权属于独立的法院。韩国总统享有国家元首和武装力量总司令的权力，有权任命总理，但无权解散议会。总统任期 5 年，不得连任。共同民主党为现执政党，自由韩国党为最大反对党，还有正未来党、民主和平党、正义党等。

5. 国民经济

新兴工业国。电子工业以高技术密集型产品为主，信息技术水平和产值名列世界前茅。大企业集团在韩国经济中占有十分重要的地位，目前主要大企业集团有三星、现代汽车、SK、LG 和 KT（韩国电信）等。工矿业产值占 GDP 的 30%，农业人口约占总人口的 6.8%。农业产值占 GDP 的 2.6%。2017 年，国民生产总值 1.5 万亿美元，人均国民收入 2.9 万美元。

货币名称：基本单位是韩元（Korean Woh，简写符号为 W）。实行浮动汇率制。1 美元≈1120 韩元。

6. 韩朝关系

1991 年 9 月 17 日，韩国与朝鲜民主主义人民共和国同时加入联合国。朝鲜战争停战后，半岛长期处于政治对立、军事对峙、经济隔绝的冷战状态。2000 年

6月和2007年10月，曾先后发表《南北共同宣言》和《南北关系发展与和平繁荣宣言》，韩朝关系取得一定进展，曾合作开发开城工业区和金刚山旅游。2018年朝韩关系取得积极进展。

7. 对外政策

实行以韩美同盟为基轴，加强美、日、中、俄四大国外交，积极参与地区与国际事务的多层次、全方位外交，强调发展韩美互惠平等关系，促进韩、中、日东北亚区域合作，积极参与地区和国际事务。与190个国家建立了外交关系，驻外外交机构163个。

二、人文习俗

1. 人口、民族、语言与宗教

人口约5100万（2019年），单一民族，通用韩国语。自古以来，朝鲜半岛通行汉字，文字与语言不一致。现在的文字形式是1443年创制的。现在除少数场合（如名片）外，已基本不用汉字。50%左右的人口信奉基督教、佛教等宗教。

根据李氏王朝末期的文献记载，朝鲜民族的姓氏共有496个。1960年韩国调查的结果为411个，是世界上姓氏最少的民族之一。父姓世代相传，女性婚后不改姓，这个情况与现代中国相同。金、李、朴、崔、郑为"五大姓"，约占全体韩国人一半以上，其次是赵、姜、张、韩、严、吴、林、申、安等姓。韩国人姓在前，名在后，名字一般为两个音节，兄弟间名字中大都有一字相同以示辈分。女子起名多用顺、玉、姬、子等字或这些字的组合。

2. 节假日

（1）法定节日

韩国的官方节日有（一般放假一天）：

元旦：1月1日，放假2天。

独立运动纪念日：纪念1919年3月1日反抗日本帝国主义起义。

植树节：4月5日，全民植树绿化日。

革命纪念日：5月16日，纪念1961年5月16日朴正熙发动军事政变，召开重建国家最高会议。

显忠日：6月6日，政府公祭"国殇日"，悼念战死军人。

制宪节：7月7日，纪念1948年制定大韩民国宪法。

光复节：8月15日，纪念1945年8月15日摆脱日本帝国主义统治，取得独立。

建军节：10月1日，举行阅兵大典。

开天节：10月3日，传说中古朝鲜的建国日。

文字节：10月9日，纪念创建韩国文字。

圣诞节：12月25日。
（2）民间节日
春节：正月初一，拜年、领压岁钱，放假一天。
上元节：正月十五。
佛诞日：农历四月初八，庆祝佛祖诞辰，放假一天。
端午节：五月初五。
中秋节：又称"秋夕"，八月十五。放假三天。
重阳节：九月初九。
冬至节：食赤豆粥、糯米糕。
（3）带薪休假
法律规定职工享有每年带薪休假20天，很多企业在夏季放4天假，职工人均休假25天。

3. 文艺体育

韩国人以喜爱音乐和舞蹈著称。歌舞融合中国儒学、佛教及近代西方文化，形成恬静柔和、朴实无华的表演艺术风格。现代音乐大致可分为"民族音乐"和"西洋音乐"两种。民族音乐又可分为"雅乐"和"民俗乐"两种。民俗乐的特色之一是配上舞蹈，重视舞者肩膀、胳膊的韵律。道具有扇、花冠、鼓。舞蹈有传统的宫廷舞、民俗舞等形式，扇子舞是最能代表朝鲜民族舞蹈风格的优美舞式，最著名的是"太鼓舞"和"杖鼓舞"。

戏剧起源于史前时期的宗教仪式，主要包括假面具、木偶剧、曲艺、唱剧、话剧等5类。其中假面具又称"假面舞"，为韩国文化象征。绘画分东洋画和西洋画，书法在韩国是一种高雅的艺术形式。

崇尚体育。妇女喜欢压跷板、荡秋千；男子喜欢摔跤和打球。民间体育活动主要有围棋、象棋、掷棋、摔跤、跆拳道、滑雪等。

4. 服饰餐饮

传统的民族服装以白色或浅色为主。妇女的长裙上及胸部、下至脚跟，宽舒自由。鞋如船形，鞋尖向上翘起。男子穿短衣肥裤，外罩坎肩，农民喜戴漏斗形竹帽。城市居民和年轻人则喜欢现代的流行服饰。头顶器物搬运是农村妇女的特长。

传统以米饭或面食为主食，肉类和蔬菜为副食。主食类有各种米饭（排骨汤饭、牛肉汤饭、鳕鱼汤饭等）和面食（冷面、鸡汤面等）。以泡菜文化为特色，一日三餐都离不开泡菜。传统名菜烧肉、泡菜、冷面已经成了世界名菜。传统的酒有用糯米酿成的浊酒、药酒和烧酒。

5. 婚丧、寿庆礼仪

传统婚俗、现代婚礼与宗教婚礼并存。行韩式婚礼时，新郎双手用红布包着一只鸳鸯，行传统的奠雁之礼迎娶新娘。然后新郎新娘共饮合欢酒，行交拜礼，拍照留念。原配夫妇结婚60周年时举行"回婚礼"，两位老人要穿结婚时穿的婚服，子孙们向老人敬酒祝贺。一般同姓不能结婚，尤其是籍贯相同的同姓绝对禁止结婚，政府也不给予户籍。

婴儿出生满100天时，祝贺婴儿百日，亲戚邻里送礼品，主人家摆宴款待客人。60岁称花甲，子女们要为父母大摆寿宴。子孙们依次向寿星行跪拜大礼、敬酒。人死之后通常停灵3天后举行葬礼。葬礼包括初终、发丧、入殓、朝夕奠、吊丧、发引和堆坟等活动。每逢寒食（清明）和中秋节，亲人要扫墓、祭奠。

6. 社交礼仪

对国旗、国歌和国花十分珍视，绝不可不敬。每日傍晚5时，全国均播放国歌，向国旗行礼，即便是外国人若在街道行走亦须停步致意。

注重礼节。长幼之间、上下级之间、同辈之间的用语有严格区别。尊敬长者、孝顺父母、尊重老师是全社会的风俗。上下班时必互致问候。隆重场合或接待贵宾时见面低头行礼。对师长和有身份的人，递接物品时要用双手并躬身。

若持有或抽外国烟均被罚款，不宜送外国烟给韩国友人。禁忌"4"字，因"4"在韩语中与"死"同音。喜欢单数，不喜欢双数。招呼人过来手心要向下。客人进门脱鞋，鞋头要朝内。

三、旅游业

1. 旅游城市与景点

首都首尔：原名汉城，人口1050万（2017年），文化古都，也是现代化国际大都市。市中心一带有景福宫、德寿宫、昌庆宫、昌德宫等历代宫殿。1398年建成的南大门称为崇礼门，是首尔的象征。在首尔西南45公里的仁川，为首尔的卫星城和出海港。在首尔西北66公里的黄海中江华岛，岛上传灯寺是朝鲜半岛最古老的寺院。

庆州：位于韩国东南部，从公元前57年古新罗国在此建都，直到公元923年高丽灭新罗为止，前后近千年，均为王都。庆州是朝鲜半岛历史文化最为悠久、丰富的城市，被誉为"没有围墙的文化博物馆"。

釜山：韩国最大的海港，仅次于首尔的第二大城市。市内和郊区多名胜古迹，郊区金井山腹的禅宗梵鱼寺，为韩国四大古刹之一。釜山海云台、东莱温泉、松岛等地，是韩国重要的海滨度假胜地。

济州岛：韩国第一大岛，位于南端黄海与东海交界处，属亚热带海洋性季风气候，十分有利于开展度假旅游。岛南部沿海是开展游泳、冲浪、滑水、日光浴、海水浴的理想场所和疗养胜地。岛上海拔1950米的死火山汉拿山，是韩国最高峰。火口湖和长达13公里的熔岩洞穴堪称奇绝，被称为"神话之岛"。

2017年，国际旅游竞争力排名第19位。

2. 旅游客源市场

韩国的旅游业起步于20世纪50年代中期，80年代得到大发展。2000年接待入境游客532.2万人次，旅游收入68.3亿美元。2017年1333.6万人次，旅游收入134.3亿美元。接待入境游客人数与全国人口之比为27∶100。2017年接待1333.58万人次，其中亚洲1077.4万人次，美洲111.7万人次，欧洲93.6万人次，中东地区15.8万人次，大洋洲1.9万人次，非洲0.3万人次，其他地区2.2万人次。主要客源地为中国大陆、日本、美国、中国香港、泰国、菲律宾、越南、马来西亚、印尼、新加坡等。接待国际游客人数与全国人口之比为27∶100。

1980年韩国政府宣布解除出境旅游的禁令，1988年底又宣布全面开放出境旅游，1990年出境旅游156万人次，2012年1256.6万人次，2014年超过1500万人次。2017年2649.65万人次，出境旅游支出270.73亿美元，出境游客与全国人口之比为53∶100。出境旅游大部分游客选择近距离目的地，主要是中国大陆、日本、中国香港、泰国、菲律宾、越南等。

189个国家和地区对韩国公民实行免签入境或落地签证。

3. 旅游产业

2016年旅游业对国内生产总值的直接贡献为1.8%，综合贡献为5.1%。从2000年开始，从国际旅游顺差转为逆差。2017年旅游外汇收入134.3亿美元，旅游外汇支出270.7亿美元，旅游贸易逆差136.4亿美元。

韩国有40多家饭店达到国际标准，其中部分已加入国际饭店预订系列。首尔的新罗饭店、乐天饭店、洲际饭店、朝鲜饭店、凯悦饭店、广场饭店、华克山庄饭店等被列入超豪华类别。一般的韩式旅馆通常称为"××庄"，收费比较低廉，按其设施一般分为HA、HB、YA和YB四种。青年旅舍每间客房可设6~8人，床位设备良好、价格低廉。家庭旅馆的户主大多能说英语和日语，设备良好、主人待客热情周到。

4. 旅游管理

1997年前，韩国的旅游行政管理机构旅游局归属交通部。1997年后成立韩国文化体育观光部，下设韩国旅游发展局，还设有韩国文化观光政策研究院。韩国旅游发展局原为韩国观光公社，由政府授权与设立的半官方组织，受文化、体育观光部指导，主要从事旅游调研、宣传和促销，协调旅游行业内部关系，并为旅游者提供旅游咨询服务，其活动经费主要由政府提供，部分促销经费来自政府授权经营的机场和港口免税店及博彩的经营收入。观光公社在日本、新加坡、菲律宾、美国、英国、法国、澳大利亚、中国内地及中国香港和台湾地区设有20个驻外旅游办事处。

韩国重视旅游业的发展，提出"整个国土旅游资源化，全体国民旅游员工化，旅游设施国际标准化"。2002年初推出《济州国际自由都市特别法》，设立了济州国际自由都市开发中心，作为特别法人机构全权负责济州岛的开发。"国际自由都市"最大限度地保障劳动力、商品、资本的国际性流动与企业活动的便利性，实行放松控制及国家支援的特区，对直飞济州岛实行免签证政策。

四、中韩关系

1. 外交与经贸关系

1992年中国与韩国建交，目前中国已经成为韩国最大贸易伙伴、最大出口市场、最大进口来源国、最大海外投资对象国、最大留学生来源国、最大海外旅行目的地国。双方共建立107对友好省市关系。中国在韩国釜山设有总领馆，在光州设有领事办公室。韩国在中国上海、青岛、广州、沈阳、成都、西安和香港设有领事馆。

2. 旅游关系

1992年8月两国建立正式外交关系以来，来华游客增长迅猛，1993年为18.99万人次，2014年为418.17万人次，2017年为385.49万人次，2018年419.2万人次。目前中国已成为韩国出境游第一旅游目的地国家。

中国旅韩游客迅速增长，并从商务交流为主发展为观光休闲、文化交流等多方面。从1998年起，韩国成为中国公民旅游目的地国家。2000年中国旅韩游客为44.28万人次，2013年425.34万人次，2011年以后一直为中国出国旅游第一旅游目的地国家。2016年中国赴韩游客总人次896万，2017年470万，2018年478.9万人次。

中国在韩国首尔设有旅游办事处。韩国观光公社在北京设有旅游办事处。

朝　鲜

一、基本国情

1. 自然地理

朝鲜民主主义人民共和国（Democratic People's Republic of Korea）面积122 762平方公里，位于东北亚朝鲜半岛的北方。北以鸭绿江、白头山天池、图们江与中国和俄罗斯接壤，西临黄海，东靠日本海（韩、朝两国称之为"东海"），南与韩国为界。

以高原和山地为主，属中国境内的长白山脉向南的延伸，面积占80%。中朝边境的白头山主峰海拔2749米，是半岛最高峰。西部和南部有少量的平原。鸭绿江、图们江是中朝的界江。属温带季风气候，夏热冬寒。

2. 简史

朝鲜半岛历史上有过高句丽、百济、新罗等封建国家。公元 7 世纪建立了统一的新罗国，10 世纪改国名为"高丽"，意为"山高水丽"。14 世纪末，李氏王朝时始称"朝鲜"，意为"朝日鲜明"。半岛全境于 1910 年沦为日本殖民地。1945 年第二次世界大战结束时，美、苏两国以北纬 38°线为界，分别进驻半岛南北两部。1948 年 9 月 9 日，朝鲜民主主义人民共和国成立。1950 年朝鲜战争爆发，至 1953 年参战各方签订停战协定，以"三八线"附近一带的"军事分界线"为界。

3. 国旗、国花

国旗中间为红色宽条，上下各有一白色细条；白色细条上下又各有一条深蓝色宽边。红色宽条中左部位有一白色圆底，圆底正中有一枚红色五角星。红色宽条象征浴血斗争和爱国主义精神；白色圆底和细条象征朝鲜为单一民族；蓝色宽边象征团结和和平；红五星则象征革命传统和社会主义思想。

国花为木槿花和金达莱。

4. 政治体制

宪法规定，朝鲜是"劳动党领导的社会主义国家"。中央人民委员会为国家最高领导机关；最高人民会议为最高权力机关，行使立法权；政务院为最高行政机关。前任党、政、军领导人是金日成与金正日。现任党和军队领导人是金正恩。

主要政党有：朝鲜劳动党（执政党）。该党目标是实现"全社会主体思想化，建设共产主义社会"。还有朝鲜社会民主党、天道教青友党及祖国统一民主主义战线、祖国和平统一委员会等社会团体、组织。

5. 国民经济

1958 年朝鲜宣布建立了社会主义经济制度，1970 年宣布实现了社会主义工业化。实行严格的计划经济体制。主要贸易伙伴为中国、韩国、俄罗斯等。从 20 世纪 80 年代起，朝鲜开始引进外资，创办合资合营企业。2018 年 4 月，朝鲜领导人金正恩在第七届朝鲜劳动党中央委员会第三次全体会议上宣布："让我们集中精力建设社会主义经济"。交通运输以铁路为主，有平壤至北京、莫斯科的国际列车。平壤顺安为国际机场，定期国际航线有平壤至北京、沈阳航线。

货币名称：朝鲜元（Won），1 元 =100 分（Jeon）。汇率：1 美元 =100 朝鲜元。

6. 朝韩关系

2003 年朝鲜允许韩国人从陆路游览金刚山，2005 年达 30 万人次。2005 年南北双方合作开发开城工业区，2010 年 6 月朝鲜中止合作。2018 年朝韩关系取得积极进展。9 月，朝韩领导人峰会签署《平壤共同宣言》，双方合作领域涉及交通基础设施建设、旅游开发、医疗、文化交流等多个方面。一旦条件具备，朝韩将优先恢复运营开城工业园区和金刚山旅游项目，同时就成立西海经济共同特区和东海观光共同特区问题持续协商，朝韩在板门店举行铁路公路对接项目开工仪式。朝鲜主张在自主、和平统一、民族大团结的三大原则下，北南各自保留现存思想和制度，联合组成联邦政府，以高丽民主联邦共和国的形式实现统一。

7. 对外政策

朝鲜宣布奉行"自主、和平、友好"的外交政策，主张按照完全平等、自主、相互尊重、互不干涉内政和互利的原则发展对外关系。1991年9月加入联合国，2000年7月加入东盟地区论坛。至2009年，朝鲜共与164个国家（含欧盟）建立了外交关系。

二、人文习俗

1. 人口、民族、语言与宗教

人口2405万（2008年），单一民族国家，通用朝鲜语。自古以来，朝鲜半岛通行汉字，文字与语言不一致，现已取消使用汉字。现在的文字形式是1443年创制的。

宪法规定，"公民有宗教信仰的自由和反宗教宣传的自由"。

根据李氏王朝末期的文献记载，朝鲜民族的姓氏共有496个。父姓世代相传，女性婚后不改姓，这个情况与现代中国相同。金、李、朴、崔、郑为"五大姓"，约占全体朝鲜人一半以上，其次是赵、姜、张、韩、严、吴、林、申、安等姓。朝鲜人姓在前，名在后，名字一般为两个音节，兄弟间名字中大都有一字相同以示辈分。朝鲜民族女子起名多用顺、玉、姬、子等字或这些字的组合。

2. 节假日

（1）法定节日

太阳节：4月15日，前国家主席金日成诞辰日。

金正日诞辰日：2月16日。

国庆节：9月9日。

朝鲜劳动党建党纪念日：10月10日。

（2）民俗节日

春节：正月初一，拜年、领压岁钱，放假一天。

上元节：正月十五。

佛诞日：阴历四月初八，庆祝佛祖诞辰，放假一天。

端午节：五月初五。

中秋节：又称"秋夕"，八月十五。放假三天。

重阳节：九月初九。

冬至节：食赤豆粥、糯米糕。

3. 文艺体育

朝鲜民族能歌善舞。舞蹈有传统的宫廷舞、民俗舞等形式，前者又有"文舞"和"武舞"之分。扇子舞是最能代表朝鲜民族舞蹈风格的优美舞式，有独舞、中舞和群舞之别。民俗舞蹈形式来自古代农耕文化。民族崇尚体育。妇女喜欢压跷板、荡秋千；男子喜欢摔跤和打球。象棋和围棋在民间也很流行。

4. 服饰饮食礼仪

与韩国相同。

三、旅游业

1. 旅游城市与景点

朝鲜现对外国游客开放的地区有平壤市、南浦市、开城市、妙香山、七宝山、九月山、元山、长白山南麓等地区。

首都平壤：位于半岛北部大同江畔，是朝鲜半岛古都之一，人口约300万。公元5世纪高句丽王朝在此建都，称为"西京"。江畔绿树成荫，自古别号"柳京"。大同江中的绫罗岛和平壤古城的北门内有传统的"平壤八景"。郊区的万景台，是朝鲜已故主席金日成的故乡。平壤东北的妙香山位于市中心的牡丹峰，是著名风景区。

开城和板门店：开城位于朝鲜半岛中西部，军事分界线北侧，是朝鲜半岛古都之一。市内有南大门、观音寺、故宫等古迹和历史博物馆。郊区的朴渊瀑布为幽美的风景区。开城板门店在军事分界线上，是"军事停战委员会"会议会址。1953年，朝、韩、中、美四方在此签订停战协定。

金刚山：位于军事分界线以北朝鲜东海岸，为太白山脉北部主峰，海拔1638米，有"朝鲜第一山"之称。奇峰、怪石、飞瀑、流泉、密林、洞穴、云海、松涛均闻名遐迩。

松涛园：位于朝鲜江原道元山市，总面积200多公顷，是朝鲜著名的滨海、海岛旅游胜地。

图们江：位于朝鲜东北角，是中国、朝鲜和俄罗斯的界河，风景美丽，民俗风情各有特点，可以"一眼望三国"，开展生态旅游、边境旅游，是联合国开发计划署重点推进的国际合作开发地区。

2015年4月朝鲜最高人民会议颁布法令，决定设立白头山茂峰国际旅游特区，朝有关经济发展区和外国投资的法律，适用该区，是金刚山后的第二个旅游特区。

2. 旅游客源市场

旅游业起步于20世纪80年代，发展缓慢、起伏不定。1986年接待外国游客8.5万人次，2008年为6.8万人次。目前赴朝游的外国游客数过10万人次，其中主要来自中国。

入境游客主要是中国大陆和台湾公民,其次是英国、荷兰、日本、东南亚等国家和地区。只有在举行阿里郎艺术表演的情况下,朝鲜才允许韩国游客入境旅游。旅游方式全部通过旅行社组织的团队进行。国内旅游主要以单位组织参观革命历史景点和观赏文艺演出为主,只有旅行社组织,不能个人旅游。目前朝鲜出境旅游目的地只有中国,其中有20%经过中国中转到其他国家或地区。

3. 旅游管理与设施

1985年,朝鲜政务院成立国家旅游总局,1986年9月加入世界旅游组织,1996年4月加入亚太旅游协会。朝鲜国家旅游总局主管全国旅游业,负责旅游规划、建设、宣传和管理。

入境游客全部由国有旅行社和饭店接待。朝鲜国家观光总局下属8家旅行社,有朝鲜国际旅行社、国际青少年旅行社、金杯旅行社、白头山旅行社、七宝山旅行社、妙香山旅行社和罗先旅行社等。1987年7月,与旅美朝侨合办金刚山观光会社。接待入境游客的特级饭店有3家,一级饭店120余家,床位数大约为5000张左右。专门接待国际游客的饭店大多集中在平壤,平壤高丽饭店、羊角岛饭店专门接待外国游客,比较著名的还有西山饭店、两江饭店。

四、中朝关系

1. 外交与经贸关系

1949年10月6日,朝鲜与中国建立外交关系。1950年6月25日,朝鲜战争爆发,中国人民志愿军于同年10月25日赴朝参战。1953年7月27日签定了朝鲜停战协定,1958年10月中国人民志愿军全部撤出朝鲜。1991年12月,朝鲜在靠近中朝、朝俄边境的罗先地区设立自由经济贸易区。1992年朝鲜颁布合资合营企业法。2002年11月,朝鲜宣布建立开城工业区和金刚山旅游区,由朝韩双方合作开发。2008年,朝俄"哈桑—罗津"铁路和罗津港改造项目启动。2011年6月,中朝举行"两个经济区"项目开工仪式,共同开发、共同管理黄金坪、威化岛经济区和罗先经贸区。近年来,两国领导人商定,本着"继承传统、面向未来、睦邻友好、加强合作"的精神,把中朝友好合作关系推向前进。多年来中国一直是朝鲜的主要贸易伙伴。

2. 旅游关系

朝鲜旅华人数1998年为6.12万人次,2015年18.83万人次,2017年来华22.95万人次(含边民),2018年25.1万人次,主要是边境贸易旅游。1988年开通赴朝鲜旅游项目,2008年9月朝鲜成为中国公民出境旅游目的地国家。2009年10月两国在平壤签署了《旅游谅解备忘录》。中国游客从辽宁丹东口岸、吉林延吉口岸至朝鲜的边境一日游起步,逐步扩展至平壤、开城、南浦的旅游线。

蒙 古

一、基本国情

1. 自然地理

蒙古国（Mongolia）位于东亚，北邻俄罗斯，南邻中国，领土面积156.65万平方公里，是世界上最大的内陆国之一。全境为高原，平均海拔1580米。地势由西向东逐渐下降，西部和北部多山，东部为丘陵平原，南部是约占全国面积1/3的戈壁地带。"戈壁"，蒙语意为"荒漠"。境内有阿尔泰山、杭爱山、肯特山等山脉。乃拉姆达勒山为全国最高峰，海拔4653米。主要河流有色楞格河、鄂尔浑河和克鲁伦河。乌布苏诺尔为第一大湖，面积3350平方公里。属典型的大陆性气候，冬季严寒漫长，全境干旱少雨。

2. 简史

蒙古民族有数千年历史。在公元13~14世纪，曾建立横跨亚欧大陆的蒙古帝国（中国境内称为元朝）。在清代，现蒙古国在中国版图之内，称为"外蒙古"或"喀尔喀蒙古"。1911年12月蒙古王公在沙俄支持下宣布"自治"。1919年放弃"自治"。1921年7月建立君主立宪政府。1924年11月26日废除君主立宪，成立蒙古人民共和国。1945年2月，苏、美、英三国首脑签订雅尔塔协定，规定"外蒙古（蒙古人民共和国）的现状须予维持"，并以此作为苏联参加对日作战的条件之一。1946年1月5日，当时的中国政府承认外蒙古独立。1992年2月改国名为"蒙古国"。

3. 国旗

从左到右由红、蓝、红三个相等垂直的长方形组成。靠左边的红色部分自上而下绘有火、太阳、月亮、三角形、长方形等黄色图案和符号。红色象征快乐和胜利，蓝色象征忠于祖国，黄色图案和符号象征民族自由和独立。

4. 政治体制

1992年1月的宪法规定：蒙古国是独立自主的共和国；以在本国建立人道的公民民主社会为崇高目标；在未颁布法律的情况下，禁止外国军事力量驻扎蒙古国境内和通过蒙古国领土；国家承认公有制和私有制的一切形式。国家大呼拉尔是国家最高权力机关，行使立法权。国家大呼拉尔可提议讨论内外政策的任何问题。国家大呼拉尔为一院制议会，其成员由蒙古国公民以无记名投票的方式直接选出，任期四年。实行多党制，主要政党有蒙古人民革命党、蒙古民主党。2008年9月，蒙古人民革命党与民主党联合执政。

5. 国民经济

经济以畜牧业和采矿业为主。天然牧场占整个国土面积的83%以上，人均草原面积居世界之首，是世界最大的畜牧国家之一；工业是蒙古国民经济的重要部门，2008年工业占国内生产总值的48.7%；农业以种植业为主，基本上实现了机械化。1991年开始向市场经济过渡，实行国有资产私有化，实行经济开放政策，主要贸易对象是中国，占出口的90%，其余为俄罗斯、美国、日本和韩国等。2017年国内生产总值111.49亿美元，人均国内生产总值3500美元。

货币名称：图格里克（TUGRUG），1美元＝2666.3图格里克（2019年1月）。

6. 对外政策

奉行"爱好和平、开放、独立、多支点的外交政策"，首要任务是发展同俄、中两大邻国友好关系，发展同美、日、欧盟、印度、韩国、土耳其等西方国家和联盟的关系。2012年与北约建立"全球伙伴关系"，加入欧安组织。截至2014年7月，蒙古已同173个国家建交。

二、人文习俗

1. 人口、民族、语言与宗教

蒙古是一个地广人稀的国家。人口约318万人（2018年）。喀尔喀蒙古族约占全国人口的80%，此外还有哈萨克、杜尔伯特、巴雅特、布里亚特等15个少数民族。主要语言为喀尔喀蒙古语。文字用斯拉夫字母拼写。

宪法规定，国家尊重宗教，宗教崇尚国家，公民有宗教信仰与不信仰的自由。居民主要信奉喇嘛教。

蒙古国人崇拜成吉思汗，影响深入每个民众的生活。

2. 节假日

白月：即蒙语中的"春节"，日期与我国藏历新年相同，是蒙古民间最隆重的节日，以前称为"牧民节"，只在牧区庆祝。1988年12月，蒙古大人民呼拉尔主席团决定，白月为全民节日。

国庆节——那达慕：7月11日。1921年蒙古人民革命党领导的人民革命取得胜利，7月10日，在库伦（今乌兰巴托）成立君主立宪政府，后将次日定为国庆日。1922年起，蒙古定期在每年7月11日举行全国性那达慕，成为国庆活动的一个主要组成部分。1997年6月13日，蒙古国庆中央委员会第三次会议决定将蒙古国庆节易名为"国庆节——那达慕"。那达慕，蒙语意为"游戏""娱乐"，原指蒙古民族历史悠久的"男子三竞技"（摔跤、赛马和射箭），现指一种按着古老的传统方式举行的集体娱乐活动，富有浓郁的民族特点。

敖包节："敖包"是蒙语用人工堆积的石堆，上面悬挂彩旗。农历五月十三举行祭敖包仪式，焚香、诵经，礼仪结束后举行传统的赛马、射箭、摔跤比赛。

3. 生活习俗

蒙古历史上以游牧为生，其生活方式多与草原和放牧密切相关，由此而来的民俗饶有情趣。他们住蒙古包（毡包），食羊肉、羊乳，饮茶，以驼、马为交通工具。

蒙古人性格豪放，热情好客。游人过往，常会被邀入蒙古包中做客。最常见的是敬奶茶。交换鼻烟壶和献哈达是隆重的礼仪。同辈相见，双手捧壶，对方右手接着，如此反复两次，最后物归原主。若来客为长辈，就请客人坐下。主人先赐礼，再交换鼻烟壶。哈达是藏语音译，是用绸帛制成的长条宽带，用于敬神佛、拜年、喜庆或隆重的迎送场合。

三、旅游业

1. 旅游城市与景点

首都乌兰巴托：原名"库伦"，蒙语意为"寺院"。建城于17世纪中叶，1924年改为现名，意为"红色英雄"。人口约130万（2014年）。原为喇嘛教活佛的夏宫，现称博格多汗宫博物馆，殿内金碧辉煌。城市四周有博格多、桑根、青格尔泰等山峰环抱，其中，博格多山被称为圣山。山上松林茂密，多野生动物，是蒙古建立最早的自然风景保护区之一。

哈尔和林：位于杭爱山北麓鄂尔浑河上游东岸，是蒙古历史名城。自1220年成吉思汗定都于此，直至忽必烈即位后于1264年首都南迁至大都（今中国北京），哈尔和林一直是蒙古帝国的政治中心。明代蒙古北退后，也曾以此为都，后毁败。1586年建成的和林喇嘛寺为全国首寺，该寺现已辟为博物馆。

自然风光以辽阔的戈壁沙漠和高原草原著称。夏季牧草丰茂，鲜花盛开，草原如同无边的美丽地毯。旅游者除草原观光外，还可开展骑马、狩猎等活动。北部群山环绕中的库苏古尔湖，面积达2620平方公里，为全国第二大湖，有"东方的蓝色珍珠"美誉。蒙古还有众多温泉资源可供游览和休闲疗养。主要旅游点有特列尔吉休养所、南戈壁、东戈壁和阿尔泰狩猎区等。蒙古国正在推动开通俄罗斯贝加尔湖到蒙古国库苏古尔湖的旅游线路。

人文景观主要有世界文化遗产鄂尔浑峡谷及成吉思汗出生地。目前开放的主要旅游点有哈尔和林古都、库苏古尔湖、特列尔吉旅游点、成吉思汗旅游点、南戈壁、东戈壁和阿尔泰狩猎区等。

2017年蒙古国在全球旅游竞争力排位中名列第102位。

2. 旅游客源市场

1999年接待外国旅游者13.8万人次，旅游外汇收入3600万美元。2017年46.9万人次，3.96亿美元，接待入境游客人数与全国人口之比为15∶100。中国、俄罗斯、韩国、日本和美国是五大客源国。

2002年出境260万人次，2017年出境244万人次，其中旅游出境10.4万人次。出境旅游的主要目的地是中国、俄罗斯、韩国、日本和美国。2017年出境人数与全国人口之比为76∶100。

3. 旅游产业

旅游业是主要的经济产业之一和外汇收入的主要来源之一，服务贸易收入的主要来源。

20世纪80年代成立蒙古旅游总公司，与外国旅游主管机构与旅行企业开展旅游交往。截至1990年，蒙古的旅游公司已与世界上40多个国家的旅游组织和180多个运输公司建立了业务联系。全国现有5个旅游基地和700多家旅游饭店。主要宾馆有乌兰巴托饭店、巴彦高勒饭店、成吉思汗饭店、大陆酒店等。从事旅游服务的公司约500多家。

4. 旅游管理

20世纪80年代成立蒙古旅游总公司，与外国旅游主管机构与旅行企业开展旅游交往，后设交通运输和旅游部，现改为环境、绿色发展与旅游部，下设旅游局。

四、中蒙关系

1. 外交与经贸关系

1949年10月6日中蒙建交。1960年签订中蒙友好互助条约。1962年签订中蒙边界条约。1994年签订中蒙友好合作关系条约。2010年两国宣布建立战略伙伴关系。2013年双方签署《中蒙战略伙伴关系中长期发展纲要》，2014年双方将两国关系提升为全面战略伙伴关系。据蒙方统计，中国为蒙古的第一大投资国。

2. 旅游关系

20世纪90年代以来，中蒙旅游交流发展迅速，主要是边贸旅游和边境旅游。1992年来华入境旅游11.19万人次，2017年186.4万人次，2018年191.6万人次，是中国第七旅游客源国。1999年中国赴蒙旅游为47.7万人次。从2006年3月起，蒙古成为中国公民旅游目的地国家，2010年赴蒙旅游22.65万人次。中蒙双向交流主要是边境和边贸游客。

第二节　东南亚地区

泰　国

一、基本国情

1. 自然地理

泰王国（The Kingdom of Thailand）位于中南半岛中部，东邻老挝和柬埔寨，西与缅甸接壤，南为马来半岛北部地峡，与马来西亚相连。东南面临暹罗湾，西南濒安达曼海。面积513 115平方公里，海岸线长2600公里。北部和西部多山，东北部是高原，中部是湄南河平原，南部多丘陵。湄南河贯穿泰国中部，全长1200公里，是泰国境内主要河流，湄南河流经的平原是泰国农业最发达的地区。大部分地区属热带季风气候，全年分热、雨、凉三季。位于马来半岛上的部分，属于热带雨林气候。

2. 简史

泰国原名暹罗，公元1238年开始形成较统一的国家，16世纪葡萄牙和荷兰先后入侵，随后英法两国势力也相继侵入。泰国虽形式上保持独立，但实际上是英、法殖民地之间的"缓冲国"。1932年泰国变君主制为君主立宪，1939年5月改国名为泰国。1941年日军侵入，日本投降后泰国恢复暹罗国名，1949年5月又改名泰国。

3. 国旗、国花与国树

泰国人称自己的国家为"孟泰"，"孟"在泰语中是国家，"泰"为"自由"之意，故泰国国名为"自由之国"之意。

国旗由红、白、蓝三色组成，上下两边为红色，中部为蓝色，红蓝之间为白色。

国花：睡莲。

国树：桂树。

4. 政治体制

泰国为君主立宪制，宪法规定世袭国王为国家元首和武装部队统帅。国会为立法机构，分为上议院和下议院，下议院议员由选举产生，上议院议员由国王根据政府提名任命。总理是政府首脑。

5. 国民经济

传统农业国，农产品是外汇收入的主要来源之一，是世界天然橡胶最大出口国。世界市场主要鱼类产品供应国之一。红、蓝宝石的著名产地，为世界第二大宝石出口国。2017年国民生产总值4120亿美元，人均国民生产总值6336美元。铁路以曼谷为中心，可直达老挝、柬埔寨、越南、马来西亚和新加坡。全国共有37个机场，其中国际机场8个。曼谷廊曼机场是东南亚重要的航空枢纽。经济实行自由经济政策。属外向型经济，依赖美、日、中等外部市场。中等收入国家。

货币名称：铢（Thai Baht），1铢=100萨当（Satang）。汇率：1美元≈31.6铢。

6. 对外政策

奉行独立自主的外交政策和全方位的外交方针，以东盟为基石，注重发展同美、中、日、印（度）的关系，维持大国平衡。积极推进区域合作，参与东盟一体化建设、东盟与中日韩合作。

二、人文习俗

1. 人口、民族、语言与宗教

全国人口 6900 万（2018 年），有 30 多个民族，泰族为主要民族，占人口总数的 40%，老挝族占 35%，马来族占 3.5%，高棉族占 2%，此外还有苗、瑶、桂、汶、克伦、掸等山地民族。泰国政府规定，华侨在泰生下的子女到第三代就算泰族人。现有华侨近 30 万人。

官方语言为泰语，英语为通用语，此外还有老语、越南语、库美尔语及马来语等。佛教为国教，总人口中有 94% 以上信奉佛教。南部的马来族信奉伊斯兰教，还有少数人信奉基督教、天主教和印度教等。

2. 节假日

（1）法定节日

元旦：1 月 1 日。

却克里王朝纪念日：4 月 3 日。

劳动节：5 月 1 日。

加冕节：5 月 5 日。

王后诞辰纪念日：8 月 12 日。

朱拉隆功五世纪念日：10 月 23 日。

泰王诞辰纪念日：12 月 5 日。

国家立宪日：12 月 10 日。

除夕：12 月 31 日。

（2）民间节日

宋干节：公历 4 月 13 日至 15 日，"宋干"是求雨的意思，举行"浴佛"庆典，人们手持鲜花用香水洒于佛身，互相泼水祝福，迎吉祈雨。

水灯节：泰历 12 月 15 日。当夜幕降临时，身穿节日盛装的男女老幼拥到江河两岸，漂放和观看水灯。

佛教节日有万佛节（阴历三月十五）、三宝节、守夏节。

生产性节日有春耕节等。

（3）带薪假期

法律规定，雇佣关系在 1 年以上者有 6 天以上的带薪休假。20 名职工以上的中型企业基本有保证，外资企业职工有 2 周至 1 个月的带薪休假。公务员每年有 10 天带薪休假。作为佛教国家，有 3 个月的宗教休假，劳资双方可协商年度休假可否在年后使用。

3. 文化艺术

泰国文学最早产生于 13 世纪，基本是宗教文学与宫廷文学。主要作品有

1292年的《坤兰甘亨碑文》，佛教文学作品有《三界经》。14世纪中叶宗教文学与宫廷文学进一步发展，流传至今的有《水咒赋》《大世赋》《阮人的败北》《帕罗》等四部。20世纪20年代，受西方文化的影响，新文学兴起，出现了一批年轻作家，其中西巫拉帕被称为泰国新文学奠基人，代表作品是《男汉》《向前看》；克立·巴莫的长篇小说《四代朝》展现了泰国半个多世纪以来的历史变迁。

以丰富多彩的民间舞和优美典雅的古典舞著称。著名的舞蹈节目有中部的丰收舞，北部的长甲舞、蜡烛舞等，全国还流行群众性集体舞。

4. 饮食

泰国人主食是大米，副食以鱼和蔬菜为主。最喜欢的食物是咖喱饭。就餐时，人们围桌跪坐，不用碗具而以右手抓食。泰国人用餐离不开鱼虾露和辣椒糊，喜欢中国广东菜和四川菜，不喜吃红烧、甜味的菜肴。槟榔和榴梿是泰国人最喜欢吃的水果。泰国人喜欢喝茶，许多茶馆在热茶中放一冰块来招待顾客。

5. 社交礼仪

泰国是东南亚乃至世界最大的佛教国家，佛处于至高无上的地位。按照传统的礼俗，男子一般在20岁左右都要过三个月的僧侣生活，否则，国王不得执政，贵族不得袭爵，平民不得结婚。无论是王公贵族，还是平民百姓，遇见僧人必须行礼，僧人却概不答礼。

见面时行合十礼。合十礼对不同身份的人有不同要求，小辈或下级行礼，双手合十于前额；平辈相见，双手略举与鼻齐；长辈或上级对下，只要举到胸部高度即可。小辈或下级要先行礼，受礼者也要还礼。在国际社交场合也行握手礼，但俗人不能与僧人握手，男女之间也不能握手。

不能随便摸人的脑袋，不能用左手与人握手和递接东西。忌用脚指东西、踢门，不能盘腿而坐，不能用脚心对人。长辈在场时，晚辈必须坐在地下或跪坐，以免高于长辈头部。睡觉时忌讳头朝西。忌讳用红颜色写名字，因为人死后才用红笔将其姓名写于棺木上。

与泰国人交谈绝对不能讲对佛祖和国王不敬的话。在泰国人家里做客，客人不得坐到男主人的固定座位上，不能穿鞋上楼，不能拒受主人敬上的茶水、食品、水果等待客之物。

三、旅游业

1. 旅游城市与景点

首都曼谷：意思为"天使之城"。人口800万，位于湄南河下游低湿地区，市内河道纵横，十几条河川蜿蜒其间，舟楫如梭，货运繁忙，水上集市繁荣，有"东方威尼斯"之称。市内有大小佛寺400多座，因此又有"佛庙之都"之称。著名的古建筑有大王宫、玉佛寺、金佛寺、金山寺和郑王庙等。三聘街是一条长

1公里多的街道，是泰国最庞大而繁华的市场，这里的居民90%以上是华人。

佛统：泰国最古老的城市，约有3000年历史。市内有许多古寺庙和佛塔，最著名的是有2000多年历史的佛统金塔。该塔初建时只有39米高，现高为127米，呈螺旋状的塔尖高40米，圆形塔底直径为50米，是泰国最古老、最大、最高的佛塔。

清迈：位于泰国北部，是全国第二大城市。城里有寺庙约100座，在斋里銮寺，有城中最大的四方形佛塔。昌挽寺，为明来王所建，内供有1000多年历史的水晶佛。清迈盛产玫瑰，有"北方玫瑰"的雅称。清迈是著名的旅游避暑胜地。

帕塔亚：位于曼谷湾畔，是泰国的花城、旅游胜地。城市依山傍海，各种鲜花遍布各个街道、庭院，有"花城"之称。帕塔亚海滩为著名的海水浴场。

大城：位于泰国中部湄南河畔，大城王朝乌通王于公元1350年在此建都。城内多王宫寺院等古迹。著名的挽巴因宫，坐落在湄南河中的小岛上。宫中多亭台楼阁。主要宫殿有三座，一座缅甸式，一座哥特式，一座中国式，宫顶呈尖塔形，蔚为壮观。

泰旅游部门不断推广新的旅游产品，如泰式生活、自然之旅、历史文化、健康内容、泰国时尚、会奖展览和节庆之旅等七大特色旅游产品。

泰国以"黄袍佛国"闻名于世。全国有3万多座佛教寺庙。2017年，泰国旅游竞争力排名世界第34位。

2. 旅游客源市场

泰国旅游业始于20世纪50年代末60年代初，当时，每年接待外国游客仅8万人次。2013年2654.79万人次，旅游外汇收入420.80亿美元；2014年2477万人次，380亿美元；2017年3538.1万人次，574.77亿美元，接待国际游客人数与全国人口之比为51∶100。入境旅游客中来自亚洲地区的占60%以上，欧洲地区占30%。主要客源国是中国、马来西亚、俄罗斯和日本。

2002年以来，泰国出境旅游人数增长迅速，2007年近390万人次，2017年近900万人次，旅游外汇支出7000万美元。出境旅游的主要目的地是东南亚国家，占80%以上，其余为日本、韩国、中国台湾。2017年，出境旅游人次与全国人口之比为13∶100。

2007年，泰国国内旅游总数为8400万人次，旅游消费约合112亿美元，国内旅游人次与全国人口之比为126∶100。国内旅游中最受欢迎的是行善拜佛旅游。政府倡导促进平常日的国内旅游，以分流游客数量，避免集中在周末和长假期间，从而使旅游业能全年持续给游客提供服务。

3. 旅游产业

旅游业是泰国三大经济支柱之一，第二大外汇收入来源。2016年，旅游产业对国民生产总值的直接贡献 9.2%，间接贡献 20.6%，创造了 600 万人口的就业。国际旅游收支一直呈盈余状态。2004 年旅游外汇收入 100.43 亿美元，旅游支出 45.14 亿美元，国际旅游盈余 55.29 亿美元。

宾馆、饭店、餐饮、购物等配套设施齐全，饭店的设施、服务上乘，在国际上享有盛誉。目前有饭店约 1878 家。曼谷东方饭店以优质服务著称，多年被评为世界著名十大旅游饭店之首。在东南亚地区首个推行"绿色环保宾馆"，目前已有 150 多家宾馆被认定为"绿色环保宾馆"，在节约能源、污水处理等方面均达到了较高的环保标准。到 1992 年 1 月，已登记的会员旅行社有 610 家。旅行社的导游都要经过专门培训，必须持有旅游部门颁发的证书。旅行社要交纳保证金。政府对旅游餐馆、食品店和商店实行定点管理。

4. 旅游管理

总理府下设的旅游发展委员会。由各常务部长任委员会主席，成员为有关部门（内务部、交通部、外交部、国家环境委员会、国家经济和社会发展委员会、立法委员会、航空公司、旅游局和饭店协会等）的代表。旅游部下设旅游促进局，局内设有规划研究发展和工程管理处、执行处、推销处、国际关系和会议处、财务行政和综合服务处等职能部门，负责制订和监督执行旅游发展规划，促进和协调全国旅游业发展，推销和宣传马来西亚旅游商品。负责旅游推广促销的是推广委员会，在吉隆坡、新加坡、万象、中国香港、悉尼、首尔、东京、大阪、福冈、法兰克福、伦敦、巴黎、罗马、芝加哥、洛杉矶和纽约等地设有海外旅游办事处。

泰国有多个旅游行业协会，由旅游企业自行建立，与政府没有行政隶属关系，独立开展活动。泰国建立专门的旅游警察队伍，为世界各地的游客提供服务，解决困难和问题。建立旅游服务"志愿者"队伍，向游客提供服务。

四、中泰关系

中泰两国人民交往历史悠久。历史上，中国傣族居民大量南迁至今日泰国。公元 18 世纪中叶，缅甸入侵暹罗，华人郑昭组织华人并号召暹罗军队奋起抵抗，战胜入侵者，统一全国，受到泰国人民的尊敬。19 世纪中叶，华人大量移居泰国，从事锡矿的开采和橡胶园的种植，为泰国的经济发展做出重大贡献。

1. 外交与经贸关系

1975 年 7 月 1 日，中泰建交。2012 年 4 月，两国建立全面战略合作伙伴关系。2013 年 10 月，两国政府发表《中泰关系发展远景规划》。泰国是东盟成员国中第一个与中国建立战略性合作关系的国家。目前中国是泰国最大贸易伙伴，泰国是中国在东盟国家中第四大贸易伙伴。中国在泰清迈、宋卡、孔敬设有总领馆，在普吉设有领事办公室。泰在广州、昆明、上海、香港、成都、厦门、西安、南宁、青岛设有总领馆。

２．旅游关系

1979年泰国来华旅游0.97万人次，2017年77.57万人次，2018年83.3万人次，来华旅游观光游览的最多，其次是文化交流与宗教活动。在各项影响泰国游客来中国旅游的因素中，悠久历史占的比例最高，其次是优美的自然风光。

中国去泰国旅游人次也不断增加，1995年达38万人次。从1998年起泰国成为中国公民出境旅游目的地国家，当年达56.76万人次，2015赴泰国793万人次、花费114亿美元。2017年赴泰中国游客数量超980万人次，在泰国花费5200亿泰铢（约合1047亿元人民币），人均花费10837元人民币，泰国成为中国公民第一个出境旅游目的地国家。赴泰游客以观光为主，休闲度假增长迅速。近年来，超过40%的中国游客为第二次及以上重复旅游的"回头客"，50%以上为自由行。

马来西亚

一、基本国情

1．自然地理

马来西亚（Malaysia）位于亚洲的东南部，介于太平洋、印度洋之间，是欧洲、亚洲、大洋洲、非洲的海上交通的交汇处，马六甲海峡是海上交通要道。总面积33万平方公里，以南中国海为界分为东马来西亚和西马来西亚两部分。西马地势北高南低，除沿海为平原外，大部分为山地；东马的沙捞越地区北部沿海为冲积平原，内地为森林覆盖的丘陵和山地；沙巴地区西部沿海为平原，内地多为森林覆盖的山地。属热带雨林气候，高温多雨。

2．简史

公元1世纪，马来半岛南部存在狼牙修、赤土、丹丹等邦国。15世纪初，马六甲王国统一了马来半岛南部各邦，成为东南亚最强大的国家之一，并成为东南亚地区国际贸易的中心。16世纪后，葡萄牙、荷兰、英国等西方列强相继入侵。1826年，英国将槟榔屿、马六甲、新加坡三个地区合并为"海峡殖民地"。太平洋战争爆发，日本先后占领了马来亚、沙捞越、沙巴。战争结束后，英国恢复统治，于1948年2月成立"马来亚联合邦"政府。1957年8月31日，马来亚联合邦宣布独立，为英联邦成员。1963年9月16日，马来亚联合邦联同新加坡、沙捞越、沙巴合并组成马来西亚。1965年8月9日新加坡退出。

3．国旗、国花

国旗为红色、白色相接的14道横条。靠左上方为深蓝色长方形，上有一弯黄色新月和一颗14个尖角的星，14代表马来西亚联邦14个州（因新加坡1965年8月退出，现为13个州），蓝色代表人民团结。

国花：木槿花。

4. 政治体制

政体类似君主立宪制，最高元首由国家最高权力机构——统治者会议选举产生，任期5年。统治者会议由西马9个州的世袭苏丹和马六甲、槟榔屿、沙捞越、沙巴4个州的州元首共13人组成，在选举最高元首时只有9个苏丹有选举权和被选举权。国会为最高立法机构，实行下院和上院两院制。政府（内阁）由国会中占多数的政党组成。总理由国会提名，经国家元首委任组阁。注册政党有40多个，主要政党有：马来民族统一机构（马来人政党）、马来西亚华人公会（最大的华人政党）、马来西亚印度人国大党（印度族、巴基斯坦族政党）、沙巴团结党（以卡达山人为主的多民族政党）、伊斯兰教党（以马来穆斯林为主的宗教政党）、民主行动党（以华人为主的多民族政党）、国民公正党和国民阵线等。

5. 国民经济

锡和橡胶的产量均居世界第一位，世界最大的棕榈油生产国和出口国。农业以经济作物为主，橡胶、油棕产量均居世界前列，有"橡胶之国"的称号。服务业发展迅速。2017年国内生产总值4226亿美元。人均国内生产总值9660美元。2012年农业、工业、服务业增加值的比重为10.1∶40.8∶49.1。外贸在马来西亚经济中占有重要地位，外贸出口收入约占国民生产总值的50%。民航主要由马来西亚航空公司经营，国际机场有吉隆坡槟城、浮罗交怡、哥打基那巴鲁和古晋机场。

货币名称：林吉特（Malaysian Ringgit，简称M$），也称马元。汇率：1美元≈36.1林吉特（2017年）。

6. 对外政策

奉行中立、不结盟的外交政策，主张建立东南亚和平、自由的中立区。优先发展同东盟国家的关系是马来西亚对外政策的基石。大力开展经济外交，积极推进南南合作，力促东盟自由贸易区的建立。积极同伊斯兰国家和不结盟国家发展关系。"英联邦"成员国，现已同131个国家建交。

二、人文习俗

1. 人口、民族、语言与宗教

人口3240万（2018年），其中马来人69.1%，华人23%，印度人6.9%，其他种族1.0%。马来语为国语，英语为官方语言，华语使用也较广泛。奉行信教自由政策，国教为伊斯兰教，其他宗教有佛教、印度教和基督教等。

2. 姓名称呼

马来人名在前，姓在后。男性在姓与名中间用"宾"隔开，女性用"宾节"隔开，表示"某某的儿子（女儿）"。

3. 节假日

（1）全国性假日

元旦：1月1日。

华人春节：农历正月初一。

劳动节：5月1日。

佛祖节：又称开塞节，农历四月十五。

开斋节：伊斯兰教历9月。

国王诞辰日：6月3日。

宰牲节：伊斯兰教历12月10日。

国庆节：8月31日。

屠妖节：10月底或11月初。

穆罕默德诞辰日：伊斯兰教历3月12日。

圣诞节：12月25日。

（2）民间节日

大宝森节：1月下旬至2月初，印度教节日。

丰收节：5月，沙巴州节日。

巴兰水节：沙捞越节日，划舟赛。

花卉节：7月。

中秋节：农历八月十五。

犀鸟节：伊班人节日，无固定日期，祭鸟、斗鸡、龙舟赛。

（3）带薪休假

职工年带薪休假12天。

4. 服饰饮食

有穿裙子的习惯。这种裙子俗称"卡因"，是一种长至足踝的纱笼，上衣俗称"巴汝"，没有衣领，袖子十分肥大，胸围宽敞，长至臀部，罩住纱笼。女装上衣宽如袍，下着纱笼，身披纱巾，纱笼上有手工编织的金黄色图案，美丽夺目。

多数马来人信奉伊斯兰教，以大米为主食，肉食主要食牛肉，喜辣味，咖喱牛肉风行全国。禁止喝酒，常饮咖啡和茶。马来人进餐用手抓取，一般用右手。餐毯之上放上几碗清水，供"洗手"之用。嗜好嚼槟榔、饮椰子酒和咀嚼烟草。

5. 婚礼

马来人的婚礼十分隆重，一般要举行两三天，实行"三礼"，即"饰发礼""染手掌礼""并坐礼"。

6. 社交礼仪

生活中非常重视礼节。在家庭中全家必须尊敬和服从父母，子女在父母面前入座必须端坐,如坐在席地上,男子必须盘膝,女子则应屈膝,将双腿伸向一旁斜坐。马来人到他人家中访问时,必须衣冠整齐,进门之前,须脱鞋。马来人的内厅是做祈祷的地方,神圣不可侵犯,穿鞋进屋被看作是对真主亵渎的行为。当有宾客来访时,主人必须用马来糕、点心、菜、咖啡等招待客人,客人必须吃一点,喝一点,否则被视为对主人不敬。

马来人遵照《古兰经》的训诫,禁酒,禁赌,禁食猪肉。斋月期间,必须斋戒。马来人忌用手触摸头部和背部(除阿訇),因为马来人深信这会给他们带来噩运。对死者,马来人只哀痛伤心,不号啕大哭。他们认为哭声和眼泪对死者和生者都不吉利。

三、旅游业

1. 旅游城市与景点

全国划分为4个旅游度假区,即吉隆坡—马六甲旅游区、东部海岸旅游区、槟榔屿—兰卡维旅游区、沙巴—沙捞越旅游区。

首都吉隆坡:历史文化名城,市内有佛教和中国式建筑,还有黑风洞、吉冷瀑布等风景名胜和海上公园。

槟城:即乔治市,槟榔屿的首府,港口城市,主要景点有极乐寺、升旗山、蛇庙、植物园等,中式寺庙、印度教寺院和清真寺并存,与马六甲市共同列为世界文化遗产。

马六甲市:保留很多历史古迹,郑和下西洋路经此地修建的三保城、三保庙、三保井至今仍在,由荷兰人于1753年建造的教堂是该市标志性建筑之一。

马来西亚具有大自然奇观、迷人的热带雨林和海滩、多元的文化色彩以及美食佳肴、免税购物。主要旅游产品有:多元文化体验、历史寻踪、自然奇观探秘和现代娱乐休闲之旅。浮罗交怡岛、刁曼岛、热浪岛的滨海度假,云顶娱乐城的博彩休闲,吉隆坡的购物美食,提供多种休闲度假,基纳巴卢山开为登山、狩猎旅行地。

旅游宣传口号为"马来西亚:亚洲的魅力所在","多民族和谐共荣的亚洲旅游天堂"。

2017年,马来西亚在全球旅游竞争力排位中名列第26位。

2. 旅游客源市场

20世纪60年代初创国际入境旅游业。1980年接待外国游客153万人次;外汇收入3.1亿美元。2014年,接待入境游客2743.7万人次,外汇收入218.2亿美元。2017年接待入境游客2594.8万人次,旅游外汇收入183.23亿美元,入境游客与本国人口之比为80∶100。大多数入境游客来自亚太地区,主要客源地为新加坡、泰国、印度尼西亚、中国大陆、日本、文莱、英国、中国台湾和澳大利亚。2012年入境游客中伊斯兰教徒544万人次，被评为"最适合伊斯兰教徒旅游的国家"。

超70%的马来西亚人有过海外旅游的经历，其中，有3次以上海外旅游经历的占1/4。出境游到访最多的是新加坡、泰国、中国大陆、中国香港和中国台湾等周边国家和地区。截至2019年，179个国家和地区对马来西亚居民实行免签入境或落地签证。

3. 旅游产业

旅游业是马来西亚第三大经济支柱，第二大外汇收入来源。旅游产业对国民生产总值的直接贡献为4.7%、综合贡献13.7%。每6人中就有1人从事旅游业。马来西亚国际旅游收支一直呈盈余状态。2004年入境旅游外汇收入81.98亿美元，出国旅游花费30.93亿美元。

2016年有1200家饭店，150多家达到国际水平。客房出租率80%。旅行社700多家。政府开辟了众多的国家公园、野生狩猎区、山间别墅、海上公园和海滨等旅游区。

4. 旅游管理

政府成立旅游委员会，由一位副总理任主席分管旅游。马来西亚旅游部下设旅游促进局。该局设有规划研究发展和工程管理处、执行处、推销处、国际关系和会议处、财务行政和综合服务处等职能部门，负责制订和监督执行旅游发展规划，促进和协调全国旅游业发展，推广和宣传马来西亚旅游商品。负责旅游推广促销的是马来西亚推广委员会。马来西亚在伦敦、东京、纽约、洛杉矶、法兰克福、巴黎、米兰、悉尼、首尔、中国香港等国外18个城市设有旅游办事处。马来西亚有众多旅游行业协会，影响较大的是旅游同业公会，独立开展为企业的服务活动，协助政府举办旅游展览活动。

四、中马关系

中国与马来西亚友好往来已有两千多年历史。早在公元前2世纪，中国就有人到马来半岛及婆罗洲从事贸易活动。公元1~7世纪，马来半岛一些邦国曾多次遣使来访，中国亦不断遣使回访。明朝时与马六甲王国关系十分密切，郑和七下西洋期间，曾五次到达该国。鸦片战争后，中国东南沿海大批穷人去马来半岛与北婆罗洲谋求生路，为当地经济做出了卓越贡献。

1. 外交与经贸关系

1974年5月，马来西亚与中国正式建立外交关系，2004年两国领导人就发展中马战略性合作达成共识，2013年两国建立全面战略伙伴关系。中国是马来西亚最大的贸易伙伴，马来西亚也已连续6年成为中国在东盟国家中最大的贸易伙伴。中国在马来西亚古晋设有总领馆，马来西亚在中国上海、广州、昆明和香港设有总领馆。

2. 旅游关系

1990年，马来西亚政府取消其公民访华限制，当年来华为3.7万人次，自2001年以来马来西亚一直是中国的第五大客源国，2015年达107.55万人次，2017年123.25万人次，2018年129.1万人次。客源以华人为主，主要集中分布在三个城市：吉隆坡、槟城和新山。

从1990年起，马来西亚成为中国公民出境旅游目的地国家。1991年4万~5万人次，2006年53万人次，2014年98.19万人次，2015年164万人次。目前中国是马来西亚第一大客源国。2011年8月16日起，中国公民个人前往马来西亚旅游，可凭有效的其他东南亚国家签证"中转旅行"，即游客只需要持有东南亚某一国签证，就可以自由在其他国家过境，但游客中转签证仅可在马来西亚停留5天。2016年马来西亚对中国内地公民同时推出电子签证与免签政策。

新加坡

一、基本国情

1. 自然地理

新加坡共和国（The Republic of Singapore）位于马六甲海峡北岸、马来半岛南端，是一个城市岛国，总面积710平方公里，由新加坡岛及附近63个小岛组成，其中主岛新加坡岛占全国面积的88.5%。新加坡地处太平洋与印度洋之间的航运要冲，为马六甲海峡出入口的咽喉要地，是亚、非、欧和大洋洲的重要国际海、空航线的枢纽。属赤道型气候，或称热带性海洋气候，常年高温多雨，年温差小。

2. 简史

最早居住在新加坡的人种，是马来人的后裔，从马来半岛迁徙至此。公元12世纪建立"狮子王朝"，15世纪为"马六甲王朝"，16世纪中叶起为柔佛王国的一部分。1824年沦为英国的殖民地，1926年，新加坡与马六甲、槟榔屿合并为英国的"海峡殖民地"。1959年6月新加坡成立自治邦，实行内部自治，但英国还保留国防与外交权力。1963年新加坡同马来亚、沙捞越和沙巴组成马来西亚联邦。1965年8月9日新加坡退出联邦，成立新加坡共和国，并为英联邦成员国。

3. 国旗、国花与"狮子城"

国旗：为上红下白二色，红色左面饰以白色弯月和五个大小相同的五角星。

国花：胡姬花，亦称卓锦、万代兰。

新加坡是"狮子城"的意思。相传公元12世纪有位王子出外打猎，遇到狂风恶浪，漂流到这个荒岛上，在他面前出现一只黑头红身、胸生白毛的巨兽，还没有来得及躲避，那头野兽已不见了。于是王子振奋精神，决定留在这个岛上，并建立一座城市，命名"僧加补罗"，即"狮子城"的意思，后来逐渐演变成"新加坡"。现在新加坡建有一座大理石的鱼尾狮头雕像，高约23米，是新加坡的城徽和标志。

4. 政治体制

新加坡为议会制共和国，按三权分立组织国家机构：总统为国家元首，由议会选举产生，任期6年。总统和国会共同行使立法权。总理为政府首脑，由议会中多数党提名、总统任命，任期4年。现有24个政党注册，主要政党有人民行动党、工人党、新加坡民主党等。1954年1月成立的人民行动党，历来为执政党。

5. 国民经济

新加坡属于外贸驱动型经济，以电子、石油化工、金融、航运、服务业为主，高度依赖美、日、欧和周边市场，外贸总额是GDP的四倍。2017年国内生产总值约3239亿美元，人均国内生产总值5.5万美元。2014年工业占国内生产总值的25%，农业产值占国民经济不到0.1%，服务业占国内生产总值的70.4%。新加坡是国际贸易中心、国际金融中心和国际航空交通中心之一，是世界上仅次于荷兰鹿特丹的第二大港口、东南亚最大的海港和世界著名的转口贸易港。

货币名称：新加坡元（Singapore Dollar，简写S$），1元=100分（Cent）。汇率：1美元≈1.3807新加坡元（2017年）。

6. 对外政策

立足东盟，致力于维护东盟团结与合作、推动东盟在地区事务中发挥更大作用；面向亚洲，注重发展与亚洲国家特别是中、日、韩、印度等重要国家的合作关系；奉行"大国平衡"，主张在亚太建立美、中、日、俄战略平衡格局；突出经济外交，积极推进贸易投资自由化。加入"全面和进步跨太平洋伙伴协定"（CPTPP），共与175个国家建立外交关系（2004年）。

二、人文习俗

1. 人口、民族、语言和宗教

总人口564万（2018年），公民和永久居民399万，华人占75%左右，马来人占13.8%，印度人占8.3%，其他种族占1.7%。马来语为国语，英语、华语、马来语和泰米尔语为官方语言，英语为行政用语。

宗教信仰自由，华人和斯里兰卡人多信奉佛教，马来人和巴基斯坦人多信奉伊斯兰教，印度人则信奉印度教，也有一部分人信奉基督教。

2. 节假日

（1）法定节日

元旦：1月1日。

大宝森节：泰米尔历的1、2月间，印度族节日。

独立日：8月9日（1965年退出马来西亚联邦，成立新加坡共和国）。
春节：华人新年，每年1月或2月的农历新年。
开斋节：回历10月新月出现之时。
劳动节：5月1日。
宰牲节：4月间（伊斯兰历九月）。
国庆节：8月9日。
点灯节：10月、11月间。

（2）民间节日

食品节：4月17日。
百鸟争鸣节：7月。
中秋节：农历八月十五。
屠妖节：10月至11月，印度族节日。
泰米尔新年：4、5月间。
蹈火节：10、11月间。
卫塞节：5月的月圆日。
圣诞节：12月25日。
复活节：3月21日月圆后的周日。

（3）带薪休假

职工年带薪休假14天。

3. 文化教育

新加坡教育强调识字、识数、双语、体育、道德教育、创新和独立思考能力并重。重视文明建设，开展"礼貌运动""敬老运动"，注意把儒家文化、伦理灌输到人们日常工作和经济生活中，宣传奉献精神和群众精神。

4. 餐饮

华人的饮食与中国广东人很接近，喜食闽粤风味菜肴，尤爱食水产菜肴。甜食、油炸糯米和红糖年糕，是春节家家必备的风味小吃，饮茶是普遍爱好。

5. 婚嫁、婚仪

各民族婚礼不相同。华人婚礼新娘穿上代表喜庆的红色衣服，举行仪式时尽可能多地宴请亲朋好友。马来人在婚礼时女方亲友围绕新娘，男宾组成一个列队，簇拥新郎到新娘家举行仪式。来宾离去时每人手上握一个煮熟的鸡蛋，表示多子多孙的意思。印度人婚礼在庙里以古老仪式举行，丈夫跪在新娘面前，悄悄在她的脚趾上套一枚戒指，婚礼高潮是新娘戴上用茉莉花和兰花编成的花环，宾客向新人身上抛撒花束。

6. 社交礼仪

新加坡各民族保持自己的传统礼仪，打招呼方式各不相同。见面通常握手，华人见面以鞠躬为礼。马来人行双手握礼。印度人妇女额头点檀香红点,男人扎白色腰带,见面时双手合十致意,平时进门脱鞋。

禁忌。不用食指指人,双手不要随便叉腰;用餐时勿把筷子放在碗和盘上,也勿交叉摆放,应放在托架上。严禁随地弃物。与印度族和马来族人进餐时,勿用左手。印度人以牛为圣物,不吃牛肉。

三、旅游业

1. 旅游城市与景点

新加坡是城市国家,整个城市就是旅游的目的地,被誉为"花园城市",主要游览景点有圣淘沙名胜世界(新建有环球影城、海洋生物园等项目)、天福宫(即天后宫)、裕华园(仿照中国宋代庭院建筑风格和北京颐和园的造型布局设计建造)、星和园(日本式花园)、晚晴园(孙中山故居)、苏丹伊斯兰教堂、双林寺、龙山寺、野生动物园、植物园、水族馆、国家博物馆等。

多元文化的都市旅游是新加坡旅游的最重要的特点。都市旅游、购物美食、娱乐休闲、主题公园、邮轮度假和商务会展等熔于一炉。新加坡是个自由港贸易中心,来自世界各地的货物品种齐全、价格便宜,购物成为新加坡吸引游客的一个重要内容。连续22年被国际协会联盟评选为"亚洲最佳会议城市",连续5年被著名的《亚太商旅杂志》的读者评选为"最佳商务城市"。新加坡每年接待会议客人150万人次。

新加坡曾经使用以下旅游宣传口号,新加坡:无限惊喜新加坡;新加坡:发现,发现,处处有发现;新加坡:说得完,玩不完;新加坡:三天还不够。"非常新加坡"是新加坡最新推出的品牌形象。

2017年新加坡在全球旅游竞争力排位中名列第13位。

2. 旅游客源市场

新加坡的旅游业始于20世纪50年代,到独立前的1964年,接待的国际旅游者仅9万人次,旅游创汇3000余万美元。2017年入境游客1390.6万人次,旅游外汇收入197.07亿美元。亚太地区是国际游客主要客源市场,约占80%;欧洲地区约占10%,美洲地区约占5%。主要客源国是东盟国家、中国、澳大利亚、印度和日本。

新加坡也是亚洲的主要客源产出国之一,1996年出境旅游达330万人次,超过全国人数,出境旅游支出32.24亿美元。2017年出境旅游988.9万人次。新加坡出境旅游者主要目的地在亚太地区,前五位出境旅游目的地为马来西亚、印度尼西亚、泰国、中国内地以及中国香港。国内旅游十分普及。2011年全国旅游景点接待500万人次游客,其中47%为国内游客,共2350万人次,人均游览6.2次。189个国家和地区对新加坡国民实行免签入境或落地签证政策。

3. 旅游产业

旅游业成为新加坡的支柱产业之一，旅游业对新加坡 GDP 的贡献率达到 10%。2000 年入境旅游外汇收入 51.42 亿美元，出境旅游花费 45.38 亿美元，国际旅游盈余 6.04 亿美元。从 2001 年后，转为国际旅游赤字。2011 年旅游外汇收入 180 亿美元，旅游外汇支出 211 亿美元，旅游贸易逆差 31 亿美元。

旅游服务设施完善。2017 年客房 2106.7 万间，酒店入住率 84.7%。威斯汀·斯坦福饭店呈圆柱形，共 73 层，高 230 米，有 2050 套客房及 17 个不同风味的餐厅、6 个网球场和 1 个 5000 个座位的国际会议中心等。主要会议中心有新加坡博览中心、新达国际展览与会议中心、莱佛士会展中心等。新加坡设有会议展览局、会议展览协会、会议展览公司（新加坡会议展览服务有限公司、环球万通公司）。

有旅行社 1000 多家，大通旅游（新加坡）机构有限公司是新加坡四大旅行社之一，是一家以多种市场为主体的全面性服务的批发和零售旅游公司。导游主要有两类，一类是旅游公司雇员，另一类是自由职业者。2011 年共有 2315 名持证导游。2011 年 7 月新加坡职工总会成立了导游分会，以维护导游人员的利益，提高他们的福利待遇和职业技能。一些旅游公司为导游人员提供个人意外保险及合理的医药费。

4. 旅游管理

1964 年成立新加坡旅游局，归内阁工商部管辖，负责执行政府制定的旅游法规、开展宣传促销、完善旅游景点、审批和颁发旅行社执照等。2016 年，新加坡旅游局在北京发布全新旅游品牌"心想狮城"。在悉尼、东京、大阪、伦敦、纽约、芝加哥、旧金山、法兰克福、巴黎、孟买、首尔、多伦多、上海、台北、香港等地设有 22 个办事处，在奥克兰、苏黎世等地设有市场代表处。

新加坡全国旅行社协会是旅游行业组织，负责举办旅游展览，为会员提供服务，与旅游局无行政隶属关系。

四、中新关系

1. 外交与经贸关系

新加坡与中国的往来有悠久的历史，早在公元 10 世纪就有了海上贸易往来。1819 年英国占领该岛后，人口增长到 1.2 万人，大半是华人，华人与当地人共同开发了新加坡。1990 年 10 月，新加坡与中国正式建交，并在上海设立领事馆。2008 年 10 月，中新签署自由贸易协定，2009 年 1 月 1 日正式生效。中国为新加坡最大贸易伙伴，新加坡是中国第一大新增外资来源国、第二大投资目的地国，也是重要的人民币离岸中心。

2. 旅游关系

中新两国之间旅游发展很快，20世纪80年代以来，新加坡来华旅游人数不断增加。1979年来华游客仅1.3万人次，2015年90.53万人次。2017年来华94.02万人次，2018年97.8万人次。中国是新加坡人的第二大旅游目的地，仅次于马来西亚。

从1990年起，新加坡成为首批中国公民出境旅游目的地国家。1996年中国赴新加坡旅游8.38万人次。2016年286.4万人次，为新加坡第二位客源地。从2005年10月1日起，中国内地游客享有在新加坡落地过境96小时特许免签证的待遇。2019年1月28日起，新加坡给予符合条件的中国公民，往返第三国过境新加坡96小时免签证入境待遇。

我国文化和旅游部在新加坡设有旅游办事处，新加坡旅游促进局在上海设有办事处。

菲律宾

一、基本国情

1. 自然地理

菲律宾共和国（The Republic of the Philippines）位于亚洲东南部，太平洋西部海面上，由大小7107个岛屿组成，面积为29.97万平方公里，海岸线约18533公里。山地占全国总面积的3/4，沿海一带为窄小的平原。多火山，还有很多活火山，有"火山之国"之称。属于热带海洋性气候，高温多雨，湿度大。

2. 简史

公元前4000~公元前3000年和公元前1500年左右，先后有两批蒙古利亚种人和印度尼西亚种人乘船来到菲律宾，现在的马来族就是他们的后裔。根据中国文献记载，公元10世纪前菲律宾叫麻逸国，后又在菲律宾南部出现苏禄国。1521年，麦哲伦率领西班牙远征船队到达该国，1565年，西班牙殖民者侵占了菲律宾，统治长达300多年。1898年6月12日，发表了《独立宣言》。在菲律宾宣布独立前，美国与西班牙战争爆发，并以西班牙的失败告终，签订《巴黎和约》，西班牙将菲律宾"转让"给美国，美国付给西班牙2000万美元。1942年菲律宾被日本占领，第二次世界大战后，美国恢复对菲律宾的统治。1946年7月菲律宾宣告独立。

3. 国旗、国树与国花

国旗：靠旗杆一边旗地为白色三角形，三角形中间有黄色太阳，放射八道光线，三角形三个角各有一个黄色五角星，从三角形角尖至旗地右侧，分为上下两部分，上部为蓝色，下部为红色，形状、大小相等。

国树是纳拉树，国花是茉莉花。

4. 政治体制

实行总统内阁制，由总统组阁，总统既是国家元首，又是政府首脑和武装部队总司令，由选民直接选举产生，任期6年，不得连任；总统无权实施戒严法，无权解散国会，不得任意拘捕反对派，宪法规定禁止军人干预政治；保障人权，取缔个人独裁统治。国会是最高立法机构，实行参、众两院制。有大小政党100余个，大多数为地方性小党。主要政党有基督教穆斯林民主力量党（执政党，也是最大政党）、民族主义人民联盟、摩洛民族解放阵线、摩洛伊斯兰解放阵线和共产党等。

5. 国民经济

出口导向型经济。第三产业在国民经济中地位突出，农业和制造业也占相当比重。椰子、甘蔗、烟草、麻是四大传统经济作物，水产业发达。服务业发展迅速。2017年国民生产总值为3890亿美元，人均国内生产总值3593美元。2016年农林渔业产值为294.23亿美元，占GDP的8.0%。2016年农业、工业、服务业增加值的比重为8.0∶32.9∶59.1。2016年服务业产值约为7.85万亿比索，比上年增长8.1%。全球主要劳务输出国之一，在海外工作的劳工有1000多万。2016年菲海外劳工汇款达269亿美元，占GDP的7.3%。海运交通发达，主要港口为马尼拉、宿务、怡朗、三宝颜等。机场163个，国内航线遍及40多个城市，与30多个国家签订了国际航运协定。主要机场有首都马尼拉的尼诺·阿基诺国际机场、宿务市的马克丹国际机场和达沃机场等。

货币名称：比索（Philippine Peso，简称P）。汇率：1美元≈52比索（2019年1月）。

6. 对外政策

对外政策的三大目标是：确保国家安全、主权和领土完整；推动经济和社会发展；保障菲律宾海外公民权益。重视发展同中国和日本的关系，积极推动东盟内部合作，发展同伊斯兰国家的友好关系。大力推行经济外交，积极参与国际和地区事务。截至2004年底，已同126个国家建交。

二、人文习俗

1. 人口、民族、语言和宗教

人口1亿98万（2015年），马来族占人口总数的85%以上，包括他加禄人、伊洛戈人、邦班牙人、维萨亚人和比科尔人等；少数民族及外来后裔有华人、阿拉伯人、印度人、西班牙人和美国人；还有为数不多的原住民。全国有70多种语言。国语是以他加禄语为基础的菲律宾语，英语为官方语言。居民约85%信奉天主教，4.9%信奉伊斯兰教，少数人信奉独立教和基督教新教，华人多信奉佛教，原住居民多信奉原始宗教。

2. 节假日

（1）法定节日

新年：1月1日。

宪法日：1月第三个星期天。

圣周节：3~4月，天主教节日。

复活节：3~4月。

柯里矶多日：4月9日，纪念为国捐躯战士。

劳动节：5月1日。

圣母节：5月中旬。

国庆节：6月12日，纪念国家独立之日。

万圣节：11月1日。

伯尼法西奥日：11月25日，民族英雄纪念日。

圣诞节：12月25日。

黎刹纪念日：12月30日。

（2）民间节日

狂欢节：1月第三个星期天。

五月花节：5月，庆祝丰收。

血盟节：纪念中菲人民友好的节日。

民间艺术节：7月。

（3）带薪休假

职工年带薪休假5天。

3. 文化艺术

著名的叙事诗《阿丽古荣》、史诗《呼得呼得和阿里姆》、民间故事《世界的起源》等都是古代流传下来的优秀口头文学作品。西班牙殖民统治期间，著名诗人弗朗西斯科·巴尔塔萨尔，在狱中写的《弗罗兰第和罗拉》为菲律宾近代文学的第一篇杰作，作者被誉为"菲律宾人的诗王"。1887年，菲律宾民族诗人和作家黎刹发表长篇小说《不许犯我》，反映了菲律宾人民的觉醒和反抗西班牙殖民统治的斗争。著名诗人何塞·帕尔玛代表作《菲律宾诺斯》成为今日菲律宾国歌歌词。

全国几十个民族各有自己独特的音乐和舞蹈。特别是一些民族音乐和舞蹈已与西班牙音乐舞蹈融为一体，更具特色。

4. 服饰饮食

穆斯林人男子穿紧身的短外衣和宽大的长裤，用一条"沙笼"作腰带。到过麦加朝圣的教徒头上围一条白色头巾或戴一顶白帽子。妇女穿紧身的短袖背心，钉上两排金属纽扣，穿紧脚口的宽大裤子，或穿裙子。少数民族穿戴简单，比如伊富高男人上身往往袒露，伊洛戈人男女上身皆裸露。女子下身往往穿筒裙，男子则往往仅在腹部围一块布。

以大米、玉米为主食。喜食椰汁煮饭或椰汁煮木薯。著名的菜肴有烤乳猪、肉类炖蒜、虾子煮汤、咖喱鸡肉。流行嚼槟榔。

三、旅游业

1. 旅游城市和景点

首都大马尼拉市：古城风貌与现代城市建筑并存的热带花园城市，市内有上马尼拉教堂、圣奥古斯丁教堂和圣地亚哥古堡等名胜古迹，市郊有百胜滩的急流、瀑布和达尔湖。

宿务市：新兴商业港口旅游城市，文化古迹众多，有"南菲律宾首都"和"南菲律宾皇后"的美称。

碧瑶市：群山环抱、树木成荫的旅游度假城，被称为菲律宾的"夏都"，为避暑胜地。有总统的夏宫，集佛教、天主教、道教于一堂的贝尔大教堂，土著民族的茅寮式建筑，还有海滨浴场和渔村风光等景点。

三宝颜市：历史文化名城，保存有近400年前的皮拉古堡，天主教堂、清真寺并存。

世界自然遗产有地下河国家公园、马荣活火山国家公园和图巴塔哈礁海洋公园，世界文化遗产有两千年历史的巴纳韦水稻梯田税吕宋岛上的500年前的巴洛克式基督教堂及维甘古城。

2017年菲律宾在全球旅游竞争力排位中名列第79位。

2. 旅游客源市场

20世纪70年代以后，重点发展入境旅游。1980年接待外国游客突破百万，旅游外汇收入3.2亿美元。2017年622.1万人次，69.86亿美元。2017年接待外国游客人数与本国人口之比为6∶100。国际游客中，亚洲和太平洋地区占60%以上，美洲占20%、欧洲占10%。韩国，占总入境人数的22%。其次分别为中国内地、美国、日本以及澳大利亚、加拿大、英国、新加坡、马来西亚、中国香港和印度。

1999年出境旅游175.5万人次，旅游支出13.08亿美元。出国主要目的是劳务输出和观光度假。主要旅游目的地为中国香港及亚洲邻近国家和地区，其次是澳大利亚和欧美国家等。政府提倡国内旅游，号召国内金融机构如：政府养老基金会、政府保险系统和社会保险系统为国内旅游者提供贷款，并推出"现在旅游，以后付钱"计划，鼓励公民进行国内旅游。

3. 旅游产业

2016年旅游业的直接贡献占国民生产总值的8.2%，间接贡献占国民生产总值的 19.7%。2008 年旅游就业 725 万人，占全国就业人口的 9.7%。国际旅游收支一直呈盈余状态。

饭店采用星级制。目前有一星级饭店 4 个、二星级 14 个、三星级 6 个、四星级 7 个、五星级 13 个。2002 年，菲律宾共有客房 2.14 万间，床位 4.28 万张，客房出租率 60.1%，人均住宿时间 2.63 天。

4. 旅游管理

1973 年菲律宾成立旅游部，其首长为旅游秘书（部长级），下设财务管理司、行政管理服务司、国际旅游促进局、国内旅游促进局、旅游发展规划办公室、产业调研与发展办公室、旅游协调办公室、旅游信息办公室、旅游标准办公室、首都与地区办公室。旅游秘书直接领导旅游促进局、会议与观光公司、国家公园发展委员会、首都管理局。在全国 15 个区设立旅游办事处，驻外办事处有 12 个，其中驻美国 3 个，驻日本 2 个。

菲律宾大学于 1977 年建立亚洲旅游学院，设有 4 年制旅游专业课程，培养旅游企业管理人才。导游人员必须经过专门培训，并取得旅游部审批发放的执照后，方可从业。

四、中菲关系

菲律宾与中国人民的往来，有文字记载的开始于公元 10 世纪。公元 1225 年，中国商船已抵达麻逸三屿及吕宋西南海岸。当时中菲贸易货船随季风往返。明初菲律宾苏禄国王来中国，后客死并下葬在山东省德州地区，现保存完好的苏禄王墓是中菲友好交往的历史见证。

1. 外交与经贸关系

1975 年 6 月 9 日中菲两国正式建交。2005 年两国确认建立致力于和平与发展的战略性合作关系。目前中国是菲律宾最大的贸易伙伴，也是第二大的客源国。

中国在宿务设有总领馆，在拉瓦格开设领事馆。菲在厦门、广州、上海、重庆、香港和澳门分别设有总领馆。

2. 旅游关系

2011 年 8 月，中菲签署《旅游合作谅解备忘录执行计划》，2016 年 8 月签署《中华人民共和国国家旅游局和菲律宾共和国旅游部旅游合作谅解备忘录执行计划（2017—2022 年）》，旨在加强两国旅游安全与质量保障、旅游宣传推广、旅游培训、旅游投资等方面的合作。

来华旅游。从 1979 年开始，菲律宾每年来华旅游人数多有增长。截至 1981 年历年旅华人数 2.77 万人次，2016 年 49.1 万人次，2017 年 116.09 万人次，其中服务员工占 2/3，观光休闲占 1/5，2018 年 120.3 万人次。

赴菲旅游。从 1992 年起，菲律宾成为中国公民出境旅游目的地国家。1998 年赴菲律宾游客 4.4 万人次，2013 年 44.65 万人次，是菲律宾的第四大客源国。2016 年赴菲律宾 67.7 万人次。2017 年 96.8 万人次，为菲律宾第二大客源国，占菲律宾入境游客的 18%。2017 年 6 月，菲方向符合条件的中国公民签发"落地签证"，落地签停留期为 30 天，可申请延期最长至 6 个月。

印度尼西亚

一、基本国情

1. 自然地理

印度尼西亚共和国（The Republic of Indonesia）位于亚洲东南部，地跨赤道，由太平洋与印度洋之间 17 508 个大小岛屿组成，其中有人居住的有 6000 个岛屿，是世界上最大的群岛之国。陆地面积 1 904 443 平方公里，海洋面积 3 166 163 平方公里（不包括专属经济区）。各岛以山地和高原为主，仅沿海有平原，除加里曼丹岛外，各岛均有活火山，地震频繁。印度尼西亚横跨赤道，是典型的赤道海洋性气候，终年高温多雨。

2. 简史

公元 7 世纪前印度尼西亚各岛屿上分散着一些封建王国，并已有相当发达的文化。公元 7 世纪，苏门答腊岛上建立了室利佛逝王国。14 世纪初，在东爪哇建立了历史上最强大的封建帝国麻喏巴歇。16 世纪末，荷兰殖民者侵入，1800 年正式成立殖民政府。此后，印尼人民不断举行起义，反对荷兰殖民统治。1942 年被日本占领，1945 年 8 月日本投降后，爆发"八月革命"，8 月 17 日宣布独立，成立了印度尼西亚共和国。

3. 国旗、国花

国旗：红白两个长方块构成，上红下白各占一半。
国花：茉莉花。

4. 政治体制

印尼现行宪法是 1945 年 8 月 17 日独立后颁布的，简称《四五宪法》。宪法规定建国五基——信仰真主、人道主义、民族主义、民主和社会主义为立国之本。实行总统内阁制。总统是最高行政首脑和部队最高统帅，直接领导内阁。人民协商会议是国家最高权力机构，负责制定宪法、国家基本方针政策和选举总统、副总统。但总统有否决权。1999 年 1 月新政党法规定开放党禁。主要大党有民主党、专业集团党、民主斗争党、国家使命党、繁荣公正党。

5. 经济状况

东盟最大的经济体。农业和油气产业是传统支柱产业，锡、煤、镍、金、银等矿产产量居世界前列，东方最大的石油生产国之一，是石油输出国组织（欧佩克）成员国。可可、棕榈油、橡胶和胡椒产量均居世界第2位，咖啡产量居世界第4位。2017年，国内生产总值约为10 152亿美元，人均国内生产总值约为3875美元。2012年，农业、工业、服务业增加值的比重为14.5∶46.8∶38.7。交通运输以海运和空运为主，主要海港有雅加达、泗水的丹戎佩拉港和棉兰的勿拉湾港。雅加达苏加诺—哈达国际机场为最大机场。

货币名称：印度尼西亚卢比（Indonesian Rupiah，简写Rp），通称盾（1盾=100仙）。汇率：1美元≈13000印尼盾（2014年）。

6. 对外政策

奉行独立自主、不结盟的外交政策。参与发起建立东南亚国家联盟，视之为"贯彻对外关系的基石之一"，务实参与地区合作。主张大国平衡，重视与美、中、日、澳以及欧盟的关系。积极参与国际事务，重视不结盟运动和南南合作。到2003年，与135个国家建立外交关系。

二、人文习俗

1. 人口、民族、语言和宗教

人口2.62亿（2018年），世界第四人口大国。有100多个民族，其中爪哇族占45%，巽他族占14%，马都拉族占7.5%，马来族占7.5%，其他民族占26%。65%的人口居住在爪哇岛上。印度尼西亚语为国语，英语为第二语言，政府部门和商业活动广泛使用英语。大多数居民信奉伊斯兰教，还有信奉基督教、天主教、印度教、佛教和原始拜物教等宗教。

2. 节假日

（1）法定节日

独立日：8月17日（1945年）。

国庆日：8月17日（1945年）。

（2）民间节日

民族觉醒日：5月20日。每年这一天，为纪念第一个国民教育组织——至善社的成立举行庆典。

猴节：6月7日。每年这一天，印尼加里曼丹岛北部山区的农民全家到山里去，并请来乐队进山为猴子演奏乐曲，庆祝节日，并将准备好的糖果、饼干等食物撒在猴子栖息的地方。

智慧节：2月下旬印尼巴厘岛人专门赞颂知识降临于世的节日。届时，各个学校都得歌颂神通广大的大梵天的妻子——智慧女神萨拉斯瓦蒂，并举行巴厘古书祭祀仪式，教师们教育学生要热爱知识，勤奋学习。

加龙岸节：是巴厘岛上的盛大节日，时间为2月初，为期10天。节日期间，人们通宵达旦尽情欢乐，用糕点和牲畜祭神，祭拜米仓、土地及墓地；两天后，是甜加龙岸日，人们祈求宽恕、忏悔；三天后是古安宁节，迎接天神下凡。

（3）带薪休假

职工年带薪休假12天。

3. 饮食

习惯用手抓饭，喜嚼槟榔。

4. 礼仪与习俗

见面时可以握手或点头。应邀做客，最好给主人送束鲜花，用右手递接物品。

敬蛇如敬神，在印尼人心目中，蛇是善良、智慧、德行的象征。在巴厘岛，专门建有一个像庙宇的蛇舍，供养一条大蛇。蛇舍前设有香案，供人礼拜、祈祷之用。蛇舍后面的蛇洞里还养着大量蝙蝠，供蛇吞食。

三、旅游业

1. 旅游城市和景点

首都雅加达：印尼和东南亚最大城市。新区为行政中心，旧区为商业中心，历史古迹众多，是主要旅游区。"美丽的印度尼西亚"缩影公园是各民族传统文化和多元宗教的博物馆，原为东印度公司的总部的历史博物馆。有清真寺200余所、教堂100余所、佛教寺庙及道教宫观数十所。离雅加达10公里的丹戎不碌，是世界著名海滩和风景区。

泗水：东爪哇首府，人称"英雄城"，市内有多座英雄纪念碑和海滨浴场、大清真寺和享德里克古堡、达尔莫动物园等。

万隆：四周火山群峰环抱，地势较高，气候凉爽，空气清新，植物茂密，四季如春。市内有风景清幽的小西湖和著名的覆舟火山及隆隆温泉，是著名的避暑胜地。1954年第一次亚非国际会议会址。

巴厘岛：以金色的海滩、火山、众多庙宇、奇特景色及传统的风土人情吸引游客，被誉称"舞之岛"。舞蹈扎根于岛民的宗教信仰中，盛大节日时总要举行声势浩大的庆祝舞会。

2017年印度尼西亚在全球旅游竞争力排位中名列第42位。

2. 旅游客源市场

2017年接待入境游客1296.8万人次、88.61亿美元，入境游客与全国人口之比为5∶100。2018年1~11月外国赴印尼游客1439万人次。入境客源产出地以亚太地区为主，约占80%，其次是欧洲及美洲。中国、新加坡、马来西亚、澳大利亚和日本为印尼前五大客源地。

2011出境旅游659万人次，出境游客与全国人口之比为2.8∶100。主要目的地为新加坡、马来西亚、中国内地、中国香港，其次为泰国、澳大利亚、韩国和日本等。旅游者多为侨居印尼的移民和半居留公民，旅游目的多为参观旅游和探亲旅游。政府鼓励国内旅游，对出境旅游加以限制，规定出境游客要付相当于109美元的出境费。2008年国内游客1979万人次。

3. 旅游产业

印尼非油气行业中仅次于电子产品出口的第二大创汇行业。2016年，旅游业的直接贡献占GDP的1.85%、间接贡献占GDP的6.2%。国际旅游收支一直呈盈余状态。

饭店分为星级饭店和无星级饭店两种，还有价格便宜的青年旅店、野营地等，有110个国家公园露营基地。印尼旅行社分为两类，一类从事旅游批发，另一类从事旅游零售。

4. 旅游管理

旅游管理机构先为旅游、邮电和通信部，后改为文化和旅游国务部，现为旅游与创意经济部，下设旅游促进局。旅游促进局下设国际市场开发司、国内旅游司、旅游景点开发司、旅游设施开发司、旅游服务发展司、计划司、财务司、人力资源司和法规司。在东京、悉尼、法兰克福、洛杉矶、伦敦、新加坡等地设有18个旅游办事处。2015年6月，印尼政府开始推行新的免签证措施，取消了包括中国、日本、韩国、俄罗斯、印度等30个国家和地区入境印尼的签证要求。

四、中印（尼）关系

中国与印尼很早就有交往。明代郑和下西洋多次经过印尼，保存至今的有三保公、三保庙、三保塔等。

1. 外交关系

印尼是最早与新中国建交的国家之一，1950年4月1日两国建交。1967年10月30日，两国外交关系中断，直接贸易关系也逐渐停止。1990年7月，中印（尼）两国正式恢复了外交关系。2005年4月，两国共同发表《中印尼战略伙伴关系联合宣言》，2014年两国共同发表《中印尼全面战略伙伴关系未来规划》。我国在印尼泗水、棉兰、登巴萨设有总领馆，印尼在香港、广州、上海设有总领馆。2005年，两国相互免除持外交与公务护照人员签证，印尼政府宣布给予中国公民落地签证待遇。2006年7月和2008年10月，印尼国会通过新《国籍法》和《消除种族歧视法》，华人从法律上获得了与其他民族平等的权利。

2. 旅游关系

1993年6月，中国旅游协会与印尼旅行社协会签署《谅解备忘录》，双方一致同意加强联系、交流和合作。1994年来华12.04万人次，2015年54.48万人次。

2017年访华游客68.08万人次，2018年70.9万人次，来华旅客中，以华人为多。

从2002年起，印度尼西亚成为中国公民出境旅游目的地国家，2004年中国公民赴印尼达8万人次，2014年95.82万人次，2016年142.9万人次，2017年约200万人次，中国已成为印尼第一大旅游客源地。印尼政府通过建立跨部门协调机制、开设中国游客中心等措施，为中国游客提供更加优质的服务。2016年，从巴厘岛入境印尼的中国内地游客98.7万人次，占赴印尼中国游客的70%，主要旅游目的地是巴厘岛观光度假。2015年，印尼推出"郑和下西洋海上丝绸之路"旅游线。

越　南

一、基本国情

1. 自然地理

越南社会主义共和国（The Socialist Republic of Viet Nam）位于中国南部，中南半岛的东侧，北面和中国云南、广西接壤，西南与老挝、柬埔寨为邻。全国面积329556平方公里，南北长达1650公里，东西最窄处仅50公里，像一个竖立的大"S"形。全境3/4为山地、高原，境内主要河流有北部的红河和南部的湄公河。全国为热带季风气候，高温多雨，湿度大。大部分地区5~10月为雨季，11月至次年4月为旱季。

2. 简史

越南古称交趾，10世纪以后形成封建国家。1884年沦为法国的"保护国"，1940年被日本占领，1945年日本战败后，成立了越南民主共和国，之后进行了9年抗法战争，1954年法国被迫承认其独立。此后又进行了十多年的抗美战争，1973年取得了抗美救国战争的胜利。1976年实现南北统一，9月2日定国名为"越南社会主义共和国"。

3. 国旗

长方形，底色为红色，正中有一个黄色五角星。

4. 政治体制

宪法规定，越南社会主义共和国国家政权属于人民，越南共产党以马克思列宁主义和胡志明思想为指导思想。国会是最高国家权力机关和唯一的立法机关，国家元首为国务委员会主席。政府会议是国会的执行机关，由总理、副总理、各部部长等组成。越南共产党是唯一执政党，越南祖国阵线是统一战线组织，党的助手有共青团、妇联、总工会等。

5. 国民经济

越共确定以工业化和现代化为中心，发展多种经济成分，发挥国有经济主导地位，建立市场经济的配套管理体制，形成了以国有经济为主导、多种经济成分共同发展的格局。2017年国内生产总值2448亿美元，人均2448美元。以农业为主，世界上第三大稻米出口国，农业人口约占总人口的75%。南方主要是轻工业，北方集中了钢铁、化工、水泥、化肥和煤炭等工业。2012年，农业、工业、服务业增加值的比重为19.7∶38.6∶41.7。陆上运输以铁路和公路为主，河内和胡志明市为两大交通枢纽。著名的港口有胡志明市、海防、岘港等。3个国际机场分别为：内排机场（河内市）、岘港机场（岘港市）和新山一机场（胡志明市）。

货币名称：越南盾（Dong，简写D），1盾=10角=100分。汇率：1美元=23 200越盾（2019年1月）。

6. 对外政策

外交工作的总任务是"维护和平，扩大友好、合作，为经济建设创造有利的国际环境"，宣布越南愿成为国际社会一切国家的朋友。奉行全方位、多样化的独立自主外交路线，对外工作重点是"融入国际社会、搞好周边关系、妥善处理大国关系"。已同173个国家建立了外交关系，并同20个国际组织及480多个非政府组织建立合作关系。1995年加入东南亚国家联盟。

二、人文习俗

1. 人口、民族、语言与宗教

人口9170万（2015年），有54个民族，京族占总人口86%，岱依族、傣族、芒族、华人、侬族人口均超过50万。官方语言为越南语，又称京语。法语较通行，有的也使用汉语、英语、高棉语。信教自由，各宗教团体都参加越南祖国战线，协助贯彻宗教政策。居民中有55%的人信奉佛教，少数人信仰天主教、基督教（新教）、高台教和好教。

2. 节假日

（1）法定节日

新年：1月1日。

春节：越历正月初一。

五一国际劳动节：5月1日。

国庆节：9月2日。

（2）政治性纪念日

越南共产党成立纪念日：2月3日。

全国抗美日：3月19日。

胡志明生辰纪念日：5月19日。

越南南北统一日：7月2日。

八月革命节：8月19日，纪念1945年八月起义，宣布成立越南民主共和国。
胡志明逝世纪念日：9月3日。
越南人民军建军节：12月22日。
（3）民间节日
端午节：越历五月初五。
哈节：京人独特的传统节日，一般在越历六月初十或八月初十，各地不尽相同。
中秋节：越历八月十五。
重阳节：越历九月初九。
盘古节：越历腊月下旬。
（4）带薪休假
职工年带薪休假14天。

3. 文化艺术

越南文学自古受中国文化影响较大，公元10世纪建国后吸收了其他一些外来文化，逐步创立了自己的民族文学。第一部较有影响的文学作品是李公蕴的《迁都诏》。现代文学作品主要有《越南诗选集》《越南诗歌》《越南短篇小说》等，另有一些在全国有较大影响的长篇小说如《领空》《金星》《海上风暴》等。

4. 饮食与习俗

以大米为主食。在作料中流行一种被称作鱼露的调味品。此品以小鲜鱼制作的为最佳，越南几乎人人会制作且喜欢食用。有嚼槟榔的习惯。槟榔在越南人的待客礼俗中必不可少。人们常在饭后咀嚼槟榔以助消化。现在京人还有以槟榔作信物和礼品的。染齿是古代遗风，黑齿则是女郎貌美的重要标志之一，有"黑齿桃颜"之说。

三、旅游业

1. 旅游城市和景点

首都河内市：曾为越南李、陈、黎诸封建王朝的京城，现存名胜古迹有还剑湖、西湖、文庙、独柱寺、二征庙、玉山祠、龟塔、螺城、巴亭广场和胡志明主席故居、陵墓、博物馆等。

胡志明市：原名西贡，1956~1975年为南越首都，1976年南北统一后改称胡志明市，景点有草禽园、骚坛公园、印光寺、舍利寺、永严寺、天后庙等名胜古迹和现代建筑独立宫（原总统府）等，法式建筑与东方古迹合为一体。

岘港：海港城市，海水清凉、沙滩洁白。名胜古迹有五行山、山水寺、玄空洞、望海台、海云岭、山茶半岛等。在越南岘港附近的美山圣地，有4~13世纪占婆王国的印度教文化遗迹,被列为"世界文化遗产"。岘港以南30公里的会安古城是古代的著名港口和商业中心,保存有完整的中式街道、寺庙、会馆等,被列为"世界文化遗产"。

顺化:阮氏王朝的皇宫,是越南现存最大最完整的古建筑群,被列为"世界文化遗产"。式样与中国的紫禁城相仿,围绕皇城外层的京城仿法国建筑。

大叻:越南著名避暑胜地,气候凉爽,四季如秋,为夏天避暑纳凉佳地。

广宁省下龙湾,在1500平方公里的海面上分布着3000多个岛屿,岛上石灰岩山峰神态各异,被誉为"海上桂林",被列为"世界自然遗产"。

丰芽—格邦国家公园是喀斯特高原林莽地,在长达65公里的范围内布满了数不胜数的大小岩洞和许多地下暗河,一直延伸到老挝边境,被列为"世界自然遗产"。

越南旅游宣传口号是:"越南,魅力无限"。2017年全球旅游竞争力排名第67位。

2. 旅游客源市场

越南旅游业始于20世纪80年代末,1986年接待入境游客1万人次,2013年757.2万人次,75.03亿美元。2017年,入境旅客1292.2万人次,旅游外汇收入88.61亿美元。2018年外国游客约1550万人次,入境游客与全国人口比例为17∶100。东亚太地区是最大的客源产出地,其次是欧洲和美洲。主要客源国(地区)为中国大陆、韩国、日本、美国、中国台湾、马来西亚、澳大利亚、泰国、法国。

2005年越南出境旅游360万人次,2016年480万人次,出境游客人数与全国人口之比为5∶100。据2014年调查,超30%的越南人在近5年有过海外旅游的经历。其中,有3次以上海外旅游经历的占14.3%。随着越南经济迅速发展,不断增加的富裕阶层和中产阶级成为越南出境游的主力。越南游客出境游到访最多的国家是中国、新加坡、泰国、马来西亚和柬埔寨等周边邻国。

3. 旅游产业

2016年越南的旅游业总收入达到了180亿美元,旅游业的直接贡献占GDP的4.6%、间接贡献占GDP的6.1%。

2008年,越南共有9350家宾馆饭店,共18.48万间客房。其中五星级酒店25家、四星级85家、三星级166家。胡志明市的高档饭店有新世界饭店、温莎饭店、帝王饭店等。喜来登和希尔顿等国际饭店集团已着手在河内市新建饭店。2004年,越南河内和胡志明市的酒店入住率90%。

4. 旅游管理

越南文化、体育和旅游部下设越南国家旅游总局。到2005年,越南已经和亚洲及其他地区的24个国家签署了旅游协议。越南国家旅游局也已经和50个国家或地区的 1000 多家旅行社建立了联系。

四、中越关系

1. 外交与经贸关系

1950 年 1 月 18 日，中越两国正式建立外交关系。越美战争结束后，中越两国关系一度恶化。1991 年 11 月中越两国实现关系正常化。1999 年 3 月，中越两国共同确定"长期稳定、面向未来、睦邻友好、全面合作"的 21 世纪关系发展框架，共同宣布建立全面战略合作伙伴关系。双方同意设置 5 个国家级口岸，10 个省级口岸，44 个边境互市点。中国现为越南第一大贸易伙伴。

2. 旅游关系

1988 年，中越双方签署旅游协定。2010 年 8 月，两国签署《中越 2010—2013 年旅游合作协议》，鼓励中国公民到越南投资旅游业，包括设立合资旅行社，可以组织越南游客来中国旅游。2011 年 4 月中越两国共同推进"跨境旅游合作区"（无国界旅游型）的建设。2017 年 1 月，两国签署《2017-2020 年旅游合作计划》，双方将继续推动两国旅游部门和业界的交流，深化在文明旅游、人才培养、宣传推广、维护市场秩序等方面的合作。

1997 年越南来华游客 3.12 万人次，2017 年 654.42 万人次，2018 年 758.8 万人次，是中国的第二大客源国。越南来华旅游目的中，观光游览占 60%、购物占 40%、美食占 20%，大多为过境一日游和短途旅游为主。

中国赴越旅游从边境旅游开始。从 2000 年起成为中国公民出境旅游目的地国家。2012 年 133.49 万人次，2013 年 177.27 万人次，2017 年超过 400 万人次。中国赴越旅游已从边境旅游向越南全境旅游扩展，并成为越南第一大客源国。

柬埔寨

一、基本国情

1. 自然地理

柬埔寨王国（The Kingdom of Cambodia）位于东南亚中南半岛南部，东部和东南部同越南接壤，北部与老挝交界，西部和西北部与泰国毗邻，西南濒临暹罗湾。面积约为 18 多万平方公里。中部和南部是平原，东部、北部和西部被山地、高原环绕，大部分地区被森林覆盖。湄公河在境内长约 500 公里，流贯东部。洞里萨湖是中南半岛的最大湖泊。属热带季风气候。

2. 简史

公元 1 世纪下半叶建国。公元 9 世纪至 14 世纪吴哥王朝为鼎盛时期，创造了举世闻名的吴哥文明。1863 年起，先后被法国和日本占领，1953 年 11 月 9 日独立。20世纪70年代开始,经历了长期的战乱。1991年6月24日各方宣布停火。1993年举行大选,恢复了君主立宪制,进入和平与发展时期。

3. 国旗

呈长方形,由三个平行的横长方形相连构成,中间是红色宽面,上下均为蓝色长条。红色象征吉祥和喜庆,蓝色象征光明和自由。红色宽面中间绘有白色镶金边的吴哥庙,象征柬埔寨悠久的历史和古老的文化。

4. 政治体制

君主立宪制王国,立法、行政、司法三权分立。国王是终身国家元首、国家军队最高司令、国家统一和永存的象征,有权宣布大赦。王位不能世袭,国王去世后由首相、佛教两派僧王、参议院和国民议会议长、副议长组成的9人王位委员会,从安东、诺罗敦和西索瓦三支王族后裔中遴选产生新国王。国民议会是全国最高权力机构和立法机构。2008年大选有11个政党参选。主要政党有人民党、奉辛比克党和救国党。

5. 国民经济

传统农业国,工业基础薄弱,属世界上最不发达国家之一。实行对外开放的自由市场经济,推行经济私有化和贸易自由化,把发展经济、消除贫困作为首要任务。2017年国内生产总值222.8亿美元,对外贸易总额238亿美元。农业是第一大支柱产业,农业人口占总人口的85%,占全国劳动力的78%。工业占国内生产总额的30%,工业就业50万人。有金边和暹粒两个国际机场,西哈努克港为国际港口。

货币名称:柬埔寨瑞尔,汇率:1美元=4060柬埔寨瑞尔(2019年5月)。

6. 对外政策

对外关系奉行独立、和平、永久中立和不结盟的外交政策,在和平共处五项原则基础上,同所有国家建立和发展友好关系。1999年4月30日加入东盟。与172个个国家建交,其中,62个国家向柬派出大使。

二、人文习俗

1. 人口、民族、语言与宗教语

人口约1480万(2018年),有20多个民族,高棉族占总人口80%,华人华侨约110万。高棉语为通用语言,与英语、法语均为官方语言。佛教为国教,93%以上的居民信奉佛教,占族信奉伊斯兰教,少数城市居民信奉天主教。

2. 节假日

国王诞辰:5月14日,全国庆祝3天。

国庆日:6月24日。

太皇西哈努克生日:10月31日。

独立日（建军日）：11月9日。

佛历新年：4月13~15日。

御耕节：佛历六月下弦初四，由国王或其代表在毗邻王宫的王家田举行象征性耕种仪式，祈祷来年风调雨顺，五谷丰登。

送水节（也称龙舟节）：11月13~15日，时值雨季结束进入旱季，在王宫前洞里萨河上举行龙舟比赛，表达对洞里萨河、湄公河养育之恩的感谢。

3. 饮食礼俗

衣食较简单，因天气炎热，男子穿无领对襟大褂和短裤，天热时只穿"沙笼"，女子穿圆领对襟短袖衫，下穿筒裙。礼服上衣类似白色西服，下身黑色短裤、宽裤裆、裤口紧缩并系扣子。

男子20岁左右、女子16岁左右结婚，婚礼在女方家举行3天。第1天新娘家搭棚迎新郎，第2天在女方家祭祖、理发，喜宴后举行缠线仪式，亲人把线缠在新郎新娘手腕上，表示永结同心。第3天举行拜堂仪式，众人把鲜花撒在新郎新娘身上以表祝福。

三、旅游业

1. 旅游城市与景点

首都金边：人口约102万，位于洞里萨河与湄公河交汇处，始建于14世纪，15世纪为高棉国都。市内著名景点有王宫、奔寺、独立广场和独立纪念碑。

西哈努克港：全国最大海港，建有酒店、沙滩浴场和滨海别墅等度假设施。

吴哥古迹：位于柬北部暹粒省境内，距首都金边约240公里，公元9世纪至15世纪，吴哥是柬埔寨的王都。城墙上一尊微笑的四面湿婆佛像石雕闻名于世，成为高棉民族的象征。1992年被列为世界文化遗产名录，为入境游客必游之地。

其他旅游景点还有洞里萨湖的水上村庄，与老挝接界的维拉查国家公园，与泰国毗邻的世界文化遗产柏威夏寺等。

2017年全球旅游竞争力排名第101位。

2. 旅游客源市场

2004年入境游客105.5万人次，旅游外汇收入6.04亿美元；2014年450.3万人次，29.5亿美元；2017年560.2万人次，36.36亿美元。2017年入境旅游人数与本国人口之比为38∶100。东亚太地区是柬埔寨最大的客源产出地，其次是欧洲和美洲。前五大客源国分别是：越南、韩国、中国、日本和美国。东盟国家来柬游客人数占接待外国游客人数的40%。

1999年出境旅游4.9万人次，0.28亿美元。主要旅游目的地为中国、泰国、越南、新加坡、老挝、马来西亚和韩国等。2011年柬埔寨国内游客人数为700万人次。

3. 旅游产业

旅游业是国民经济的支柱性产业。2016年旅游业的直接贡献占国民生产总值的12.2%、间接贡献占国民生产总值的28.3%，国际旅游收入32.08亿美元，旅游业创造40万个就业岗位。

4. 旅游管理

旅游部主管全国旅游业。《2012—2020年柬埔寨旅游发展战略规划》提出，优先发展旅游业，发展旅游的任务是：发展、保护、管理与改善拥有文化遗产和自然资源的旅游景区；尊重基层居民和各社区的价值，促进经验交流，为游客提供最佳服务，努力做到让游客流连忘返；促进各方在旅游领域平等受益；保护遗产和资源，维护旅游事业永久发展；促进政府部门、私人业界、人民高度负责任地参与推进旅游业发展。目标是外国游客由2011年的288万人次增长到2020年的700万人次。

2000年大力推行"开放天空"政策，支持、鼓励外国航空公司开辟直飞金边和吴哥游览区的航线。2007年12月，柬埔寨与泰国签署一项协定，外国游客只需办理一次签证即可游览柬泰两个国家。

四、中柬关系

1. 外交经贸关系

1958年7月19日两国正式建交。2000年11月，双方确定两国在新世纪发展更加密切和稳固的传统睦邻友好关系。2006年4月，双方宣布建立全面战略合作伙伴关系。中国是柬埔寨第三大贸易伙伴。

2. 旅游关系

2017年柬埔寨来华游客6.16万人次。

2000年柬埔寨成为中国公民旅游目的地国家，2002年中国赴柬游客2.51万人次，2013年43.5万人次，2016年70万人次，同比增长了14%。2017年突破100万人次。中国成为柬埔寨最大客源国。2017年5月两国签署《旅游合作的谅解备忘录实施方案》。柬埔寨推出"为中国准备好"战略，其目标是到2020年，力争每年吸引到访柬埔寨的中国游客突破200万人次。

缅　甸

一、基本国情

1. 地理

缅甸联邦共和国（Republic of the Union of Myanmar）位于亚洲中南半岛西部，东北与中国毗邻，西北与印度、孟加拉国相接，东南与老挝、泰国交界，西南濒孟加拉湾和安达曼海，领土面积 676578 平方公里。主要河流是伊洛瓦底江，森林覆盖率占总面积的 50% 以上，属热带季风气候。

2. 简史

1044 年形成统一国家，经历了蒲甘、东吁和贡榜三个封建王朝。19 世纪被英国侵占，划为英属印度的一个省。1942 年 5 月被日本占领。1945 年 3 月全国总起义，缅甸光复，又被英国控制。1948 年 1 月 4 日脱离英联邦宣布独立。1974 年 1 月定国名为"缅甸联邦社会主义共和国"。1988 年 9 月改国名为"缅甸联邦"。2011 年 1 月 31 日，改国名为"缅甸联邦共和国"。

3. 国旗、国徽、国花与国树

国旗：新国旗呈长方形，黄、绿、红 3 色横条，中间一颗白色的五角星。

国歌：2010 年 10 月 21 日，根据缅甸国家和平与发展委员会颁布的法令，正式启用《缅甸联邦共和国宪法》确定的新国旗、新国徽，国歌保持不变。

国花：东亚兰花。

国树：柚木，"缅甸之宝"。

4. 政治体制

2008 年《缅甸联邦共和国宪法》规定，实行总统制，总统为国家元首和政府首脑。三军总司令为各武装力量的最高统帅，军队在各级议会中拥有 25% 非经选举产生的议会代表席位。全国分七个省、七个邦和联邦区。省是缅族主要聚居区，邦多为各少数民族聚居地，联邦区是首都内比都。2011 年 3 月结束军人政府，成立民选政府。现有主要政党：全国民主联盟，现为执政党。还有联邦巩固与发展党、民族团结党等。

5. 经济简况

农业为国民经济基础，是大米和水产品出口国。主要林产品有柚木、花梨等各类硬木和藤条等出口。工业不发达，主要工业有石油和天然气开采。农业产值占国民生产总值的 40% 左右，工业产值约 30% 左右，服务业占 30% 左右。红宝石、翡翠玉是缅甸的特产，称"珠宝之国"。交通以水运为主，铁路多为窄轨。仰光港是最大海港。仰光、内比都和曼德勒机场为国际机场。2017/2018 财年，缅甸国内生产总值约 690 亿美元，人均约 1163 美元。主要贸易伙伴是中国、泰国、新加坡、日本、韩国。

货币名称：缅币。2012 年 4 月 1 日起实行有管理的浮动汇率制，2018 年汇率为 1 美元≈1540 缅币。

6. 对外政策

奉行"不结盟、积极、独立"的外交政策，按照和平共处五项原则处理国与国之间关系。不依附任何大国和大国集团，在国际关系中保持中立，不允许外国在缅驻军，不侵犯别国，不干涉他国内政，不对国际和地区和平与安全构成威胁。1997年加入东盟。截至2013年5月，缅甸已同111个国家建立了外交关系。

二、人文习俗

1. 人口、民族、语言与宗教

人口5390万（2015年），共有缅族、克伦族、掸族等135个民族，缅族约占总人口的65%。各少数民族均有自己的语言，其中克钦、克伦、掸和孟等族有文字。华人华侨约250万。全国85%以上的人信奉佛教，约8%的人信奉伊斯兰教。

男女缅甸人有名无姓，通常在名字前加一个称号表示性别、长幼和社会地位。一般男人自称"貌"，对长辈和有地位的称"吴"，对平辈或青年称"郭"（哥哥之意）。爱国者自称"德钦"；女人称"玛"（姐妹之意），年龄较大者称"杜"（姑、婶之意）。

2. 节假日

独立节：1月4日。
建军节：3月27日。
泼水节：4月13日，缅历新年。

3. 文化艺术

缅甸各民族的文字、文学艺术、音乐、舞蹈、绘画、雕塑、建筑以及风俗习惯等都深受佛教文化影响，尤其是佛教经文《吉祥经》影响广泛。近现代殖民时期受到西方文化的影响。独立后，始终维护民族文化传统，保护文化遗产，传统文化在缅甸占主导地位。主要文化机构和设施有国家舞剧团、国家图书馆、国家博物馆、昂山博物馆等。

4. 民俗风情

佛教传入缅甸已有2500多年的历史，大多数人信奉南传上座部佛教。不能对寺庙、佛像、和尚有任何轻率举动，不能穿过短、过透的衣服。信众拜佛赤脚走去，不能穿鞋或袜子。信佛家庭的男孩都须入寺庙当一段时间的和尚，过静修生活后才能还俗结婚。民风淳朴、和善，佛家人不杀生，但可以食肉滋养身体。著名的民间节庆活动是泼水节。

巴东族女子从小以铜条缠颈，把脖子拉长为美，称为"长颈族"。

三、旅游业

1. 旅游城市和景点

新首都内比都市：人口约92万（2015年）。位于仰光以北390公里处，坐落在缅甸中部锡当河谷的一个小盆地内，周围都是丛林山区。

原首都仰光市："仰光"语意为"和平之城"，人口500多万，迁都后为直辖市。依洛瓦底江三面环城，风光秀丽。世界闻名的仰光大金塔始建于2500多年前，高达百米，塔顶镶着宝石。整个高塔用金片贴住，昼夜金碧辉煌。还有世界和平塔、苏雷佛塔、波大通宝塔、玛哈维嘉亚宝塔等佛塔。绿树成荫的花园和美丽的湖泊，有"东方花园城市"之称。

曼德勒市：文化古都，也是最大的玉石加工基地。市内有曼德勒皇宫、玛哈牟尼塔等多处佛教胜迹，市郊为田园风光。

眉谬市：海拔1000米，平均气温18度，是缅甸著名的避暑胜地。眉谬植物园是缅甸三大植物园之一，园内热带植物繁花似锦，还有两处有名的瀑布。

蒲甘古城：亚洲三大佛教遗迹之一，有"万塔之城"之称，堪比柬埔寨的吴哥城，为最具旅游价值的千塔圣地。

缅甸旅游以佛教文化为主题。佛塔多、庙宇多、和尚多是缅甸的文化特色。佛教徒崇尚建造浮屠，建庙必建塔，使得全国佛塔林立。全国大小佛塔有10万多座，被誉为"佛塔之国"。主要景点有世界闻名的仰光大金塔、文化古都曼德勒、万塔之城蒲甘、茵莱湖水上村庄以及额布里海滩等。

2015年全球旅游竞争力排名第134位。

2. 旅游客源市场

1999年接待游客43.5万人次，旅游外汇收入1.89亿美元。2017年入境游客25.9万人次，外汇收入1.44亿美元。亚洲是最大的客源产出地、占入境游客的70%，其次是欧洲占20%，美洲占10%。2011年后缅甸出境旅游发展较快，主要目的地是泰国、马来西亚、新加坡、越南、印尼和日本。

3. 旅游产业

2016年旅游业的直接贡献占国民生产总值的3%、间接贡献占国民生产总值的6.6%。

由于受多年的国内政局动荡与对外封闭政策，旅游业发展缓慢。近年来，新政府大力发展旅游业，积极吸引外资，建设旅游设施。截至2013年年底，有各种酒店、旅馆923家，客房34 834间。星级酒店中，五星级6家、四星级17家、三星级83家、二星级116家、一星级102家；通过认证可接待游客的旅馆599家。著名的饭店有仰光的喜多娜酒店、茵雅湖酒店、商贸酒店、皇家公园酒店；内比都的妙多温酒店、丁格哈酒店、阿玛拉酒店；曼德勒的喜多娜饭店、曼德勒山酒店；蒲甘的丹岱饭店、蒲甘饭店等。旅行社1350家，其中本国旅行社1324家、合资旅行社25家、外资旅行社1家。各语种持证导游3667名。

4. 旅游管理

国家主管旅游机构是饭店与旅游部。2012年4月政府出台旅游发展总体规划，目标是建成"亚洲旅游王国"。从2014年9月开始对外国游客实行网上电子签证，5天之内可完成签证。2016年举办缅甸旅游年。

四、中缅关系

1. 外交关系

1950年6月8日中缅建交。20世纪50年代，两国总理共同倡导了和平共处五项原则。1960年10月，两国政府签订中缅边界条约，率先圆满解决了历史遗留下来的边界问题。2011年5月两国宣布建立全面战略合作伙伴关系。缅甸在广西南宁设总领事馆。中国为缅第一大贸易伙伴。

2. 旅游关系

1997年缅甸来华3.16万人次，2014年13.28万人次，2017年965.55万人次，2018年1238.0万人次。目前来华旅客大多为边境贸易。中国2002年赴缅4.08万人次，2013年6.13万人次。2018年，中国赴缅甸游客20多万人次，大多为边境贸易与旅游。自2018年10月1日起，缅甸将对中国游客实行落地签政策。目前，中缅双方正在推进大湄公河次区域旅游合作，加快"孟中印缅旅游圈"建设。

第三节　南亚地区

印　度

一、基本国情

1. 自然地理

印度共和国（The Republic of India）位于亚洲南部，东临孟加拉湾，南接印度洋，西濒阿拉伯海，北枕喜马拉雅山，地处东西方海路交通要冲。全国面积约297.47万平方公里（不包括中印边境印占区和克什米尔印度实际控制区等），面积居世界第7位。北部是山岳地区，属于喜马拉雅山的南坡；中部是印度河—恒河平原区；南部是半岛高原，其两侧是海岸平原。恒河是印度境内最主要的河流，全长2700公里。属热带季风气候，10月至来年的3月为凉季，气候凉爽、干燥；4~6月为热季，7~9月为雨季。

2. 简史

古印度是世界上四大文明古国之一。"印度"一词来源于印度河（印度人以"信度"一词表示河流，英国人按其音称之为印度）。公元前2500年~前1500年创造了印度河文明。公元前325年，印度形成统一的奴隶制国家。公元8世纪阿拉伯人入侵，1206年建立德里苏丹王朝，引进了伊斯兰文化。1526年建立莫卧儿帝国。1600年英国入侵，1757年后逐渐沦为英国殖民地。1947年6月，英国提出"蒙巴顿方案",将印度分为印度、巴基斯坦两个自治领。同年8月15日,印、巴分治,印度宣告独立。1950年1月26日,印度共和国成立,现仍为英联邦成员国。

3. 国旗、国花、国兽与国鸟

国旗:由橙、白、绿3色条块组成。上为橙黄色条,它是佛教法衣的颜色,象征勇敢与牺牲;中为白色,代表真理与和平;下为绿色,隐喻信仰、富庶和品质。在白色旗的中央绘有一个24根轴条的蓝色法轮,象征神圣、真理之轮,以及进步的转动之轮。国歌《印度命运之主》由印度著名诗人泰戈尔用孟加拉语写成。

国花:莲花。象征出淤泥而不染,于浊世保持高尚的佛教精神。

国兽:老虎。虎有动作优美、敏捷、强壮和力大无比的优点,深受印度人民的宠爱。

国鸟:孔雀。它体形如天鹅般大小,冠花若扇,脖子细长而优雅,雄孔雀开屏求爱时,更是绚丽多姿。

4. 政治体制

现行宪法规定印度为联邦国家,是"主权的、社会主义的、世俗的民主共和国"。总统是国家元首和武装部队统帅,由议会两院及各邦立法议员选出的人员组成"选举团"选出,任期5年。议会实行两院制,由联邦院(上院)和人民院(下院)组成。总理为行政首脑,由议会中的多数党领袖担任。全国性影响较大的政党主要有印度人民党、国民大会党(英迪拉·甘地派)、印度共产党(马克思主义,在西孟加拉邦长期执政)。2014年5月,人民党赢得人民院过半数席位,在中央单独执政,纳伦德拉·莫迪出任总理。

5. 国民经济

独立后经济有较大发展。农业由严重缺粮到基本自给,工业形成较为完整的体系,自给能力较强。2017/2018财年国内生产总值2.58万亿美元,国民总收入2.55万亿美元,人均国民收入1733美元。服务业对国民总增加值的贡献率为55.2%,为印度创造就业、创汇和吸引外资的主要部门,是全球软件、金融等服务业重要出口国。农村人口占总人口72%,重要的棉花生产国,其棉花产量占世界的1/5。奶产量居世界第一。孟买是全国最大港口。有德里、孟买、加尔各答、马德拉斯和特里凡特琅5个国际机场。

货币名称:印度卢比(Rupee)。汇率:1美元=70卢比(2019年)。

6. 对外政策

不结盟运动创始国之一。推行全方位大国外交战略,高度重视印中关系,优先发展与美关系,巩固印俄传统关系,推进与欧、日等主要发达国家的关系。推行东向政策,推进与东盟及亚太地区国家的关系。英联邦成员。到1999年7月,印度已同163个国家有外交关系。

二、人文习俗

1. 人口、民族、语言和宗教

人口13.24亿（2018年），居世界第二。有100多个民族，其中印度斯坦族约占总人口的30%，其他较大的民族包括马拉提族、孟加拉族、比哈尔族、泰固族、泰米尔族等，世界各大总宗教在印度都有信徒，其中印度教教徒和穆斯林分别占总人口的80.5%和13.4%。官方语言是印地语和英语。

印度人一般名在前、姓在后。女子婚后随夫姓。男子一般只称呼姓，不称呼名。女子一般只称呼名。姓氏通常表明一个人是印度族、锡克族还是穆斯林，印度人一般姓苟帕尔、克利什那、拉尔等，锡克族都用辛格为姓，可汗、阿里、穆罕默德、侯赛因等是穆斯林人的姓。

2. 节假日

（1）公共节日

共和国日：1月26日，1950年1月26日，印度议会通过了印度共和国宪法。

甘地逝世纪念日：1月30日，在甘地陵诵经、祈祷。

独立日：8月15日。1947年8月15日，印度人民摆脱英国殖民统治，取得独立。

教师节：9月5日，印度第二任总统拉达克里希那的生日，他是伟大的教育家、学者。

元旦：1月1日。

（2）宗教节日

湿婆神节：印度历十二月二十九日（公历2~3月），印度教节日，该日斋戒。

洒红节：公历3月、4月间，又名"霍利节"，印度教四大节日之一，春季即将开镰收割之际，人们互相泼水庆祝春天来临。

罗摩诞辰节：印历一月（公历3~4月），印度教毗湿奴的化身罗摩的生辰。

十胜节：9~10月，庆祝拉玛战胜邪魔，又译"胜利节"。

灯节：10~11月，印度教四大节日之一，休假3天。

马哈维那节：3~4月，耆那教祖马哈维那寿辰。

复活节：4月，纪念耶稣被钉十字架后第三天复活。

佛陀诞辰节：印历二月二十五日（公历5~6月），纪念佛祖释迦牟尼诞辰。

（3）带薪假期

法律规定，职工享受年度带薪休假16天，政府雇员最多30天。

3. 文艺体育

印度是一个人种繁多、语言庞杂的国家，其中以梵语、印地语和英语文学成就较高。英语文学产生于18世纪下半叶，作家、思想家泰戈尔（1861—1941年）是其中一位杰出代表，诗集《古檀迦利》是他的代表作。泰戈尔获1913年诺贝尔文学奖。印度人能歌善舞，印度与印度教、佛教和伊斯兰教有密切的关系，并与人们的生活紧密相连。印度古典音乐舞蹈历史久远，以歌颂神灵为主要题材，民间舞蹈富有生活气息。印度电影发达，出产规模居世界第二，有"东方好莱坞"之称。印度电影中穿插着众多的歌曲与舞蹈，以情节曲折动人为特点。

瑜伽有5000年历史，是一种古老的修养身心的锻炼方法，其精髓是"收心"，保持心静神憩、摒除杂念，能保持青春、防治多种疾病，十分流行。以板球运动最为普及并著名，遇有重大板球赛事，商店、工厂会停业。

4. 服饰饮食

妇女多穿遮胸露腰的纱丽，里面穿一件紧身短衫，富于女性美。多数妇女不穿袜子，也不露大腿。受过欧式教育的男士大多穿西服，一般百姓爱穿轻便、宽松的白色印式衬衣（"古达尔"），或穿一件拖地的围裤。妇女喜欢在额头正中点上一颗指头大小的红痣，象征喜庆和吉祥，称之为"特丽佳"。原先只有已婚妇女才有此特权，但现已发展成一种化妆美容的普遍做法，并增加了黄、紫、绿、黑（消灾避祸）等颜色。

以大米为主食，但在一些北方地区小麦是主要食物。高级的印度风味米饭用肉汤烹制，里面再加上肉、青菜和果仁等作料，称为"皮罗"（烩肉饭）。烹饪时喜欢用大量的香料和调味品，如咖喱、胡椒、酸辣酱、粗糖，以及各种果肉，如椰子、杧果、香蕉等。须用水牛的乳制成的酥油来烹饪才算正宗。不吃牛肉且好吃素。等级越高，吃素的人就越多，等级较低者，才吃羊肉（羊排常用杏仁酱来焖）。

5. 婚丧礼仪

印度教徒流行童婚习俗，成年男子娶少女为妻。盛行女方要有丰厚嫁妆到夫家。婚礼一般在女方家举行，有握手礼仪（新娘父亲把女儿的手放在新郎手上）、新娘戴圣线和绕"圣火"走三圈仪式。锡克族婚礼简朴，多为集体婚礼，唱诵锡克教圣经。

印度盛行火葬，一般在圣河恒河畔举行，其中拜火教实行天葬。穆斯林实行土葬。

6. 社交礼仪

印度人把猴子和牛尊为神，尤其对牛特别崇敬。牛在大街上随意啃嚼街旁摊位上的水果或蔬菜，一些富有的人还常在家门口摆上牛爱吃的东西，作为对"神牛"的供品。不少人崇拜蛇，传说印度教中的湿婆神是由蛇来保护的。

印度人吃饭前有先洗澡的习惯，在进餐过程中忌讳两人同时夹一盘菜。印度人递东西、拿东西或敬茶都用右手，忌用左手，也不用双手。

三、旅游业

1. 旅游城市与景点

首都新德里：是座既具有现代气息又有古代风貌的花园城市，位于印度西北部亚穆纳河畔。新都新德里始建于1911年，1929年落成。通常人们把新、旧德里统称为德里。旧德里城有3000多年的历史，先后有7个王朝在此建都，留下了许多历史古迹。新都新德里始建于1911年，1929年新城才最后建成，城市建筑与布局为英式风格。建有甘地纪念馆、尼赫鲁纪念馆、国家博物馆等。

加尔各答：东部最大城市，1912年以前这里曾是英属印度的首府，著名建筑有威廉要塞、维多利亚纪念馆、伊甸花园、印度博物馆、国家图书馆、哥特式建筑圣保罗大教堂及东方最大的跑马场。

孟买：城市源于印度教雪山女神的化身"孟巴"，名胜古迹有印度门、巴布勒纳特古庙、穆姆巴德维庙、马哈勒萨米寺、威尔士亲王博物馆、花神泉等。孟买港湾内的大象岛上有不少7~8世纪开凿的石窟，内有许多形态逼真、雕刻精美的神像。印度影城宝莱坞所在地，有"印度的好莱坞"之称。

著名旅游景点有：

泰姬陵。由莫卧儿王朝皇帝夏杰罕为亡妃泰姬·玛哈尔建造，历时16年。陵园四周是红砂石墙，白色大理石砌成的陵墓位于陵园正中央高约7米的四方形平台上，共2层。上有一直径18米的穹形圆顶。被列为"世界文化遗产"。

胡马雍陵。是莫卧儿王朝时期的建筑典范和印度建筑史上的重要分水岭，标志着印度建筑艺术从单调的建筑形式转入结构复杂、讲究装饰华丽的建筑新时期。该陵共安放着莫卧儿王朝6个帝王、1个妃子的石棺。

阿旃陀石窟。位于孟买东北480公里一个半圆形山谷下的河流旁，开山凿石而成，是建筑、雕刻和绘画三种艺术完美结合的范例。阿旃陀石窟的壁画，以佛教内容为主，讲述释迦牟尼的一生，有些壁画反映古印度人民的生活及帝王生活。被列为"世界文化遗产"。

埃洛拉。埃洛拉石窟始建于公元350年，约在公元700年完成。印度教、佛教和耆那教三种宗教的寺庙共建在一起，达34座之多，被列为"世界文化遗产"。

金庙。印度锡克教最神圣的庙宇，位于印度西北部的旁遮普邦的阿姆利则市。该庙被一个大水池（称为"圣池"）所包围。1803年重修时，仅圆形顶就用了400公斤的黄金，内部装饰可谓金碧辉煌，锡克教朝圣者络绎不绝。

共有29处世界自然与文化遗产。旅游宣传口号为："神奇印度，梦幻之国""不可思议的印度"。

2017年印度在全球旅游竞争力排名中名列第40位。

2. 旅游客源市场

1993年印度接待外国游客176万人次，外汇收入为20亿美元；2015年800万人次，197亿美元。2017年1554.3万人次，273.65亿美元，接待入境游客人数与全国人口之比为12∶100。印度主要的客源产出地在亚洲，其次是欧洲和美洲地区。主要客源国依次为美国、英国、孟加拉国、斯里兰卡、加拿大和中国。

随着经济发展、中产阶级壮大，印度公民出国旅游的人数增加很快。2000年出国441.6万人次，旅游支出26.9亿美元；2011年1421万人次，137亿美元，居世界第22位。2016年，出境旅游2187万人次，人数与全国人口之比为16∶100。出境游目的地主要是东南亚，其次是欧洲、美国、中东和澳大利亚。

1992年国内游客为8130万人次，2012年超过9亿人次。接待国内游客最多的是安德拉邦，其次是泰米尔邦和比哈尔邦。国内游客主要有三种类型：商务型、休闲型和宗教朝圣型。

3. 旅游产业

旅游业是国家重要支柱产业。2016年旅游业直接贡献占GDP3.3%，间接贡献占GDP9.6%，对第三大创汇部门和重要就业创造部门。旅游业直接、间接就业人数7750万，对全国就业的贡献率为12%。印度国际旅游收支一直呈盈余状态，但盈余额度较小。2011年旅游外汇收入175亿美元，旅游外汇支出137亿美元，旅游贸易顺差38亿美元。

大型旅游企业有：印度旅游开发公司（直属旅游部管辖），为印度旅游业的龙头企业，此外还有奥别莱伊斯集团、泰姬集团和惠康集团。大型旅游企业有印度旅游开发公司（直属旅游局管辖），为印度旅游业的龙头企业，此外还有奥别莱伊斯集团、泰姬集团和惠康集团。印度的主要旅游行业协会有印度饭店、餐饮协会（FHRAI）、印度旅行社协会（TAAI）及印度旅行同业协会（IATO）。

4. 旅游管理

2011年12月，为协调旅游发展中的各部门、行业中的问题，成立旅游业部际协调委员会，由总理办公室首席秘书任主席，该委员会的成员有计划、铁道、国防、外交、民航、公路、城市、环境、森林、税务、支出、教育等部门。1949年就成立了旅游交通局（归交通部管）。1982年制定了成文的旅游法规和政策并设立了民航旅游部，后为印度文化和旅游部，现为旅游部。负责制定和执行与旅游有关的法规、政策。该部是印度旅游业的最高管理机构，下设旅游局。旅游局的主要任务是旅游开发、管理和海外促销，在全国各主要旅游城市有20个办事处，驻海外机构有14个。各邦也有旅游局，主要负责国内旅游事业。

印度以"梦幻之国——印度"的主题宣传计划重点突出了印度沙滩、山地、国家公园、宗教朝圣和乡村度假地等内容，建成四季皆宜的旅游目的地。印度政府还先后制定《全国旅游政策》《乡村旅游发展政策》《国内旅游市场开发计划》

等，大力发展旅游业。

四、中印关系

1. 外交关系

中印两国于 1950 年 4 月建立外交关系并互派大使。进入 20 世纪 90 年代，双方高层互访不断，两国签署了涉及边界、领事、海运和社会方面的协定，以及贸易议定书、和平利用外太空合作备忘录等文件。2003 年 6 月双方签署《中华人民共和国和印度共和国关系原则和全面合作的宣言》，确认发展长期建设性合作伙伴关系。2005 年 4 月，两国宣布建立面向和平与繁荣的战略合作伙伴关系。2014 年双方发表《关于构建更加紧密的发展伙伴关系的联合声明》。近年，两国贸易增长迅速，中国已是印度第一大贸易伙伴，印度是中国第十大贸易伙伴。

2. 旅游关系

中印两国人民友好交流历史悠久。达摩祖师负笈东来，玄奘白马西行，郑和船队 6 次远航途经天竺。抗战时期印度援华医疗队柯棣华大夫为中国的解放事业献出了生命。

20 世纪 80 年代以来，印度来华旅游人数逐步增长。1984 年印度来华旅游者 0.45 万人次，2015 年 73.05 万人次，2017 年 81.9 万人次，2018 年 86.3 万人次。来华旅游的主要目的是休闲、商务与购物。2014 年 6 月开通了印度香客经乃堆拉山口赴我国西藏冈仁波齐神山、玛旁雍错圣湖朝觐的新路线。印度开发佛教旅游线路，景点包括玄奘取经、在印度修行的圣地。

2002 年 12 月，中印两国达成中国公民自费赴印度旅游的协议，印度成为中国公民出境旅游目的地。2003 年赴印度旅游 1.34 万人次，2014 年 17 万人次，2017 年 20 万人次。

2015 年 5 月两国签旅《关于旅游合作的协议》，将建立联合工作机制，加深旅游业合作。继续推进游客签证便利化，印度决定向中国公民开放电子游客签证。2015 年在中国举办"印度旅游年"，2016 年在印度举办"中国旅游年"。中国在印度首都新德里设有旅游办事处。

巴基斯坦

一、基本国情

1. 自然地理

巴基斯坦伊斯兰共和国（The Islamic Republic of Pakistan）位于南亚次大陆西北部，面积 796095 平方公里（不包括巴控克什米尔地区）。西临伊朗，西北与阿富汗接壤，东北临中国，东和东南与印度接壤，南濒阿拉伯海。全境 3/5 为山地和丘陵，印度河纵贯南北，在巴基斯坦境内长约 2300 公里。南部属热带气候，其余地区属亚热带草原和沙漠气候。

2. 简史

"巴基斯坦"源自波斯文，意为"圣洁的土地"或"清真之国"。印度河文明的发源地之一。历史上，巴基斯坦和印度原是一个国家。公元前 1800 年，印度河谷曾有过高度文明，吠陀信仰是印度教的前驱。公元 200 年，以白沙瓦为首都的贵霜帝国十分强盛，其贸易的繁荣得益于古"丝绸之路"经过这里。公元 16~17 世纪，属莫卧儿王朝的一部分。18 世纪沦为英国的殖民地。1947 年 8 月 14 日，巴基斯坦宣告独立，是英联邦的一个自治领。1956 年 3 月 23 日，巴基斯坦伊斯兰共和国成立。

3. 国旗与国花

国旗：左边为一条白色垂直长方形，宽度为旗面的 1/4，代表国内信奉基督教、印度教、佛教等少数民族；右边为绿色长方形，占旗面 3/4，象征伊斯兰教。绿色旗地中央有一颗白色五角星和一弯新月，象征对伊斯兰教的信仰。

国花：素馨花。

4. 政治体制

联邦共和制。议会为联邦立法机构，由国民议会（下院）和参议院（上院）组成。总统是国家元首，由国民议会和参议院两院选出，任期 5 年。总理为政府首脑，由国民议会选出，并对其负责。巴基斯坦实行多党制。现有政党 200 个左右，全国性大党有巴基斯坦穆斯林联盟（领袖派）、巴基斯坦人民党、联合行动同盟、巴基斯坦穆斯林联盟（谢里夫派）、统一民族运动党、全国人民民族党和巴基斯坦人民党等党派。

5. 国民经济

经济以农业为主，农业人口约占全国人口的 66.5%。最大的工业部门是棉纺织业，工业产值占国内总产值的 17%。工人占总劳动力的 14%。2017/2018 财年，国内生产总值 3130 亿美元，人均国内生产总值 1641 美元。2012 年农业、工业、服务业增加值的比重为 24.4∶322.0∶53.6。海运有卡拉奇和卡西姆两个国际港口。国际机场分别在伊斯兰堡、卡拉奇、拉合尔和白沙瓦。

货币名称：巴基斯坦卢比（Pakistan Rupee，简写 P.Re）。汇率：1 美元约合 101.9 卢比（2019 年 1 月）。

6. 对外政策

奉行独立和不结盟外交政策，注重发展同伊斯兰国家和中国的关系。致力于维护南亚地区和平与稳定，在加强同发展中国家团结合作的同时，发展同西方国家的关系。到 2005 年，已同世界上 120 多个国家建立了外交和领事关系，为英联邦成员国。

二、人文习俗

1. 人口、民族、语言与宗教

人口 2.08 亿（2018 年）。全国有四大民族及十几个小民族。主要由旁遮普（占 63%）、信德（占 11%）、帕坦和俾路支等民族组成，95% 以上信奉伊斯兰教，少数人信奉基督教、印度教和锡克教等。乌尔都语为国语，英语为官方语言。主要民族语言有旁遮普语、信德语、普什图语和俾路支语等。

2. 节假日

法定节日

独立日：8 月 14 日。

国庆日：3 月 23 日。

伊斯兰教的各种节日，如开斋节、、穆罕默德生日等。

民间节庆

每年 2 月底在俾路支斯坦省的锡比市有锡比节。

3 月下旬在西北边疆省的吉尔吉特、奇特拉尔等地有为期 3 天的"纳罗兹"节，举行马球、足球、排球和曲棍球比赛并伴有民族歌舞演唱会。

每年 3 月底至 4 月初，在拉合尔市的沙礼马尔花园外面有为期一周的灯节，以纪念民间诗人胡赛因。纪念先知伊卜拉欣献祭的节日也在 4 月，届时，穆斯林要宰山羊、绵羊、牛和骆驼大为庆贺，肉要与亲戚、朋友和穷人共同分享。

5 月中旬在齐特拉尔市附近的卡拉希山谷举行迎春节。

每年 7 月在齐特拉尔附近的上都尔山口举行马球锦标赛。这里是全世界海拔最高的马球场，据说马球的发源地就在这里。

10 月的第一周在伊斯兰堡有民间歌舞节。

带薪休假

职工年带薪休假 14 天。

3. 文体活动

曲棍球是巴基斯坦人最喜爱的运动，被视为国球。此外板球也十分流行，1992 年曾夺得世界冠军。板球明星被当成英雄对待。其次为马球、赛马与赛骆驼。另外高尔夫球、网球、钓鱼、打猎以及水上运动亦较为普及。

4. 饮食特色

菜肴及饮食习惯深受穆斯林地区的影响，在调料方面用酥油来代替橄榄油和奶油，一些地区烹调时大量使用干辣椒、罗望子果或干杧果等。羊肉、牛肉和鸡肉（忌食猪肉）里喜欢放咖喱调味。常常将肉、青菜和调料加进大米里一同炖制，味道十分独特。面食多用烘烤或油炸方式制作。用无酵面煎的薄饼和中东风味的圆形厚面饼（称为"馕"）均为常吃的食品。巴基斯坦人喜欢往茶里加些奶，称为"奶茶"。

三、旅游业

1. 旅游城市与景点

首都伊斯兰堡：始建于1961年，世界唯一以宗教名命名的城市，人口110万（2011年）。位于北部的波特瓦尔高原上，是一座将伊斯兰建筑传统与现代建筑风格相融合的新兴城市。市内费萨尔清真寺是巴基斯坦最大的清真寺之一，另有大大小小的寺院数十座，有"清真寺之城"之称。

卡拉奇：1947—1959年为巴基斯坦首都，人口400多万，市内有被尊为国父的真纳的陵墓，还有海滨浴场。

拉合尔：始建于公元1世纪末、2世纪初，被称为巴基斯坦的文化首都。莫卧儿王朝时期曾为帝国副都，英国统治时期增加了哥特式、维多利亚式的建筑，有"花园城市""庭园之都"的美称。著名旅游景点有皇室清真寺，皇家沙礼马尔花园及阿克巴皇室城堡。

拉瓦尔品第：欧亚丝绸之路上的名城，曾是唐朝高僧玄奘途经地，保留有16世纪苏丹陵墓。城西北方的塔克西拉古城融汇佛教文化、希腊文化和伊朗文化。

目前已有6处列入世界文化名录：古城拉合尔、伊斯兰堡城南的罗赫达斯堡、位于白沙瓦的塔克特-巴依佛教遗址、塔塔市马克利山上的莫亨约达罗城遗址、塔克西拉考古遗址和特达古迹。著名古城堡有信德省的拉尼科特城堡、德拉瓦城堡、白沙瓦市的巴拉希萨城堡和拉合尔城堡。沙礼玛尔花园是莫卧儿王朝所建几个花园中唯一幸存下来的皇家花园，具有典型的波斯风格。伊斯兰人文习俗渗透在众多的民间节日、民族歌舞、餐饮、服饰和马球等体育活动。

巴基斯坦是古代印度河文明的发祥地之一，历史遗址、佛教文化遗迹与伊斯兰文化并存，有"清真寺之国"的称号。

2017年巴基斯坦在全球旅游竞争力排名第124位。

2. 旅游客源市场

1988年入境游客46万人次，外汇收入1.33亿美元。旅游业受恐怖主义威胁发展迟缓，2013年14.8万人次，1.28亿美元。2017年20.3万人次，3.52亿美元。客源地区以欧洲为主，约占40%，南亚约占20%，美洲与东亚太地区名占10%。旅游者多为定居在欧美的巴基斯坦人和海湾国家的游客。印度、阿富汗、孟加拉国的游客源主要目的是探亲访友和宗教朝觐。西方游客主要目的是观光、度假和探险。

出国旅游者较少，出访的主要目的地是印度和中东地区，其中相当一部分人是为了去海外打工谋生，纯粹的观光客极少。

国内旅游收入约为国际旅游收入的10倍，每年约有3000万人次离家24小时以上，外出目的主要是朝圣和访问亲朋好友。以休闲为目的的旅游开始增长，主要是以家庭方式出游，利用节假日举家外出。6~7月盛夏时，越来越多的人利用周末（周四、周五）到北方山区凉爽的小镇避暑。

3. 旅游产业

2016年旅游业的直接贡献占国民生产总值的2.7%、间接贡献占国民生产总值的6.9%。旅游直接从业人数达140万，占全国劳动人口的5%。国际旅游收支呈逆差状态，并有逐步扩大趋势。2004年入境旅游收入1.78亿美元，支出12.67亿美元，逆差10.89亿美元。

全国有10家五星级酒店，分别属假日、喜来登、马里奥特、珍珠大陆等国际酒店集团，分布在伊斯兰堡、卡拉奇、拉合尔、拉瓦尔品第和吉尔吉特等重要的旅游城市。四星级和三星级酒店不多，最多的是汽车旅馆、客栈和招待所。青年招待所协会在不少地方有招待所。

巴基斯坦旅游开发公司（PTDC）是旅游部的直属企业，成立于1970年，政府有96%的股份。在全国有20个旅游咨询中心，在拉合尔、拉瓦尔品第、白沙瓦和木里市有4家大型连锁酒店及18家汽车旅馆。对外代表政府，进行海内外旅游促销，同时作为政府与私人投资者之间的联系桥梁。巴基斯坦旅游有限公司是其下属的子公司，为最大的一家旅游批发商，负责招徕海外团体及散客旅游，并安排交通和食宿。

4. 旅游管理

1972年成立文化旅游部，负责旅游业的总体开发，包括各种发展计划的制定、基础设施的建设、旅游市场的研究与促销、国际合作以及旅游人才培训，等等。文化旅游部下设国家旅游组织（NTA），主要职能是对外旅游宣传促销。

四、中巴关系

1. 外交关系

一千多年前，中国晋朝的高僧法显和唐代高僧玄奘就先后到过巴基斯坦的许多地区。中巴两国于1951年5月21日正式建交，是伊斯兰世界第一个与中国建交的国家。2005年4月，中巴双方签署"中巴睦邻友好合作条约"，宣布发展更加紧密的战略合作伙伴关系。2013年5月，宣布建立全天候战略合作伙伴关系。中国为巴第一大贸易伙伴。

2. 旅游关系

1996—1998年巴基斯坦来华游客均在2.5万人次左右。2015年11.31万人次，2017年12.13万人次，2018年13.1万人次。2002年12月，巴基斯坦成为中国公民出境旅游目的地国家。2003年中国赴巴基斯坦旅游1.57万人次，2011年9.25万人次，以商务和务工为多。

尼泊尔

一、基本国情

1. 自然地理

尼泊尔联邦民主共和国（Federal Democratic Republic of Nepal）位于喜马拉雅山中段南麓，北临中国，西、南、东三面与印度接壤。"尼泊尔"的语意为"中间的国家"，面积147181平方公里。境内山峦重叠、高峰林立，珠穆朗玛峰（尼称萨加玛塔峰）位于中尼边界上。东、西、北三面群山环绕，南部是土壤肥沃的冲积平原，是重要的经济区。地势北高南低，分为北部高寒、中部温带和南部亚热带3个气候区。

2. 简史

公元前6世纪建立王朝。公元1769年，沙阿王朝统一尼泊尔。1814年英国入侵尼泊尔，1923年英国承认尼泊尔独立。1951实行君主立宪制。1990年实行君主立宪的多党议会制。2008年宣布成立尼泊尔联邦民主共和国。

3. 国旗、国花与国兽

国旗：世界上唯一的三角形国旗。由上小下大、上下相叠的两个三角形组成，旗面为红色，旗边为蓝色。红色是国花红杜鹃的颜色，蓝色代表和平。上面的三角形旗中是白色弯月、星图案，原来含义代表皇室；下面三角形旗中的白色太阳图案来自拉纳家族的标志。太阳和月亮图案象征尼泊尔人民祈盼国家如日月一样长存的美好愿望。两个旗角表示喜马拉雅山脉的两个山峰。

国花：杜鹃花。

国兽：黄牛。

4. 政治体制

2007年1月，颁布《临时宪法》，宣布为联邦民主共和国。总统、副总统、总理由制宪会议简单多数选举产生。制宪会议为最高立法机构。总统比迪娅·戴维·班达里，2015年10月28日就任，是尼泊尔历史上首位女性元首。有70多个党派，大会党、尼共（联合马列）、联合尼共（毛）为议会前三大党。

5. 国民经济

世界上最不发达国家之一。经济发展对外依存度极高，燃油、燃气、电力等能源严重匮乏，长期依赖国际援助。2017/2018年财年，国内生产总值约合293亿美元，人均GDP为1003.6美元。农业国，农业人口占总人口约70%。首都有一座国际机场。1992年后，尼泊尔签署了加入世界贸易组织的协定，是南亚自由贸易区和孟加拉湾多层次经济技术合作机制成员。

货币名称：尼泊尔卢比（Nepalese Rupee）；汇率：1美元=113卢比（2017年）。

6. 对外政策

对外关系奉行平等、互利、相互尊重和不结盟的外交政策，主张在和平共处五项原则基础上同世界各国发展友好关系。高度重视发展同中、印两大邻国友好关系。重视加强同美、英等西方国家关系，争取经援和投资。积极推动南亚区域合作联盟发展。2004年加入环孟加拉湾多领域经济技术合作倡议（BIMSTEC）。2016年3月，成为上海合作组织对话伙伴国。2018年已同163个国家建交。

二、人文习俗

1. 人口、民族、语言与宗教

人口2898万（2016年）。尼泊尔语为国语，上层社会通用英语。多民族、多宗教、多种姓、多语言国家。居民86.2%信奉印度教，7.8%信奉佛教，3.8%信奉伊斯兰教，2.2%信奉其他宗教。

2. 节假日

议会宣言颁布日：5月18日。

共和国日：5月28日。

"国际珠穆朗玛峰日"：5月29日。

德赛节：又称杜尔加祭典，每年9月~10月的月圆之时举行，连续进行9天，意为"女神的九夜"，纪念杜尔加女神战胜玛希哈恶魔的节日。这个季节是秋谷登场的前夕，庆贺丰收。

十胜节是民间最大节日，在10月举行，欢庆罗摩战胜十首魔王罗波那的节日，祈求国泰民安，印度教三大节日之一，全国放假7天。

克里什纳节：9月6日，印度教传统节日。

3. 社会习俗

尼泊尔人由两大族系组成，一部分是印度—尼泊尔人，其祖先从南方迁入，占人口的多数；另一部分是西藏—尼泊尔人，其祖先从北方迁入。这两部分人的生活习俗各自与印度人、西藏人相近。

农村中以家庭为中心，兄弟分家时家庭财产平分。妇女地位低下，从属于丈夫。

朋友见面与告别时不握手，多双手合十于胸前，然后互相问候。久别重逢时晚辈要向长辈下跪吻脚，长辈轻摸晚辈头顶作还礼。赠送礼物一般为尼泊尔帽、廓尔喀弯刀和布鞋。

三、旅游业

1. 旅游城市与景点

首都加德满都：位于喜马拉雅山南麓谷地中，四周青山环绕，常年鲜花盛开，被称为山国"春城"。历代王朝在此兴建了大批庙宇、佛塔、神龛和殿堂，有"寺庙之都"之称。郊外的斯瓦扬布纳特寺是佛祖释迦牟尼亲临地、亚洲最古老的佛圣之一，国际佛文化交流中心。

喜马拉雅山南麓的高山雪峰，从热带、温带与寒带并存的立体型气候，形成了多种森林植被景观；社会人文资源以印度教与佛教文化的渗透与融合为特征，高原生态资源以雪山、热带、温带与寒带森林植被为特征，适宜开展宗教朝拜、人文体验、登山探险和徒步旅游。加德满都河谷地区分布着丰富的文化遗产，印度教和佛教古典寺庙建筑及乡村小镇，被列为世界文化遗产名录。公元前6世纪中叶佛祖释迦牟尼诞生地蓝毗尼也是世界文化遗产。高原生态景点有世界自然遗产有萨加玛塔国家公园和皇家奇特旺国家公园，全国有10家国家野生动植物保护公园，适合登山、徒步旅游和狩猎旅游。

尼泊尔的旅游宣传口号有："天然的尼泊尔"（Naturally Nepal），"仅有一次是不够的"（Once Is Not Enough）。总部位于英国的旅行指南出版商"孤独星球"出版的《2010年最佳旅游资讯》将尼泊尔列入十大最佳旅游国。

2017年尼泊尔在全球旅游竞争力排名第103位。

2. 旅游客源市场

2004年接待38.5万人次，外汇收入2.3亿美元；2013年79.8万人次，4.38亿美元；2013年94.0万人次，6.30亿美元。2017年入境游客人数与本国人口之比为3:100。十大客源国为印度、中国、斯里兰卡、美国、泰国、英国、德国、法国、日本、韩国。印度为第一大入境市场，约占其入境市场总额的20%。

1999年出国旅游12.5万人次，支出0.71亿美元；2012年87.21万人次。2011年出境旅游人数与本国人口之比为3:100。出境公民中大多数为劳务输出，商务、公务及海外留学占有较大比例，主要目的地是印度、中国、英国等和东南亚、中东地区。

3. 旅游产业

旅游业是国民经济的重要支柱产业之一，旅游创汇已成为国家外汇收入的第三大来源。2016年旅游业的直接贡献占国民生产总值的3.6%、间接贡献占国民生产总值的7.5%，旅游直接就业55.35万人，占就业总数3.6%。

2012年注册旅行社2180家，其中一半从事登山、徒步等探险服务。旅游酒店700余家，其中四星级以上12家。2月21日是"国际导游日"。为庆祝该节日，尼泊尔导游协会组织开展了多样活动。尼泊尔旅游院校已培养导游从业人员约 3000 名，除此还有约 1500 名非院校毕业，已加入尼泊尔导游协会的导游大约有 800 名。

4. 旅游管理

尼泊尔是内陆山地国家，国际游客主要通过民航进入，民族文化是重要的旅游吸引物，政府设文化、旅游及民航部，统一协调旅游、民航与文化发展。2011年是尼泊尔国家旅游年。为传播佛教和平理念，尼泊尔把佛陀诞生地蓝毗尼定为和平之都和世界佛教中心，2012年为"蓝毗尼访问年"。2010年到访蓝毗尼的游客超过60万人次，其中外国游客12余万人次。

四、中尼关系

1. 外交经贸关系

中尼之间有上千年友好交往史。晋代高僧法显、唐代高僧玄奘到过佛祖释迦牟尼诞生地蓝毗尼。唐朝时，尼泊尔公主尺真与吐蕃赞普松赞干布联姻。元朝时，著名工艺家阿尼哥曾监造北京白塔寺。

1955年8月1日建交以来，中尼传统友谊和友好合作不断发展。1996年，两国确立了中尼面向21世纪世代友好的睦邻伙伴关系。2009年12月，双方发表《联合声明》，在和平共处五项原则基础上，建立和发展中尼世代友好的全面合作伙伴关系。中国西藏地区和尼泊尔有传统的友好往来。已开通拉萨至加德满都航线、加德满都至拉萨汽车交通。尼泊尔在拉萨设有总领事馆。

2. 旅游关系

2010年，尼泊尔旅华人数达3.08万人次，2014年来华5.0万人次。2017年13.25万人次。尼泊尔访华游客中，大多为边境贸，其余到北京、上海、广州和浙江（义乌）等地，近80%为公务、商务客人及高端散客；到访西藏的尼泊尔客人约占尼泊尔旅华总数的20%，主要是为印度香客团服务的劳务人员。尼泊尔是印度和欧美游客来中国旅游的重要中转地。经由尼泊尔访华的第三国游客以赴西藏朝圣旅游为主，主要来自印度、欧美和日韩地区，年均1.5万人次左右，大多为高端消费者。

2000年中尼签署《关于中国公民赴尼泊尔旅游实施方案的谅解备忘录》，尼泊尔成为南亚第一个中国公民组团出境旅游目的地国。中国赴尼泊尔旅游不断增多，2005年1.98万人次，2012年11.3万人次。中国在加德满都设有旅行办事处。中国西藏自治区内的旅行社不仅可以为游客代办赴尼签证。尼泊尔是中国西藏自治区旅游客源市场的重要集散地，拉萨也是中国游客赴尼泊尔旅游的重要中转地。

马尔代夫

一、基本国情

1. 自然地理

马尔代夫共和国（The Republic of Maldives），印度洋上的群岛国家，位于赤道附近，面积 298 平方公里。由 26 组自然环礁、1192 个珊瑚岛组成，其中 199 个岛屿有人居住，岛屿平均面积为 1~2 平方公里，平均海拔 1.2 米。热带气候。

2. 简史

公元前 5 世纪雅利安人来此定居，1116 年建立苏丹国，先后遭受葡萄牙和荷兰殖民主义统治，1887 年沦为英国保护国。1932 年改行君主立宪制。1952 年成为英联邦内的共和国。1954 年恢复君主立宪制。1965 年 7 月 26 日宣布独立。1968 年 11 月 11 日建立共和国。

3. 国旗

呈长方形，由红、绿、白三种颜色组成。旗地为绿色长方形，四周为红边，白色新月位于绿色长方形的正中，红色象征为国家主权和独立而献身的民族英雄的鲜血；绿色意味着生命、进步和繁荣，白色新月表示和平、安宁和马尔代夫人民对伊斯兰教的信仰。国徽：由一弯新月、一颗五角星、两面国旗、一棵海椰子树和绶带构成。新月和五角星表示马尔代夫的国教为伊斯兰教，国旗象征国家的权力和尊严，海椰子树代表民众的生计。底端的绶带上写着马尔代夫的传统名称。

4. 政治体制

1968 年 11 月 11 日改为共和国，实行总统制。人民议会为立法机构，实行比例代表制，所有议员通过选举产生。2005 年 6 月后，实行多党民主制度，主要有进步党、民主党、人民党、正义党、人民联盟和伊斯兰民主党等。

5. 国民经济

旅游业、船运业和渔业是国民经济的三大支柱。2017 年国内生产总值 46.48 亿美元，人均国内生产总值：9671.3 美元，为南亚地区人均 GDP 最高的国家。岛屿之间主要交通工具为船舶。汽车、自行车为主要陆上交通工具。海运业主要经营香港到波斯湾和红海地区及国内诸岛间的运输业务，中国、斯里兰卡、印度、新加坡、阿联酋、南非及一些欧洲国家有定期航班飞往马累。

货币名称：拉菲亚（Rf, Rufiyaa，又称卢菲亚）。汇率：1 美元=15.40 拉菲亚。

6. 对外政策

奉行和平、独立和不结盟的外交政策，同所有尊重马独立和主权的国家友好，重视发展与印度、中国、日本、斯里兰卡以及阿拉伯国家的关系。大力争取国际组织和其他国家的援助。积极参与不结盟运动和南亚区域合作联盟活动，是"小岛屿国家联盟"（AOSIS）主要代表国，2018年重返英联邦，已同164个国家建交。

二、人文习俗

1. 人口、民族、语言与宗教

人口44万（2018年），均为马尔代夫族。民族和官方语言为迪维希语，上层社会通用英语。大多数马尔代夫人属伊斯兰教逊尼派，伊斯兰教为国教。

2. 节假日

（1）社会性节日

元旦：1月1日。

国庆节：2月26日。

独立日：7月26日。

独立日之际：7月27日。

胜利日：11月3日。

共和国日：11月11日。

（2）伊斯兰节日

圣纪节：3月9日，先知穆罕默德诞辰日。

皈依伊斯顿纪念日：3月29日。

斋月开始日：8月22日。

开斋节：9月20日。

开斋节之际：9月20~21日。

朝觐日：11月26日。

升天节：11月27~30日。

伊斯兰新年：12月18日。

2. 社会习俗

与伊斯兰国家相同。岛上禁喝酒、禁吃猪肉、常吃鱼。男子穿白衬衫，用长裙围腰，不穿短裤。女子必须穿遮体长裙，或下穿长裤。外出时习惯打伞，为遮阳挡雨，也是身份象征。星期五是伊斯兰教安息日，所有公共场所休息。

三、旅游业

1. 旅游城市与景点

首都马累，马尔代夫唯一的城市，人口10.8万（2009年），是个免税的开放港口。无柏油马路，全是白珊瑚沙铺路，汽车很少，都骑自行车和徒步出行。市内有35座清真寺。马累博物馆陈列着当地出土的中国瓷器和钱币，反映了中马友好历史和贸易关系。

热带海岛度假是马尔代夫旅游的主打产品。世界最大的珊瑚岛国,著名潜水胜地。著名度假岛是甘岛和天堂岛,建有浅海边的海中别墅。

2. 客源市场

2004年接待游客61.7万人次,旅游外汇收入4.71亿美元;2014年120.5万人次,26.61亿美元。2017年外国赴马游客139.0万人次,27.42亿美元,接待外国游客人数与本国人口之比为316∶100。欧洲是最大的客源地,其次是东亚太和南亚。

3. 旅游产业

旅游业是第一大经济支柱,2017年旅游业的直接贡献占国民生产总值的40.9%、间接贡献占国民生产总值的79.4%,占外汇收入的60%。有人定居岛屿有200座,现有117个旅游岛,2.77万张床位,入住率达70.4%,人均在马停留时间6.7天。

一岛一酒店,建筑各有特色的高档的别墅,引进国际所有顶级酒店品牌,已经成为全世界最负盛名的豪华度假目的地。库达呼拉岛四季酒店建成马尔代夫库达呼拉岛海洋探索中心,是一个互动研究和教育中心,让宾客们了解每个人能在保护当地和全球海洋生态系统中发挥的作用。

4. 旅游管理

设有马尔代夫旅游、艺术与文化部,主管旅游管理、推广。对境外游客实行免签证措施。推出的旅游宣传口号有:"马尔代夫是安全的""马尔代夫——生命中的精神家园""马尔代夫——让生活中充满阳光"。

四、中马关系

1. 外交关系

中国史称马尔代夫为"溜山国"或"溜洋国"。明朝郑和率领商船队两度到达马尔代夫,马尔代夫国王优素福三次遣使来华。郑和的随行人员马欢所著《瀛涯胜览》和费信所著《星槎胜览》中,对马尔代夫地理位置、气候、物产、风俗民情等有翔实记载。20世纪60年代初,双方驻斯里兰卡使节开始往来。1972年10月14日中马建交,中国向马尔代夫提供无偿援助,援建了外交部大楼、国家博物馆等项目。2014年6月双方宣布构建中马面向未来的全面友好合作伙伴关系。

2. 旅游关系

2011年马尔代夫来华游客2623人次。2003年马尔代夫成为中国公民出国旅游目的地国,对中国游客实行入境免签政策。2003年赴马尔代夫旅游0.11万人次,2017年中国游客为33.2万人次,占29.5%。中国是其最大客源国。马尔代夫第一大客源国。目前,中国北京、上海、广州、昆明同马累间分别开通了直航或包机往来。

第四节　中亚地区

哈萨克斯坦

一、基本国情

1. 自然地理

哈萨克斯坦共和国（The Republic of Kazakhstan, Pecnyawisa hazaxcman）位于亚洲中部，北邻俄罗斯，南部与乌兹别克斯坦、土库曼斯坦、吉尔吉斯斯坦接壤，西濒里海，东接中国。面积272.49万平方公里。哈萨克斯坦境内大部分地区是平原和低地，东部和东南部（为阿尔泰山和天山）地势趋高。气候属严重干旱少雨大陆性气候。

2. 简史

公元6至8世纪形成早期封建国家突厥汗国、土耳盖施国和卡鲁克国。13世纪初被蒙古鞑靼人征服。15世纪末成立哈萨克汗国，分为大帐（谢米列契）、中帐（中哈萨克斯坦）、小帐（西哈萨克斯坦）。18世纪30~40年代小帐和中帐加入俄罗斯，到19世纪60年代，哈萨克斯坦全部处于沙皇俄国的统治之下。1936年加入苏联。1990年10月25日，发布《国家主权宣言》，宣布哈萨克国家政权至高无上。1991年12月16日，哈萨克斯坦共和国正式宣布独立，21日加入独立国家联合体。

3. 国旗、国兽

国旗：长方形，旗面颜色为蓝色，其中间为一轮金色太阳，太阳下面是一只展翅飞翔的金鹰。靠旗套一侧为哈萨克传统的金色花纹图案，由该图案组成的宽条垂直通过旗面。

国兽：雪豹。

4. 政治体制

总统制共和制。总统是国家元首，由全民直接选举产生，任期5年，连任不得超过两届。议会是国家最高代表机构，行使立法职能，每届任期4年，由上下两院组成。政府为国家最高行政机关，对总统负责。主要政党有哈萨克斯坦祖国党、公民党、农村社会民主党、共产党、农业党、爱国者党和光明道路民主党等。

5. 经济状况

经济以石油、采矿、煤炭和农牧业为主，总体经济实力在独联体国家中居第二，仅次于俄罗斯，占中亚地区经济总量的70%。2017年国内生产总值1390亿美元，人均国内生产总值7591美元。2015年7月加入世界贸易组织。主要贸易伙伴是俄罗斯、意大利、中国、瑞士等。交通以铁路、公路和航空运输为主。铁路由阿拉木图可乘火车直达欧洲、远东和中亚各国。1992年6月，东起中国连云港、西到荷兰鹿特丹的"欧亚大陆桥"中哈国际旅游列车正式开通。建有22个大型机场。货币工业产值364.66亿美元、占GDP的26%，农业产值124.28亿美元、占GDP的8.9%，服务业增加值8930亿美元、占GDP的65.1%。

货币名称：坚戈。汇率：1美元=147.94坚戈（2010年）。

6. 对外政策

独立后奉行以巩固独立和主权为中心的务实、平衡外交，重视发展与俄罗斯、中国、中亚邻国、美国、欧盟和伊斯兰国家的关系，同时扩大同亚太国家的交往，将自己定位为"中等地区大国"。实施以经济利益为中心的"多元""务实""平衡"外交。在积极发展同周边国家特别是同俄罗斯和中国两大邻国关系的同时，努力开拓与美国等西方国家的和平伙伴关系，并参与独联体以及亚欧地区的事务。截至2001年底，哈萨克斯坦已同110个国家建交，在国外开设了29个使馆。

二、人文习俗

1. 人口、民族、语言与宗教

人口1831.17万（2018年）。有128个民族，哈萨克族占65.5%，俄罗斯族占21.4%，还有乌克兰族、日耳曼族、乌孜别克族、鞑靼族、维吾尔族和朝鲜族等。哈萨克语为国语，俄语为官方正式语言。伊斯兰教是主要宗教，50%以上的居民信奉伊斯兰教。哈萨克族、鞑靼族、维吾尔族、乌孜别克族等信仰伊斯兰教；俄罗斯族、乌克兰族等信仰东正教，少数人信奉基督教和佛教。

2. 节假日

新年：1月1日。
纳乌鲁斯节（春节）：3月22日。
祖国保卫者日：5月7日。
胜利日：5月9日。
宪法日：8月30日。
共和国日：10月25日。
独立日（国庆节）：12月16日。
此外还有肉孜节、古尔邦节等伊斯兰传统节日。民族特色节日有开春节、棉花节、牧人节等。

3. 文体活动

中亚地区的体育强国,在射箭、摔跤、皮划艇、举重、游泳和一些田径赛上都有强项。冰雪运动较流行,在阿拉木图郊区有冬季体育运动中心麦迪奥高山冰雪中心。能歌善舞、擅长骑术,举行的节日活动通常是叼羊、赛马及摔跤等。

4. 饮食特色

传统生活逐水草而居,冬天居住在草泥结构的土屋里。传统食物是肉和奶,代表性的佳肴是手抓羊肉,菜单上的"别什巴尔马克"就是手抓羊肉;一年四季爱喝浓茶,茶中一般掺入牛奶和奶油,也爱喝马奶。

5. 社交礼仪

在社交场合与客人见面时,一般以握手为礼。女人一般向客人施屈膝礼。路遇长辈,晚辈要右手按胸,施30度鞠躬礼,然后握手;若平辈相见,一般直接握手,道好问安,握手后俯身互吻手背。亲朋好友见面时,还常施吻礼:长幼相见,幼辈要吻长辈的手;女人长幼相见,长者要吻幼辈的额头或眼睛;若同性平辈见面,还常以吻唇或吻面颊为礼。

忌讳谈话时脱帽,忌讳别人当着他们的面赞美他们的孩子和牲畜,认为这样会给孩子和牲畜带来不祥之兆。忌讳用手指或棍棒比画清点人数,有"右为上左为贱"的民族传统观念,特别忌讳用左手持茶、食等招待客人。在做礼拜时,最忌讳别人在其面前走过。厌恶黑色,认为是丧葬的色彩。禁吃猪肉、驴肉、骡肉和动物血及一切自死的动物,也不吃整条鱼。

三、旅游业

1. 旅游城市与景点

阿斯塔纳市:1997年12月启用的新首都。新建的独立宫荟萃了哈萨克斯坦各种珍贵历史文物和现代藏品,与共和广场共同成为象征国家1991年独立的标志性建筑。

阿拉木图市:原首都,全市为苹果树和杏树所环绕,有"苹果城"之称。到处可见伊斯兰教圆穹式的礼塔,展示出民族特色。市内的东正教大教堂是现存世界第二高木结构建筑,附近的麦迪奥冬季运动场是世界著名的运动场之一。

突厥斯坦:中亚古城之一,哈萨克斯坦南部城市,也译作"土耳其斯坦"。曾为中亚的手工业和通商中心,有古代陵墓等古迹。

江布尔:历史名城,阿克托贝遗址、库兰遗址、奥尔内克遗址、阿克亚塔斯遗址和科斯托比遗址等古代丝绸之路遗址被列为世界文化遗产。

以古代欧亚丝绸之路历史文化与哈萨克族民俗风情为特色。哈萨克斯坦位于欧亚大陆中心,古代中国至南亚、中亚、西亚和欧洲的丝绸之路的重要地段,主要遗迹有塔姆加利岩画（青铜器时代）、奥特尔阿尔古城遗址（公元前4~13世纪末）、耶斯克古墓（4世纪）、萨利亚喀古城堡（9~10世纪）、铁克图尔马斯历史建筑群遗址（10~15世纪）、巴巴渣－哈图恩陵墓（11~12世纪）、亚瑟伊陵墓（12~14世纪）。其中8处已列为丝绸之路世界文化遗产。

2017年哈萨克斯坦在旅游竞争力世界排名第107位。

2. 旅游客源市场

2000年接待外国游客168.3万人次，旅游收入3.56亿美元。2014年456.0万人次，13.21亿美元。2014年入境旅游人数与全国人口之比为26∶100。2015年456万人次，人数与全国人口之比为25∶100。2017年入境旅游收入12.81亿美元。主要客源地是中亚邻国吉尔吉斯斯坦、乌兹别克斯坦、俄罗斯、塔吉克斯坦、阿塞拜疆等，其余为德国、中国大陆、土耳其、美国、英国等。

2004年出国游客391.5万人次，旅游支出7.67亿美元。出境旅游目的地主要是周边国家，其次是欧洲地区。2004年，出境旅游人数与全国人口之比为26∶100。

3. 旅游产业

哈萨克斯坦独立后，重视旅游业的开发，已同中国、土耳其以及独联体国家建立了旅游合作关系。共有387个旅游公司，已开放的主要旅游景点有阿拉木图市的高山滑雪场、巴尔喀什湖、突厥斯坦古城等。主要酒店有哈萨克斯坦宾馆、土耳其宾馆、阿拉套宾馆、阿拉木图饭店。

4. 旅游管理

文化和体育部主管旅游业。

四、中哈关系

1. 外交关系

1992年1月，中哈正式建交。1993年10月，双方签署了《中哈友好关系基础联合声明》。1994年4月两国签署了《中哈国界协定》。1996年4月签署了《中国、哈萨克斯坦、俄罗斯、吉尔吉斯斯坦、塔吉克斯坦五国关于在边境地区加强军事领域信任的协定》。2005年7月，中哈建立战略伙伴关系，两国各个领域的合作稳步发展。2011年6月，中哈宣布发展全面战略伙伴关系。1992年8月，中国在霍尔果斯界河和口岸大楼之间的戈壁上开辟了一个"霍尔果斯边民互市点"，每天开放，有数万中国边民和哈方边民进行贸易活动。

2. 旅游关系

20世纪90年代以来，中哈两国旅游关系日益发展，来华旅游者相对稳定，1994年10.63万人次，2007年43.89万人次，2016年25.8万人次，2017年22.29万人次，2018年19.5万人次。目前来华旅游以边境贸易为多。

2000年中国赴哈萨克斯坦4.26万人次，2011年15.88万人。2011年国务院批准开放哈萨克斯坦为中国公民出境旅游目的地。2015年12月，双方签署了《关于便利中国公民赴哈萨克斯坦共和国团队旅游的备忘录》。2016年7月，中国公民组团赴哈萨克斯坦旅游业务正式启动，赴哈人数22.5万人次。2017年中哈两国互办旅游年，中国驻阿斯塔纳旅游办事处授牌。

吉尔吉斯斯坦

一、综合国情

1. 自然地理

吉尔吉斯共和国（Kyrgyz Republic），简称吉尔吉斯斯坦，面积为19.99万平方公里，位于中亚东北部的内陆国家，北接哈萨克斯坦，南邻塔吉克斯坦，西南毗连乌兹别克斯坦，东面与中国接壤。境内多山，遍布牧场，有"牧场之国""中亚山国"之称。动植物品种繁多，植物达4000种左右，又称"山地绿洲"。

2. 简史

公元前3世纪已有文字记载。6~13世纪曾建立吉尔吉斯汗国。16世纪自叶尼塞河上游迁居至现居住地。1876年被沙俄吞并。1924年10月14日成立卡拉吉尔吉斯自治州，属俄罗斯联邦。1936年12月5日成立吉尔吉斯苏维埃社会主义共和国，同时加入苏联。1991年8月31日，吉尔吉斯最高苏维埃通过国家独立宣言，改国名为吉尔吉斯共和国，同年12月21日加入独联体。

3. 国旗

呈横长方形，旗地为红色，一轮金色的太阳悬于旗面中央，太阳图案中间有一个类似地球的圆形图案。红色象征胜利，太阳象征光明和温暖，圆形图案代表国家的独立、统一和民族的团结和友好。

4. 政治体制

宪法规定，建立在法制、世俗国家基础上的主权、单一制民主共和国，实行立法、司法、行政三权分立，总统为国家元首，议会成为国家管理体系的主导。行政权由政府总理负责，在政府任职的官员不得兼任议会议员。正式登记注册的政党有140余个，其中主要有吉尔吉斯斯坦社会民主党、故乡党、尊严党、阿塔—梅肯（祖国）党、共和国党等。

5. 国民经济

国民经济以农牧业为主，工业基础薄弱，主要生产原材料。国民经济支柱产业是"四金"：黄金、"白金"（棉花）、"乌金"（石油）、"蓝金"（天然气）。工业占国内生产总值的45%，畜牧业占46%，农业人口占60%以上。2017年吉国内生产总值71.6亿美元，人均国内生产总值约1378美元。

货币名称：索姆，1美元=68.87索姆（2017年）。

6. 对外关系

奉行平衡、务实的外交政策，以邻国、周边国家为重点。拥护独联体一体化进程，同时赞成对独联体进行必要改革；把俄罗斯看作自己重要的战略伙伴和安全依托；重视发展同美国的关系，高度重视吉中关系的发展，把发展与中国的关系为对外政策优先方向。

二、人文习俗

1. 人口、民族、语言与宗教

人口29.73万（2018年10月），有80多个民族，吉尔吉斯族占68%，还有乌孜别克族和俄罗斯族。国语为吉尔吉斯语，俄语为官方语言。多数居民信仰伊斯兰教，其次为东正教和天主教。原始宗教对部分居民有较大影响。

2. 节假日

人民革命日：3月14日。

国旗日：3月3日。

纳乌鲁斯节：3月21日。

宪法日：5月5日（1995年）。

建军节：5月29日（1992年）。

独立日：8月31日（1991年）。

建军节：5月29日。

3. 社会习俗

多数人遵循伊斯兰习俗礼仪。日常生活仍保持传统风俗，婴儿出生40天内不许见生人，40天后亲友祝贺，婴儿全身洗净后放入摇篮，称"入摇篮仪式"。刚学会走路举行"绳子仪式"，由祖父母把孩子双脚捆住，由邻里孩子来解开学走路。现代住房中保留地毯、镂花木制家具。民族节日有鹰猎、赛马等项目。牧民好带着猎鹰狩猎，擅长马术，常用马匹圈养牲畜。

三、旅游业

1. 旅游城市与景点

首都比什凯克：人口约82万，坐落在楚河河谷地，四周群山环绕，为古代重镇和中亚名城。

奥什：中亚古城，有历史地质博物馆、植物园，城西苏莱曼圣山是穆斯林朝圣地，为世界文化遗产。

楚河河谷为天山古道的一部分，是连接中亚草原与中国西北沙漠的捷径，"古代丝绸之路"的一部分，比什凯克和奥什古城和碎叶城（阿克·贝希姆遗址)、巴拉沙衮城(布拉纳遗址)和新城(科拉斯纳亚·瑞希卡遗址)等 3 处丝绸之路遗址被列为世界文化遗产。碎叶城是唐代大诗人李白的故乡。东部伊塞克湖位于天山北麓,世界第二大高山湖,唐代称它为"热海""咸海"或"大清池"。《大唐西域记》里玄奘西行取道伊塞克湖的南岸。

2017 年吉尔吉斯斯坦在全球旅游竞争力排名中名列第 115 位。

2. 旅游客源市场

1999 年接待外国游客 16.5 万人次(其中过夜游客 4.8 万人次),旅游收入 0.15 亿美元;2016 年 293.0 万人次,5.3 亿美元。2017 年接待外国游客人数与本国人口之比为 46∶100。最大客源地是欧洲。2004 年出国游客 23.9 万人次,旅游支出 0.50 亿美元,出境旅游主要到周边国家的商贸、购物活动。

3. 旅游管理

文化、信息和旅游部主管旅游业。

四、中吉关系

1. 外交关系

中吉是山水相连的邻邦,自 1992 年 1 月 5 日建交以来,两国关系积极、健康、稳步向前发展。两国在联合国、上海合作组织等多边领域互相支持,合作卓有成效。2002 年 6 月,两国签署了《中吉睦邻友好合作条约》。

2. 旅游关系

1994 年来华游客 3.16 万人次,2015 年来华游客 4.37 万人次。吉尔吉斯斯坦与中国和哈萨克斯坦共同申报丝绸之路世界文化遗产,并联合开发丝绸之路国际旅游线。

第五节 西亚地区

沙特阿拉伯

一、基本国情

1. 自然地理

沙特阿拉伯王国(Kingdom of Saudi Arabia)位于阿拉伯半岛,东濒波斯湾,西临红海,面积 225 万平方公里。"沙特阿拉伯"一词在阿拉伯语中的意思是"幸福的沙漠"。地势西高东低。西部是希贾兹—阿西尔高原,中部为纳季德高原,东部为平原。红海沿岸地区是宽约 70 公里的红海低地。沙漠约占全国面积的一半,有"沙漠王国"之称。无常年流水的河流、湖泊。西部高原属地中海式气候;其他广大地区属亚热带沙漠气候,炎热干燥、阳光强烈,号称"太阳之国"。

2. 简史

公元7世纪,伊斯兰教创始人穆罕默德及其继承者统一阿拉伯半岛,建立阿拉伯帝国,8世纪为鼎盛时期,版图横跨欧、亚、非三洲。16世纪为奥斯曼帝国所统治。19世纪英国侵入,分汉志和内志两部分。1924年内志酋长阿卜杜勒阿齐兹·沙特兼并汉志,统一了阿拉伯半岛,1932年9月23日宣告建立沙特阿拉伯王国。国旗的颜色和图案表明了该国的宗教信仰。

3. 国旗

呈长方形,绿色的旗地上用白色的阿拉伯文写着伊斯兰教的一句名言:"万物非主,唯有真主,穆罕默德是安拉的使者"。下方绘有宝刀,象征圣战和自卫。绿色象征和平,是伊斯兰国家所喜爱的一种吉祥颜色。

4. 政治体制

政教合一的君主制王国,无宪法,禁止政党活动。《古兰经》和穆罕默德的《圣训》是国家执法的依据。国王亦称"两个圣地(麦加和麦地那)的仆人",是国家元首,又是教长,王室掌握着国家的政治、经济、军事大权。内阁决议,与外国签订的条约和协议均需国王最后批准。由老国王阿卜杜勒阿齐兹35个有王位继承权的儿子及其后代组成效忠委员会,由国王和效忠委员会共同确定王储人选。沙特协商会议是国家政治咨询机构。2011年9月,沙特妇女有权成为协商会议议员、有权参选市政委员会委员,一直没有选举权和被选举权的沙特妇女首次获得了与男子同等的权利。

5. 国民经济

石油储量居世界第一,天然气探明储量居世界第四。石油工业是国民经济的主要支柱,石油收入占国家财政收入的70%以上,占国内生产总值的35%~40%,石油出口收入占出口总额的90%。农业收入占国民生产总值的3.3%。2017年,国内生产总值4153亿美元,人均国内生产总值2.1万美元。

货币名称:沙特里亚尔(Riyal),汇率:1美元=3.75沙特里亚尔。

6. 对外关系

奉行独立自主、温和务实、不结盟的外交政策,主张国与国之间相互尊重、和平共处、互不干涉内政。将发展与美国关系放在外交首位。重视发展与阿拉伯、伊斯兰国家的关系,致力于阿拉伯团结和海湾合作委员会的一体化建设。大力开展多元化外交,加强与中国、欧盟、俄罗斯和日本等大国的关系。已与130多个国家建立外交关系。

二、人文习俗

1. 人口、民族、语言与宗教

人口 3255 万（2017 年），其中沙特公民约占 67%。绝大部分为阿拉伯人。官方语言为阿拉伯语，通用英语，伊斯兰教为国教，逊尼派约占 85%，什叶派约占 15%。

2. 节假日

独立日：9 月 23 日。

国庆日：9 月 23 日。

伊斯兰教的共同节日。

3. 社会习俗

严格恪守伊斯兰教瓦哈比派的戒律。男子穿长袖、高领、镶里子的外套"塔巴"，女子全身裹长袍、头戴面纱、皮肤与头发不能外露，不得化妆。公共场所多实行男女隔离，女性必须由男性亲属陪伴。禁止上映电影，不少人反对照相，特别是女子。禁止酿酒、买酒和饮酒，违者罚款、受刑或监禁。

三、旅游业

1. 旅游城市与景点

首都利雅得："利雅得"在阿拉伯文中是"花园"一词的复数。保存有沙特故都、沙特部族的发祥地德拉耶的遗址。1832 年正式成为王国首都，市内新建有占地 96000 平方米，集行政办公、酒店、会议、庆典、婚礼于一体的王国中心大厦，被列为新的"世界七大奇迹"之一。

麦加：位于沙特阿拉伯西部赛拉特山地的峡谷中，四周群山环抱，气候酷热。相传穆罕默德诞生于麦加，并在此创立和传播伊斯兰教，成为伊斯兰的"第一圣城"。麦加大清真寺世界著名的伊斯兰教第一大圣寺，可容纳 50 万人同时礼拜，是世界各国穆斯林一生向往的朝拜圣地。

麦地那：伊斯兰早期政治、宗教中心，也是穆罕默德的安葬地，伊斯兰的"第二圣城"。有先知清真寺、古巴义清真寺及阵亡烈士陵园，寺外广场可容纳百万人同好礼拜，也是全球穆斯林信徒必去的朝圣之地。

沙特是伊斯兰教的发源地。沙特旅游主要是穆斯林信徒的伊斯兰宗教朝圣之旅和非穆斯林的宗教文化体验考察之旅。显示公元前 1 世纪古代阿拉伯纳巴泰人文明的石谷遗址、沙特古都德拉伊耶遗址的阿图拉伊夫区为世界文化遗产。骑着骆驼在沙漠内行走，可寻访沙漠部落贝都因人的踪迹。

2017 年沙特阿拉伯在全球旅游竞争力排名中名列第 63 位。

2. 旅游客源市场

2001 年接待游客 672.7 万人次，旅游外汇收入 34.18 亿美元；2017 年 1610.9 万人次，120.56 亿美元，接待入境游客人数与本国人口之比为 50∶100。入境旅游者中，宗教朝拜的约占 40%，商务和专业活动的约占 30%，探亲访友的均占 10%。主要客源国是科威特、阿联酋、埃及、卡塔尔、印度、约旦、巴林、巴基斯坦、印度尼西亚、摩洛哥等伊斯兰国家。入境旅游者有 2/3 来自中东，其中大多数是海湾合作委员会国家的旅游者，可免签证入境。

2002 年出国游客 789.6 万人次，旅游支出 73.7 亿美元；2011 年旅游支出 182 亿美元。出境的首选国家是埃及和叙利亚，其次是黎巴嫩、约旦、摩洛哥和突尼斯等；土耳其也是沙特人传统的旅游目的地，远程目的地是欧洲的英国、法国、瑞士和北美的美国。每年约有 3 万人去度假。

3. 旅游管理

沙特阿拉伯王国亲王苏尔坦任旅游和古迹大臣。

四、中沙关系

公元 7 世纪，穆罕默德的弟子就曾远涉重洋来到中国传播伊斯兰教，福建省泉州市灵山圣墓至今仍保存有他们的墓穴。公元 15 世纪，明朝著名航海家郑和下西洋时曾到过沙特。

1990 年 7 月 21 日，沙特同中国建交。2006 年双方就建立中沙战略性合作关系达成共识，双边关系进入新的发展阶段。2008 年 6 月，双方签署《关于加强合作和战略性友好关系的联合声明》。2010 年，沙特投入 1.5 亿美元修建世博会沙特馆，该馆被评为上海世博会"最受欢迎展馆"，并将该馆赠送中国。

阿拉伯联合酋长国

一、基本国情

1. 自然地理

阿拉伯联合酋长国（The United Arab Emirates）位于阿拉伯半岛东部，北濒临波斯湾，面积 8.36 万平方公里（包括沿海岛屿在内）西北与卡塔尔为邻，西和南与沙特阿拉伯交界，东和东北与阿曼毗连。东部为山地，西半部是海拔 200 米以下的洼地和沙漠，沿海地区为狭窄的平原。属热带沙漠气候，炎热干燥。

2. 简史

公元 7 世纪隶属阿拉伯帝国。16 世纪后，葡萄牙、荷兰、法国等殖民主义者相继侵入。19 世纪初英国入侵波斯湾地区，并于 1820 年强迫 7 个酋长国与其签订"永久休战条约"，沦为英国的保护国。1971 年 12 月 2 日，阿拉伯联合酋长国宣告成立，由阿布扎比、迪拜、沙迦、富查伊拉、乌姆盖万和阿治曼6个酋长国组成联邦国家。1972年2月10日，哈伊马角加入联邦。

3. 国旗

呈横长方形，由红、绿、白、黑四色组成，四色是泛阿拉伯颜色，代表穆罕默德后代的几个王朝。旗面靠旗杆一侧为红色竖长方形，右侧是三个平行相等的横长方形，自上而下分别为绿、白、黑三色。红色象征祖国，绿色象征牧场，白色象征祖国的成就，黑色象征战斗。

4. 政治体制

由阿布扎比、迪拜、沙迦、哈伊马角、富查伊拉、乌姆盖万和阿治曼7个酋长国组成的联邦国家，有"油海七珍"之称。联邦最高委员会是最高权力机构，由7个酋长组成，制定国家政策，审核联邦预算，批准法律与条约，决定国内外重大政策问题。总统和副总统从最高委员会成员中选举产生，任期5年。总统兼任武装部队总司令。联邦国民议会是咨询机构，讨论内阁会议提出的法案，并提出修改建议。除外交和国防相对统一外，各酋长国拥有相当的独立性和自主权。联邦经费基本上由阿布扎比和迪拜两个酋长国承担。

5. 国民经济

以石油生产和石油化工工业为主，除阿布扎比、迪拜外，其余酋长国都以农业为主，经济不发达。有阿布扎比、迪拜、艾因、沙迦、哈伊马角和富查伊拉6个国际机场。2017年国内生产总值4076亿美元，人均国内生产总值6.8万美元。

货币名称：迪拉姆（Dirham），汇率：1美元＝3.67迪拉姆（2018年）。

6. 对外关系

奉行温和、平衡、睦邻友好和不结盟的外交政策，在加强同美国等西方国家关系的同时，重视发展与阿拉伯、伊斯兰、不结盟等第三世界国家关系。近年来，阿联酋积极推行"东向"政策，发展与中国、日本等亚洲国家关系，主张加强海湾合作委员会国家间的团结与合作。已同192个国家建立了外交关系。

二、人文习俗

1. 人口、民族、语言与宗教

人口930万（2018年），外籍人口占88.5%，主要来自印度、巴基斯坦、埃及、叙利亚、巴勒斯坦等国。居民大多信奉伊斯兰教，多数属逊尼派。阿拉伯语为官方语言，通用英语。沿海地区仍使用波斯语。

阿联酋人名在前、姓在后。一般人只称呼名，有地位的人才称呼姓。习惯把本人姓名与先辈的名字连用，有的长达10多段，通常简化为3段（本人名—父名—祖父名）或2段（本人名—祖父名）。

2. 节假日

国庆日：12 月 2 日。

伊斯兰教共同的节日。

职工年带薪休假 22 天，另有公共假日 9 天。

3. 社会风俗

遵循伊斯兰民族的风俗习惯。骆驼被称为"沙漠之舟"，曾是社会财富的象征。

三、旅游业

1. 旅游城市与景点

首都阿布扎比："阿布扎比"在阿拉伯语中为"羚羊之父"，建于 1761 年，建有酋长国宫大酒店、清真大寺等具有阿拉伯建筑风格的现代化建筑，有"波斯湾的花园"之称。市中心有阿治曼钟塔和阿布扎滨海公园喷水铜壶等标志性建筑。久美拉清真寺是现代伊斯兰建筑风格的代表。阿布扎比民俗村也叫阿布扎比博物馆，保存了原街道、集市与小院，以及现沙漠里阿拉伯人最古老的"茅草房"，再现了当年原住民的生活风貌。

迪拜：阿联酋最大城市，临波斯湾岸，古代阿拉伯商人的航海基地。著名建筑有帆船酒店，世界第一高楼哈利法塔，以人工填海方式建造的 3 座棕榈岛以及以世界地图形状组成的 300 座小岛"世界岛"已成为阿联酋的国家名片，其中伯瓷酒店高 321 米、共 56 层，称为"阿拉伯塔""阿拉伯之星"，是世界上唯一的七星级酒店。2016 年迪拜国际游客将达到 1527 万人次，为全球第四大旅游城市，游客消费总额 313 亿美元，居全球之首。

原始与时尚并存、坚守与开放同行是阿联酋的一大特点，伊斯兰教、传统习俗和部族社会构成社会基础，沙漠中的骆驼与城市的汽车同样重要，妇女与男子享有一样的读书与工作的权利，城市中神话般地崛起的新奇建筑为世界瞩目，提供从游牧文明向现代文明跨越的独特体验。

2017 年阿拉伯联合酋长国在全球旅游竞争力排名中名列第 29 位。

2. 旅游客源市场

2000 年接待游客 390.7 万人次，旅游外汇收入 10.63 亿美元；2013 年 999 万人次，115.6 亿美元；2017 年 1579.0 万人次，120.56 亿美元，接待国际游客人数与本国常住人口之比为 170∶100。2014 年，迪拜共接待 1320 万名过夜国际游客。中东是最大的客源产出地，其次是欧洲和亚太地区。主要客源国是英国、印度、伊朗、俄罗斯、德国、巴基斯坦、美国、埃及、加拿大和法国等。随着迪拜旅游的兴起，阿联酋的客源市场正在向全球扩展。

2000 年出境旅游支出 30.19 亿美元，2010 年 118 亿美元，居世界第 24 位。

164个国家和地区对阿联酋国民实行免签入境或落地签证政策。

3. 旅游产业

20世纪80年代末以来，随着世界石油资源的不断紧张，阿联酋迪拜积极实行经济多元化战略，把地下油气资源优势转化成为地上的经济持续发展优势。考虑到自身并没有独特的自然景观和历史名胜，因而利用资金优厚与区位优势在海上大规模、高水平建造现代化的基础设施和酒店、娱乐和购物设施，发展现代旅游服务业。阿联酋旅游产业对GDP的贡献率从2005年的6.5%已经上升到2016年的12.4%。

大力发展会议展览业，带动与之相关的娱乐业、酒店业、金融业及房地产业等第三产业的全面发展。著名旅游企业有长皇宫酒店、杰纳度假酒店、皇家艾美酒店、城市季节酒店、达那特度假酒店、武装俱乐部、首席旅游公司、环球旅游公司、米拉尔接待服务公司、阿布扎比克利夫兰医疗中心、奥米尔旅行社、阿利法旅行社、艾巴达度假酒店及阿联酋国家航空公司、阿提哈德航空等。

4. 旅游管理

迪拜旅游与商业促进署是政府指导旅游与会展经济的机构，专门成立了会展部（DCB），负责统筹规划本国会展资源，开展全球市场宣传推广活动。该机构已在美国、英国、法国、日本和中国香港特别行政区等14个国家和地区设立办事处。

首都阿布扎比设有旅游文化局。

四、中阿关系

1. 外交关系

中国、阿联酋自1984年建交以来，两国友好合作关系发展顺利。特别是近年来，中阿关系呈现全面、快速发展势头。两国高层互访和各级别往来不断，在国际和地区事务中相互支持与配合。2012年1月，阿联酋成为首个同中国建立战略伙伴关系的海湾阿拉伯国家。目前，阿联酋是中国在阿拉伯世界最大的出口市场。中国在迪拜驻有总领馆总领事。

2. 旅游关系

2009年阿联酋来华旅游2.88万人次。2017年阿联酋在中东国家中率先获得持普通护照公民赴华免签待遇。2008年6月，迪拜政府商业及旅游业推广局在中国正式设立办事处。

2009年9月，阿联酋正式成为中国公民组团出境旅游目的地，赴阿游客快速增长，2010年16.59万人次，2013年23.6万人次，2016年中国家赴迪拜54万人次。阿联酋对中国免费落签。2017年，中国赴阿联酋游客数量首次突破100万人次，在阿联酋过境游客约350万人次，成为中国公民首站旅游人数最多的中东阿拉伯国家。

2008年6月，迪拜政府商业及旅游业推广局在中国正式设立办事处。2009年7月，北京市旅游局与迪拜政府商业及旅游业推广局签署了《旅游合作协议备忘录》，加强旅游交流和借鉴，支持彼此举办展会、旅游资源共享、双方提供便利的政策环境等。

伊 朗

一、地理、简史和人文

1. 自然地理

伊朗伊斯兰共和国（The Islamic Republic of Iran），位于亚洲西南部，素有"欧亚陆桥"和"东西方空中走廊"之称，面积164.5万平方公里。海岸线长2700公里。境内多高原，东部为盆地和沙漠。属大陆性气候，冬冷夏热，大部分地区干燥少雨。

2. 简史

史称波斯。公元前6世纪，古波斯帝国盛极一时，版图东起印度河流域，西至巴尔干半岛，北起亚美尼亚，西南到埃及，地跨亚、非、欧三大洲。公元7世纪以后，阿拉伯人、突厥人、蒙古人、阿富汗人先后入侵并统治伊朗。18世纪后期，伊朗东北部的土库曼人恺伽部落统一伊朗，建立恺伽王朝。19世纪以后，沦为英、俄的半殖民地。1925年，建立巴列维王朝。1978~1979年，霍梅尼领导"伊斯兰革命"，推翻巴列维王朝。1979年4月1日建立伊斯兰共和国，霍梅尼成为伊朗革命领袖。

3. 国旗、国花

国旗：呈长方形，长与宽之比约为7∶4。自上而下由绿、白、红三个平行的横长条组成。白色横条正中，镶嵌着红色的伊朗国徽图案。白色与绿色、红色交接处，分别用阿拉伯文写着"真主伟大"，上下各11句，共22句，表示纪念伊斯兰革命胜利日——公元1979年2月11日，伊斯兰教太阳历为11月22日。国旗上的绿色代表农业，象征生命和希望；白色象征神圣与纯洁；红色表示伊朗有丰富的矿产资源。

国花：玫瑰花。

4. 政治体制

1979年12月颁布第一部宪法，规定实行政教合一制度。1989年4月对宪法进行部分修改，突出伊斯兰信仰、体制、教规、共和制及最高领袖的绝对权力不容更改。宗教领袖兼武装力量总司令。伊斯兰议会是最高国家立法机构，实行一院制，议员由选民直接选举产生。实行总统内阁制，总统是国家元首，也是政府首脑。赛义德·阿里·哈梅内伊为现宗教领袖,哈桑·鲁哈尼为现总统。

5. 国民经济

世界油气大国,石油收入占伊外汇总收入的一半以上,石油和天然气生产量均列世界第四位。波斯地毯是伊朗著名的手工艺品,已有 2500 年的历史。农业人口占总人口的 43%,世界最大的藏红花生产国,占世界总产量的 90%,中东海湾地区主要的干鲜果品生产和出口国。2017 年,伊国内生产总值 4277 亿美元,人均国内生产总值 5250 美元。国内运输主要依靠公路,主要港口有霍梅尼港、布什尔、阿巴斯港等,德黑兰、设拉子、大不里士、伊斯法罕、阿巴丹和阿巴斯为六大国际机场。

货币名称:伊朗里亚尔(Riyal),100 伊朗里亚尔可兑换 0.002374 美元(2018 年)。

6. 对外政策

奉行独立、不结盟的对外政策。宣布"不倾向东方,也不倾向西方",反对超级大国的霸权主义。积极发展同伊斯兰、第三世界和不结盟国家的关系,重视同西欧、日本等国的交往与经贸联系。除以色列外,愿同所有国家在互利和相互尊重的基础上发展关系。

二、人文习俗

1. 人口、民族、语言与宗教

人口 8000 万(2018 年),波斯人占 66%,阿塞拜疆人占 25%,库尔德人占 5%,其余为阿拉伯人、土库曼人等少数民族。官方语言为波斯语。伊斯兰教为国教,98.8% 的居民信奉伊斯兰教,其中 91% 为什叶派,7.8% 为逊尼派。

2. 节假日

伊朗历新年:3 月 21 日。

国庆日:2 月 11 日(1979 年)(伊斯兰革命胜利日)。

独立日:4 月 1 日(1979 年)(伊斯兰共和国日)。

建军节:4 月 18 日。

国家波斯湾日:2005 年,时任伊朗总统的哈塔米宣布伊朗历 2 月 10 日(公历一般为 4 月 29 日或 30 日)为"国家波斯湾日",以纪念 1622 年伊朗萨法维王朝阿巴斯大帝把葡萄牙侵略者驱逐出霍尔木兹海峡。

跳火节是伊朗最古老的民间节日,是新年的前奏,伊朗太阳历每年最后一个星期三(公历 3 月中旬),当夜幕降临,人们跳越燃烧着的火堆尽情欢乐,直至天明。人们认为火焰会把病魔与灾难带走,使人健康、快乐、美满。

伊斯兰教的共同节日。

3. 文化艺术

伊朗是具有四五千年历史的文明古国。公元 11 世纪大医学家阿维森纳所著《医典》，对亚欧各国医学发展有重大影响。伊朗人修建了世界上最早的天文观测台，发明了与现代时钟基本相似的日晷盘。诗人费尔多西的史诗《列王记》、萨迪的《蔷薇园》等是波斯文学珍品、世界文学名著。20 世纪 80 年代，伊朗从禁止电影转向鼓励发展电影业，倡导"伊斯兰的、反帝国主义的"电影创作。伊朗男足是亚洲的传统强队，是第一个在世界杯赛场上露面的亚洲球队。

4. 饮食与手工艺

严格遵循穆斯林的饮食习惯。伊朗人的主食是大饼，又称"馕"，一日三餐不可缺，外出时也要带上一袋大饼。

地毯、丝织、刺绣等传统手工业久负盛名。

5. 风俗习惯

严守穆斯林的风俗习惯。男子不准穿短衣裤。女性必须戴面纱、披黑袍，毛发和肌肤不能暴露给外人看。即使驾着私人小汽车外出也不得例外，游泳时也穿着长袍下水。

三、旅游业

1. 旅游城市和景点

首都德黑兰：城名源于波斯语，意为"洁净的城市"。德黑兰大学是伊朗最古老、规模最大的大学。1943 年 11 月 28 日至 12 月 1 日，美、英、苏三国首脑在德黑兰举行会议，签署了《德黑兰宣言》和《德黑兰协定》，商讨加速反法西斯战争进程和安排战后世界，史称"德黑兰会议"。著名景点有古列斯坦王宫、奥朝迪纪念塔（自由纪念塔，为纪念波斯帝国成立 2500 周年而建）、霍梅尼陵墓和伊朗国家博物馆。

伊斯法罕市：古名阿斯帕达纳，意为"军队集合点"，转义为"军营"。市内古建筑和花园众多，有"伊斯法罕半天下"之说。市中心的伊玛目皇家广场被列入《世界遗产名录》。

伊朗有 12 处世界文化遗产，主要有始建于公元前约 518 年的波斯波利斯行宫遗迹（位于设拉子市）、2500 年以前的巴姆古堡（位于克尔曼市），是伊朗最古老的城市之一，曾是"丝绸之路"和"香料之路"的必经之地。

2017 年伊朗在全球旅游竞争力排名中名列第 93 位。

2. 旅游客源市场

"伊斯兰革命"前，每年到伊朗旅游都有数百万外国游客。两伊战争（1980~1988 年）期间旅游业遭到极大破坏，从 1991 年起旅游业逐渐复苏。1999 年接待游客 132.1 万人次，旅游收入 5.59 亿美元。伊朗国际关系的局部缓和，游客数量已经有所提升，年均游客数量从2009年的220万增长至2015年的520万人次，接待国际游客与本国人口之比为6:100。2017年旅游外汇收入24.23亿美元。客源国主要是中东国家，主要客源国为阿塞拜疆、土耳其、阿富汗、科威特、沙特阿拉伯、阿拉伯联合酋长国、巴林、德国、印度等。游客中伊斯兰朝圣旅游占较大部分。

3. 旅游产业

2016年旅游业的直接贡献占国民生产总值的2.9%、间接贡献占国民生产总值的7.7%。旅游外贸收入占服务贸易出口的70%。

全国现有各类旅游组织、旅行社约3000家。

4. 旅游管理

全国旅游业的主管部门是遗产、手工业和旅游组织。

四、中伊关系

伊朗在中国古称"安息""波斯"。公元前2世纪、汉朝张骞的副使甘英曾到过（即波斯），打通了中国经伊通往罗马的交通线，即古丝绸之路。唐朝时波斯等国的西域乐舞盛行于长安。宋朝时许多伊朗人经由海路来到中国广州、扬州和泉州等地经商、落户，称之为的海上"丝绸之路"。郑和七次航海访问亚非各国时，其中3次访问了波斯湾的忽鲁谟斯（即今霍尔木兹）。公元1516年，伊朗旅行家阿里·阿克巴尔撰有《中国纪行》一书。波斯的祆教和摩尼教曾在中国东南沿海流行。

1. 外交关系

1971年8月16日中伊建交。2016年两国宣布建立全面战略伙伴关系。开创中伊关系全面、长期、稳定发展的新局面。中国是伊朗在亚洲的第一大贸易伙伴，也是伊朗的世界第三大贸易伙伴。

2. 旅游关系

2005年伊朗来华旅游4.25万人次，2014年11.37万人次，2017年13.67万人次，2018年9.7万人次。2011年伊朗成为中国公民旅游目的地国家。随着当代"一带一路"建设的推进，中国与伊朗的旅游交往取得新的进展。

土耳其

一、基本国情

1. 自然地理

土耳其共和国（Republic of Turkey）地跨亚、欧两洲，位于地中海和黑海之间。全国总面积78.36万平方公里，其中97%位于亚洲的小亚细亚半岛，3%位于欧洲的巴尔干半岛。博斯普鲁斯海峡和达达尼尔海峡以，是沟通黑海和地中海的唯一水道。地形东高西低，大部分为高原和山地，仅沿海有狭长平原。沿海地区属亚热带地中海气候，内陆高原为热带草原向沙漠型气候过渡。

2. 简史

古称突厥，公元8世纪时开始从阿尔泰山一带迁入小亚细亚，13世纪末建立横跨欧亚的奥斯曼帝国。20世纪初，沦为英、法、德等国的半殖民地。1919年，凯末尔领导民族解放战争反抗侵略，1923年10月29日建立土耳其共和国。

3. 国旗

呈长方形，旗面为红色，靠旗杆一侧有一弯白色新月和一颗白色五角星。红色象征鲜血和胜利；新月和星象征驱走黑暗、迎来光明，也象征幸福和吉祥，是伊斯兰教信仰的标志。

4. 政治体制

宪法规定土耳其为"民族、民主、政教分离和实行法制的国家"。实行共和制，总统由全民直选，大国民议会是土最高立法机构，议员由普遍直接选举产生。政府又称部长会议。主要政党有正义与发展党（正发党）、共和人民党、民族行动党。2014年9月，由正发党单独执政。

5. 国民经济

工农业均较发达，轻纺、食品工业发达，粮、棉、蔬菜、水果、肉类等基本自给自足。2017年土国内生产总值7695亿美元，同比增长3%，人均国民生产总值9647美元。2012年农业、工业、服务业增加值的比重为9.0∶27.1∶63.9，为中等偏上收入国家，是继中国、印度、俄罗斯、巴西等金砖国家之后又一新兴经济体。伊斯坦布尔和伊兹密尔为主要贸易港口，国内空运中心安卡拉，国际空运中心伊斯坦布尔。

货币名称：土耳其里拉（Turkish Lira）。1美元＝1.54里拉。

6. 对外政策

奉行在"普世价值"与国家利益之间寻求最大平衡的外交政策，联美、入欧、睦邻是其外交政策三大支柱，同时重视发展同包括中国、日本、韩国在内的亚太及中亚、巴尔干和非洲国家关系，注重外交多元化。

二、人文习俗

1. 人口、民族、语言与宗教

人口8081万（2018年），土耳其族占80%以上，库尔德族约占15%。土耳其语为国语。99%的居民信奉伊斯兰教，其中85%属逊尼派，其余为什叶派（阿拉维派）。

2. 节假日

新年：1月1日。

国家主权和儿童日：4月23日。

青年和体育节：5月19日。

胜利日：8月30日。

共和国成立日：10月29日。

伊斯兰教的共同节日。

职工年带薪休假17天。

3. 文化艺术

在历史上曾建立了跨越欧亚非的奥斯曼帝国，是欧亚丝绸之路的重要通道，对东西方文化交流发挥过重要作用。希腊文化、罗马文化、基督教文化、伊斯兰文化在这里包容共处。转舞就是为了纪念700年前杰出的土耳其诗人梅乌拉那·杰拉莱丁·鲁米和伊斯兰神秘主义而表演的一种舞蹈。转舞的形式来源于他关于宇宙和世界都在运动的宗教哲学思想，入选联合国教科文组织的人类口头和非物质文化遗产代表作。

4. 民俗风情

烧烤是土耳其人的主要饮食方式，将羊肉或鸡肉穿在铁钎上，压紧后旋转均与烤熟后，逐层切片、放在米饭或饼上，浇上番茄汁和橄榄油。特色餐饮还有烤全羊。喜欢茶汤，茶水中加入两三片新鲜薄荷叶和冰糖，用以降暑。土耳其温泉浴历史久远、独特，在民间十分流行。

伊斯兰教允许一夫多妻妾，可同时与4个女人登记成婚，但是公民结婚登记局只准许男人同他的4个妻子中的1个进行正式结婚登记。还有两亲家互换新娘的婚俗，两家都不必出聘金。

三、旅游业

1. 旅游城市和景点

首都安卡拉：古代东西商路上的贸易中心，1923年成为共和国首都。盛产优质羊毛，号称"安卡拉毛"。文物古迹有古罗马神庙、拜占庭时代城城堡和墓地，突厥时代的阿拉丁清真寺、奥斯曼帝国时代的建筑以及国父凯末尔的陵墓等。

伊斯坦布尔：史称君士坦丁堡，曾为罗马帝国首都，后又为奥斯曼帝国首都，地跨博斯普鲁斯海峡两岸，为世界上唯一双居两大洲的城市。蓝色清真寺是伊斯坦布尔最重要的建筑之一。伊斯坦布尔历史区被列为世界文化遗产名录。罗马时代的多玛巴切新皇宫，现被修复并改建成了博物馆。

伊兹密尔：最大的出口港．爱琴海古代文明发祥地，名胜古迹有"摩尔式"钟楼、罗马大道、2世纪的集市广场遗址、建于公元前4世纪的天鹅绒城堡遗址和古罗马浴池等。附近还有举世闻名的以弗所古城遗址、塞尔柱古城堡、圣母玛利亚住地遗址和鸟岛等。

安塔利亚：文化遗存有古代堡垒围墙，古灯塔，原拜占庭耶利密纳雷教堂，曾改作塞尔柱清真寺，现辟为地方考古博物馆。

布尔萨：历史古城，名胜古迹有奥斯曼帝国的创立者及子孙、穆罕默德一世和穆拉德二世等多个君主（苏丹）的陵墓，建于1421年的绿色清真寺。每年举行博览会和传统的剑盾节。

科尼亚：土耳其乃至世界最古老的城市，塞尔柱王国时的都城，伊斯兰教苏非派苦行者的朝拜地。

现有世界文化遗产9处。旅游宣传口号是："欧亚交汇，文明焦点""不是欧罗巴，胜似欧罗巴"。

2017年土耳其在全球旅游竞争力排名中名列第44位。

2. 旅游客源市场

2001年接待游客1161.9万人次，旅游收入100.67亿美元；2015年外国游客总数达3559万人次，旅游收入315亿美元。2017年入境游客3760.1万人次，旅游外汇收入224.78亿美元。2014年入境旅游人数与本国人口之比为46∶100。欧洲是最大的客源地，其次是南亚和中东地区。主要客源国依次为德国、俄罗斯、英国、荷兰、保加利亚、法国、伊朗、奥地利、比利时、以色列等。

3. 旅游产业

2016年旅游业的直接贡献占国民生产总值的4.1%、间接贡献占国民生产总值的12.5%。

土耳其从事导游行业的人多为自由职业者，在专业部门考取导游证后，便可执证上岗。导游和旅行社关系并不固定，绝大多数导游和各大旅行社均签有协议。导游并无行业规定的固定工资，他们收入来源一般有3部分，其中包括旅行社支付的酬金、游客支付的小费和景点、酒店给予的回扣。导游拿回扣是约定俗成的行规之一。景点和酒店一般会付给导游10%~20%的回扣。

4. 旅游管理

政府旅游主管部门文化旅游部。

四、中土关系

1. 外交关系

中国和土耳其友好交往历史悠久。伊斯坦布尔城曾是历史上著名的"丝绸之路"的西端终点。1971年8月中土建交。2010年10月，两国关系提升为战略合作关系。2012年在土耳其举办中国年，2013年在中国举办土耳其年。

2. 旅游关系

2005年来华旅游5.01万人次，2014年10.62万人次，2017年7.55万人次，2018年7.4万人次。2002年土耳其成为中国公民旅游目的地国家。人数逐年增长，中国2002年赴土旅游0.81万人次，2018年39万人次。2018年中国举办了"土耳其旅游年"，旅土游客超过40万人次。土耳其在上海设有旅游办事处。

以色列

一、基本国情

1. 自然地理

以色列国（The State of Israel）地处地中海东岸，毗连亚洲、非洲和欧洲三大洲。根据1947年联合国关于巴勒斯坦分治决议的规定，以色列国的面积为15251平方公里。目前实际控制面积约为2.5万平方公里。西部沿岸平原，地势平坦，土地肥沃，全国半数以上居民住在沿海平原。北部和中部山区，树林茂密，降雨丰富。东部为约旦河谷和阿拉瓦谷地，南部为荒漠区。属地中海型气候。

2. 简史

犹太人是古代闪族支脉希伯来人的后裔，《圣经》中的亚伯拉罕，其子以撒和其孙雅各是以色列的先祖。"以色列"在希伯来语中以色列意为"神的勇士"。公元前14世纪，摩西率众人出埃及重返巴勒斯坦故土并定居下来。公元前1028年扫罗建立了以色列王国，先后被亚述、巴比伦、罗马和拜占庭帝国、阿拉伯人、十字军、土耳其人和英国人所统治。两千多年来，以色列人一直背井离乡，漂泊在异国他乡。1947年11月联合国大会通过决议，决定在巴勒斯坦分别建立阿拉伯国和犹太国。1948年5月14日，以色列国正式成立。

3. 国旗、国花

国旗：呈长方形，旗地为白色，上下各有一条蓝色宽带。蓝白两色来自犹太教徒祈祷时用的披肩的颜色。白色旗面正中，是一个蓝色的六角星，这是古以色列国王大卫王之星，象征国家的权力。

国花：银莲花。

4. 政治体制

《以色列国立国宣言》为国家立法基础。民主议会制，实行立法、行政和司法三权分立原则。总统为国家元首，由议会选举产生，任期4年，最多可连任两届。议会为最高权力机构，为一院制议会。政府以总理为首加上若干部长组成。政府对议会负责，并需得到其信任。有20多个政党，且不断变化。目前主要政党有：前进党、利库德集团、我们的家园以色列党、工党、沙斯党等。

5. 国民经济

混合型经济，工业化程度较高，以知识密集型产业为主，高附加值农业、生化、电子、军工等部门技术水平较高。经济实力强，竞争力居世界前列。2017年国内生产总值3508亿美元，人均国内生产总值40 285美元。许多大的企业都由国家控制或监管。合作经济主要以农村中的基布兹（集体社）和莫沙夫（合作社）为主。服务业十分发达，占国内总产值的69%，占就业人口的65%。世贸组织成员国，与美国、欧盟等签有自由贸易协定。海法港为国际港口，本—古里安为国际机场。

货币名称：新谢克尔（New shekel），汇率：1美元≈3.6新谢克尔（2018年1月）。

6. 对外政策

保持与西方国家传统友好关系，维护与美国的战略盟友地位；积极发展与独联体各国和东欧国家关系；推动中东和平进程，力图实现同阿拉伯国家和解；拓展与非洲、亚洲各国的关系。目前与世界上162个国家有外交关系，在国外设有76个使馆、19个总领馆和5个代表团。

二、人文习俗

1. 人口、民族、语言、宗教与习俗

人口884.2万（2018年4月），犹太人约占75%，其余为阿拉伯人、德鲁兹人等。希伯来语和阿拉伯语均为官方语言，通用英语。居民中大部分信奉犹太教，其余信奉伊斯兰教、基督教和其他宗教。

2. 节假日

以色列许多节日是宗教性的，时间也按犹太历算。

犹太新年：犹太民历正月初一、初二（相当于公历9~10月）。

赎罪日：犹太民历正月，为期10天，祷告、忏悔与斋戒。

住棚节：犹太民历七月十五日至二十一日（相当于公历3~4月间），又称"收获节"，欢庆丰收。

托拉节：犹太民历正月二十一日（相当于公历10月），秋季的最后一天，重温与诵读犹太教经典《托拉》，又称"转经节""圣法节"。

哈努卡节：犹太民历三月二十五日（相当于公历11~12月），"哈努卡"为"重建"之意，纪念古人反抗希腊入侵者，万家点灯以示庆祝。

植树节：犹太民历五月十五日（相当于公历1~2月），吃水果、植树、扫墓。

普珥节：犹太民历六月十四日至十五日（相当于公历2~3月），欢庆历史上犹太人转危为安，点灯火、举行篝火晚会庆祝。

逾越节：犹太民历七月十四日至二十一日（相当于公历3~4月），缅怀祖先、

倾诉苦难、庆贺在上帝庇护下获得新生。节日期间只吃无酵食品。

燔祭节：犹太民历七月二十七日（相当于公历4月），纪念世界反法西斯战争中被屠杀的600万遇难者。

烈士纪念日：犹太民历八月四日（相当于公历4月），纪念为建国而牺牲的烈士。

独立日：犹太民历八月五日。公元1948年5月14日，宣布独立、建国。

耶路撒冷节：犹太历八月二十八日（相当于公历5月），1967年战争后确立的节日，庆祝耶路撒冷统一。

七七节：犹太民历九月（相当于公历5~6月），共30天，农业性节日，又称"收割节"。

犹太哀悼日：犹太民历十一月九日（相当于公历7~8月），禁食24小时，纪念历史上圣殿被毁及各种苦难。

以色列重新建国后兴起了一些新的文体活动和节日。春天在耶路撒冷举行为期3周的"以色列音乐节"。8月初在犹地亚地区的阿拉德城举办"希伯来歌曲节"。在北部加利利地区的卡米埃尔城举办"国际民间舞蹈节"。每4年举办一次玛喀比运动会，来自世界各地的犹太运动员参加比赛。

3. 人文习俗

以犹太教《圣经》戒律为行为规则。男人不剃胡须和发毛，即使理发，也从不剃光头。全部犹太人都必须行"割礼"。按《圣经》十戒中的规定，犹太人必须守安息日（星期六），不工作，不做生意，不娱乐，也不旅行，读圣经、唱诗、祷告和休息。在犹太人居住区禁止拍照，拍照需征得当地人同意。

4. 饮食特点

喜欢在菜肴里加入肉桂、茴香、薄荷、芫荽、咖喱粉等香料，并配上柠檬汁、橘子汁等，是一种东、西方饮食的交汇。主食有马铃薯煎饼、面条布丁和以色列式汉堡包，肉食菜肴有红椒粉烩牛肉、烤羊肉串、羊排粉蒸肉、咖喱鸡及清炖鸡汤。沙拉有萝卜沙拉、青椒沙拉等。喜欢吃西红柿炒蛋。

犹太律法禁止人们吃猪肉和甲壳类动物，认为不洁净。凡勒死或没有放过血的动物也不能吃，不吃动物大腿上的筋，更不能吃动物血。肉类与奶制品不能同时摆上餐桌。

5. 婚丧习俗

传统的犹太人婚礼由祭师主持，为新郎、新娘戴花冠，花冠通常用玫瑰花和爱神木枝条编成，以示贞洁。参加婚礼的客人在婚礼完成后被请进洞房检查被单，作为新娘贞操的证明。

在葬礼中用应答式的挽歌来表达对逝者的哀思。按传统，不留尸体过夜，一般当天埋葬，并且不用火葬。

三、旅游业

1. 旅游城市与景点

耶路撒冷：建国时首都在特拉维夫，1950年迁往耶路撒冷。对于耶路撒冷的地位和归属，阿拉伯国家同以色列一直有争议，阿拉伯国家要求"以色列撤出1967年以来它所占领的全部阿拉伯领土，包括阿拉伯的耶路撒冷（指东耶路撒冷）"。历史文化名城，犹太教、伊斯兰教和基督教的发源地，著名遗迹有古代犹太教圣殿唯一留下的残迹哭墙、基督教的圣墓教堂、伊斯兰教的阿克萨清真寺和萨赫莱清真寺，三大宗教信徒都视为圣地。"圣经遗址群"被列为世界文化遗产名录。

特拉维夫—雅法：意为"泉之山"，以色列最大的城市，世界上唯一的犹太人城市，存在1654年修建的圣彼得方济各修道院，有"不夜城"之称。1950年与古城雅法合并，雅法被列入世界文化遗产名录。

伯利恒：位于犹太山顶部，传为耶稣降生地，建有耶稣诞生教堂，并是生产以橄榄木和珍珠贝为原料的宗教纪念品中心。

海法：位于地中海边岬角的山坡上，希伯来语意为"悬崖"，为依山面海的港口城市，著名古迹有先知以利亚住过的山洞、12世纪时期十字军所建的迦密修道院、罗马式圆顶式的巴哈伊神庙，海法和西加利利巴哈伊圣地被列入世界文化遗产名录。

贝尔谢巴：希伯来文意思为"盟誓的井"，位于内盖夫荒漠的北部。

埃拉特：以色列最南端的海港城市，是通往红海和印度洋的出口，新建的现代化港口旅游胜地。

历史宗教文化与沙漠、死海、温泉是主要旅游特色，以三大宗教圣地为最大亮点。有世界文化遗产7处、考古遗址3500处、150个自然保护区。

2017年以色列在全球旅游竞争力排名中名列第61位。

2. 旅游客源市场

以色列的旅游业深受地缘政治气候的影响。1993年接待游客165万人次，旅游外汇收入23亿美元；2014年292.7万人次，56.92亿美元；2017年361.3万人次，68.21亿美元。2017年入境旅游人数与本国人口之比为41∶100。90%以上的游客来自欧洲和美洲。美国、俄罗斯、法国为入境游客的三大客源地。

1994年出境游客186万人次，旅游外汇支出25.9亿美元；2009年出国旅游400万人次，出国旅游人次与全国人口之比为47∶100。出国旅游的主要目的地是欧洲，主要为土耳其、英国、法国、意大利和德国；其次是北美，主要是美国和加拿大，其余为约旦、埃及等周边国家。出国旅游的旺季是7月和8月，犹太节日如逾越节、住棚节、犹太新年等也是出境旅游的高峰期。161个国家和地区对以色列国民实行免签入境或落地签证政策。

国内旅游业相当发达。人们多利用节日和假日外出旅行，交通工具以私家汽车为主。主要目的地依次为：埃拉特、太巴列、耶路撒冷、死海和特拉维夫。冬季北方的游客到埃拉特享受温暖的日光浴和海水浴，夏季到基内雷特湖畔的太巴列消暑。

3. 旅游产业

旅游业在经济中占重要地位，外汇收入的一个来源，平衡出口贸易的主要杠杆。2016年旅游业的直接贡献占国民生产总值的1.9%、间接贡献占国民生产总值的6.8%。旅游业已成为以色列经济中最重要的经济引擎之一。

全国有旅行社670家（包括批发商在内），主要集中在特拉维夫、海法和耶路撒冷。如羚羊旅行及游览有限公司、爱伯瑞旅行公司、捷径旅行和游览有限公司、埃米尔旅游有限公司、阿奇游览和旅行公司、圣经地朝觐有限公司和基督徒旅游公司等。最大的3家旅行社是：DIESENHAUS、NATOUR和RIMON，它们经营的业务量占全国出境旅游市场的2/3以上。

有名的酒店有：以色列酒店、非洲以色列饭店及度假村、恺撒天堂连锁酒店、以色列基布兹连锁酒店。另一些大型连锁酒店如摩利亚（哈泼林银行财团所有）、和旦（费德曼家族所有）在海外（主要是美国）有办事处。

4. 旅游管理

以色列旅游部于20世纪80年代从工商部分离出来，内设公关与促销司、基础资料司、会议司、大型活动司和国际司。国内18个地区设有旅游办事处，负责当地旅游管理与咨询服务。在欧洲和北美一些国家设立了20多个旅游办事处，大力开展促销活动。旅游部设有一所直属旅游院校。以色列饭店协会是民间组织，旨在加强饭店业主与政府和新闻媒体的联系。

四、中以关系

1. 外交关系

中以两国于1992年1月24日正式建立外交关系，是中东地区第一个承认中华人民共和国的国家。2005年11月，以色列正式承认中国完全市场经济地位。

2. 旅游关系

1989年我国曾在以色列特拉维夫市设立了旅游办事处。1998年以色列来华入境旅游人数为1.48万人次，2014年7.85万人次，2017年9.15万人次，2018年9.8万人次。1994年6月，两国签署了旅游合作协定。1995年，中国赴以色列旅游0.4万人次。2005年，以色列为中国公民出境旅游目的地国。2008年9月，以色列对中国游客正式开放ADS签证，在2013年开放了个人旅游签证（自由行签证）。2008年中国赴以旅游1.2万人次，2015年4.74万人次，2017年11.3万人次。

目前主要为以色列一地和以色列约旦连线产品，行程涵盖死海、基布兹、特拉维夫、海法等众多经典旅游目的地。

2016年11月，两国更针对双方商务、旅游、探亲人员互发多次签证。以色列旅游部于2009年3月在北京成立了中国旅游代表处。

学习提要

亚洲地区是目前世界旅游业发展最强劲的地区，是中国国际旅游客源地和目的地的主体，发展与亚洲地区的旅游交流与合作，是中国拓展国际旅游市场的重心所在。

 教学重点

日本、韩国、东南亚、印度和澳大利亚旅游业的旅游业现状、特点及其与中国的旅游交流与合作。

 思考与讨论

怎样发展中国与亚洲地区国家的旅游合作、拓展亚洲旅游市场？

第四章

欧洲地区

第一节　西欧地区

英　国

一、基本国情

1. 自然地理

"大不列颠及北爱尔兰联合王国"（The United Kingdom of Great Britain and Northern Ireland, UK），位于欧洲西部，由大不列颠岛、爱尔兰岛东北部和一些小岛组成，面积共24.41万平方公里（包括内陆水域），海岸线总长11450公里，与欧洲大陆隔海相望。全境分为四个部分，即英格兰东南部平原、中西部山区、苏格兰山区、北爱尔兰高原和山区。主要河流有塞文河（354公里）和泰晤士河（346公里）。属海洋性温带阔叶林气候，终年温和湿润，多雨雾。

2. 简史

英国上古史可追溯到旧石器时代。公元1~5世纪曾沦为罗马帝国属地。7世纪封建制度开始形成，此后200年称"盎格鲁·撒克逊时代"。1066年诺曼底公爵渡海征服英格兰。1338~1453年英法之间发生"百年战争"。1588年击败西班牙"无敌舰队"，树立海上霸权。17世纪建立议会制，18世纪确立内阁负责制。工业革命于18世纪60年代首先在英国发生，并于19世纪30年代末基本完成。1914年英国的殖民地比本土大111倍，称"日不落帝国"。第二次世界大战中受重创，战后经济实力削弱，政治地位下降，英帝国殖民体系逐步瓦解。

3. 国旗、国花、国鸟、国石

国旗：长方形，由深蓝底色和红、白"米"字形图案组成。国旗正中是带白边的红色正十字，代表英格兰守护神乔治；白色的交叉十字代表苏格兰守护神安德鲁；红色的交叉十字代表爱尔兰守护神圣帕特里克。

国花：玫瑰。

国鸟：红胸鸲。

国石：钻石。

4.政治体制

君主立宪制。国王是国家元首、最高司法长官、武装部队总司令和英国圣公会的"最高领袖"，但实权在内阁。伊丽莎白二世女王为现任国家元首。议会是最高司法和立法机构，由国王、上院和下院组成。上院（贵族院）包括王室后裔、世袭贵族、新封贵族、上诉法院法官和教会大主教及主教。权力集中在下院，由普选产生。由国王或女王任命在议会中占多数席位的政党领袖出任首相并组阁，向议会负责。主要政党有保守党、工党和自由民主党。

5.国民经济

世界上第六大经济体，欧盟内第三大经济体，仅次于德国和法国。私有企业是英经济的主体，占国内生产总值的60%以上，服务业占国内生产总值的3/4，制造业只占1/10左右。2017年国内生产总值1.96万亿英镑（2.58亿美元），人均国内生产总值29674英镑（3.89万美元）。

伦敦是世界著名金融中心。1994年英法海底隧道连通英国与欧洲大陆的铁路系统。英国航空公司是世界最大航空公司之一，伦敦希思罗机场是世界上最大最繁忙的机场之一。

货币名称：英镑（POUND，简写为£，国际标准化组织制定的货币符号为GBP）。汇率：1英镑＝1.315美元（2018年）。

6.对外政策

开展全方位外交，利用自身广泛的国际联系，在国际舞台上发挥"枢轴作用"。坚持与美国的特殊关系，重视发展同中、俄、日等大国关系；加强与英联邦国家的合作，改善与发展中国家的关系；推动建立自由贸易体系。联合国安全理事会的常任理事国。2000年英国同185个国家保持外交或领事关系，并有13块海外属地。英联邦现有54个成员国。

二、人文习俗

1.人口、民族、语言与宗教

人口6605万（2017年）。官方语言为英语。居民多信奉基督教新教，主要分英格兰教会（亦称英国国教圣公会，其成员约占英成人的60%）和苏格兰教会（亦称长老会，有成年教徒59万）。另有天主教会及伊斯兰教、印度教、锡克教、犹太教和佛教等较大的宗教社团。

2. 姓名称谓

英国人的姓名排列是名在前，姓在后，如 John Smith，John 是名，Smith 是姓。妇女在结婚以前都用自己的姓名，结婚以后一般用自己的名，加丈夫的姓，如 Alice Norton 女士与 Ralph Kramden 先生结婚后，女方的姓名为 Alice Kramden。

口头称呼一般称先生、夫人、小姐再加姓。对不了解婚姻状况的女子可称女士（Ms）。正式场合一般用全称。对地位较高或年龄较长者，称 Sir（先生）或 Madam（夫人），省略姓名。家里人或亲朋好友之间，常呼名或名的昵称。

3. 节假日

（1）法定节日

国庆日：女王伊丽莎白二世诞辰的官方庆祝日，节期是每年6月第二个星期六。

元旦：1月1日。

耶稣受难日：复活节前的星期五。

复活节：一般在3月底至4月中春分月圆后的第一个星期日。

春假日：5月的最后一个星期一。

夏假日：8月的最后一个星期一。

银行假日：共8天，包括元旦、耶稣受难日、复活节、5月的第一个星期一（圣灵降临节）、5月最末一个星期一、8月第一个星期一和圣诞节，全民休假。

圣诞节：12月25日。

（2）民间节日与节庆活动

情人节：2月14日。

愚人节：4月1日。

五朔节：5月1日，祈求丰收、歌颂生命的古老节日，选出"五月皇后"。

圣帕特里克节：3月17日，北爱尔兰天主教节日，纪念保护神圣帕特里克。

哈罗节、万圣节、万灵节：10月31日，11月1日、2日，古吉尔特人风俗与基督教信仰的民间习俗。

爱丁堡国际音乐节、戏剧节：又称"苏格兰文艺节"，8月14日开始至9月3日结束。

（3）带薪休假

1998年实施《工作时间条例》，全日制员工有权获得每年20天的带薪假期。经劳资协商，少则3个星期，多则长达1个多月。

4. 服饰餐饮

十分注重穿着，在重大场合穿西装套服，打领带。在工作和闲暇期间都喜欢着便装。

家庭一般是一日三餐加茶点，上午茶点（上午11点，咖啡或茶加饼干或点心），下午茶点（下午 4~5 点），晚餐正餐。

英国酒馆喝酒时间有一定的限制。伦敦周围，平常是上午 11 点到下午 3 点、下午 5 点半到晚上 11 点。星期天则是中午 12 点到下午 2 点、下午 7 点到晚上 10 点半。如果不在规定时间内饮酒的话，顾客和商店都会被处罚。

5. 婚丧嫁娶

婚礼一般在圣公会的教堂举行。家人去世一般在报纸上登一则小启事，公布丧礼的举行地点和时间。丧礼分两个部分，前半部分在教堂举行，由牧师主持追悼礼拜；后半部分是葬礼，在墓地举行。

6. 社交礼仪

不喜欢被统称为"英国人"（即"英格兰人"），应称"不列颠人"。习惯以握手表示友谊。与人握手时，无论男女，无论天多冷，都应先把手套脱掉。

忌问私事。与英国人聊天不应涉及金钱、婚姻、职业、年龄等私事。英国人谈话，一般以保持 50 厘米以上为宜。在众人面前，忌讳相互耳语。尊重女性，女士优先，是英国男子绅士风度的主要表现之一。忌讳数字 13 和星期五。烟友聚在一起，切忌一火点三支烟。

三、旅游业

1. 旅游城市与著名景点

首都伦敦：白金汉宫，英国历代君王住所。唐宁街 10 号，历任首相办公和居住地。大英博物馆，建于 1753 年，世界上最大的综合性博物馆之一。威斯敏斯特宫，现议会大厦，东北角有一高 97 米的钟楼，举世闻名的"大本钟"就安放于此。伦敦塔，曾作为堡垒、王宫、监狱、皇家铸币厂和伦敦档案馆，塔内皇家珍宝馆藏有历代君主的皇冠、王权球和权杖等国宝。著名教堂有圣保罗大教堂和西敏寺（亦称威斯敏斯特教堂）。海德公园是伦敦第一大公园，其东北角入口处有"自由讲演者之角"。

利物浦：英国第二大商港，也是一个历史悠久的古城，有许多观光胜地和海滨度假胜地，其中布莱克普尔海滨胜地最负盛名。

爱丁堡：苏格兰首府，文化古城，主要景点有王子街、圣十字皇宫、城堡、圣玛格里特礼拜堂等。

著名的文化景点有德文特河谷纱厂群，康沃尔—西德文矿区，"巨石阵"和埃夫伯利的石头城，位于多佛西北 20 英里处的坎特伯雷大教堂，14 世纪英国诗人乔叟的长诗《坎特伯雷故事集》，描绘了当时朝圣的盛况；位于伯明翰东南埃文河畔的大戏剧家威廉·莎士比亚故居；著名的牛津大学、剑桥大学。

著名的国家公园有洛森伯兰、北约克禁猎地、湖区、约克郡溪谷、山峰区、斯洛多尼亚、彭布罗克郡海滨、布莱肯、比科落、埃克斯禁猎地和达特禁猎地。

海滨胜地有英格兰南部的布赖特、布莱克普尔等。

近年来使用"时尚英国、年轻英国"口号进行宣传推广。

2017年,英国在全球旅游竞争力排名中名列第5位。

2. 旅游客源市场

世界旅游接待大国之一,入境旅游收入位居世界前列。2014年,入境外国人3261.3万人次,旅游外汇收入452.6亿美元、居世界第7位;2017年,入境外国人3765.1万人次、居世界第7位,旅游外汇收入512.11亿美元、居世界第5位,接待外国游客与本国人口的比例为57∶100。欧洲一直是英国入境客源的主体,美国居入境游客之首,其他依次为法国、德国、爱尔兰、西班牙、荷兰、意大利和波兰。

出境旅游在世界上名列前茅。2015年出境6500万人次,旅游支出630亿美元,居世界第4位。2016年出境7081.5万人次,出境旅游人数与全国人口之比为107∶100。去欧洲占80%,其次去北美。主要旅游目的国是法国、西班牙、美国、爱尔兰、德国、希腊和意大利。赴亚洲的旅游目的地主要是中国香港、印度、日本、泰国、中国内地和新加坡。175个国家和地区对英国国民实行免签入境或落地签证政策。

每年约有1亿人次在国内旅游。主要旅游目的是海滨度假、观光和探亲访友。旅游交通方式主要是汽车和火车。夏季学生放暑假两个月,是出游的黄金时段。

3. 旅游产业

旅游业是最重要的经济部门之一。2016年旅游业的直接贡献占国民生产总值的3.4%、间接贡献占国民生产总值的10.8%。提供270万个就业机会,占就业总人数的8.3%。英国国际旅游收支呈逆差状态。2017年旅游外汇收入512亿美元,旅游外汇支出714亿美元,旅游贸易逆差202亿美元。

从事旅游业的企业有20余万家。饭店2.1万家,汽车旅馆和小客栈1.86万家,帐篷和大篷车营地1.6万个。饭店20%属国营公司所有和经营,5%归国营公司所有、由租赁者经营。饭店日渐向集团化发展,有145个饭店集团,拥有2000家饭店,14.6万间客房。

1996年有零售旅行社6890家,旅游经营批发商2712家。著名的旅游企业有:托马斯·库克旅游公司、全欧旅游公司、安吉拉·先利联合公司、彼斯特名牌折扣购物村、CHR旅游有限公司、中国假期有限公司、欧洲之星、精英高尔夫与休闲旅游有限公司、希尔顿酒店集团等。伦纳德航运公司是英国最大的经营游船业务的公司,总部设在美国纽约。旗下有五艘五星级游船与两艘四星级游船,其中以"女王伊丽莎白二世号"最为著名。

4. 旅游管理

有英国旅游局、英格兰旅游委员会、苏格兰旅游委员会和威尔士旅游委员会等四个机构。旅游局处理有关整个旅游业的全局性问题,并就一般旅游事务向各大臣提出建议，行政上对英国文化媒体和体育部（简称DCMS）负责，是唯一负责在海外推销英国旅游的机构。下设秘书处、旅游市场委员会（宣传促销）、旅游设施委员会（协调相关部门旅游设施建设）、旅游开发委员会（改善旅游交通及标志、环境卫生）、饭店餐馆委员会（饭店星级评定）、文物遗产委员会（文物保护宣传）。英格兰、苏格兰和威尔士旅游委员会的主要职能是负责本地国内旅游市场宣传，促进本地区旅游设施的建设和发展，协调和增强各地区间的旅游合作。

英国旅游局在悉尼、布鲁塞尔、多伦多、哥本哈根、巴黎、法兰克福、中国香港、新德里、中国台北、纽约、芝加哥等35个国家及地区设有旅游办事处。

英国旅游协会（成员有船运公司、铁路、饭店和有度假地的地方政府）、旅行商协会、饭店与餐馆协会、导游协会等民间行业组织，形成由官方、半官方和民间三类组织互相协调的旅游行业管理体制。

5. 旅游教育

19世纪末20世纪初，一些学校开设餐饮方面的课程。20世纪50年代末至60年代初，不少高等院校开设了饭店和餐饮管理系，英国主要旅游院校（含开设旅游系的综合性院校）主要有萨里大学、曼彻斯特理工学院、多塞特学院、苏格兰饭店学院、诺里奇饭店管理学院等。

四、中英关系

1. 外交与经贸关系

英国于1950年承认中华人民共和国，是最早承认中华人民共和国的西方大国。1954年6月两国建立代办级外交关系，1972年3月升格为大使级。1997年7月1日，中国顺利恢复对香港行使主权，两国关系进入全面发展的新阶段。2004年5月，中英发表联合声明，宣布建立全面战略伙伴关系和定期会晤机制。中英双方分别在曼彻斯特和上海设有总领事馆。英国是欧盟第二大对华投资国和第三大对华贸易伙伴。英国在华投资居欧盟国家之首。

2. 旅游关系

最早与中国发展旅游关系的西方国家之一。20世纪60年代便有大批游客访华，英国许多上层人士在70年代以旅游者名义访华。1996年来华旅游20.5万人次，2015年57.96万人次，2017年59.07万人次，2018年60.8万人次。来华旅游者大多为散客。

1998年中国赴英国3.6万人次。2005年1月21日，英国正式成为中国公民旅游目的地。2010年赴英旅游游客25.68万人次，2016年超过25万中国游客赴英旅游，总消费额超过5亿英镑。2018年45万人次。

我国文化和旅游部在伦敦设有旅游办事处。

德 国

一、基本国情

1. 自然地理

德意志联邦共和国（The Federal Republic of Germany, Die Bundesrepublik Deutschland）位于欧洲中部，北部濒临北海和波罗的海，南靠阿尔卑斯山，总面积357020平方公里。从南部的阿尔卑斯山向北倾斜，直至北海和波罗的海沿岸，南德山地、中德高原、北德平原，呈从山崖到海洋的走向。主要河流有莱茵河、多瑙河、易北河。地处温带，气候凉爽，空气湿润。

2. 简史

公元前境内就有日耳曼人生活，公元10世纪形成德意志早期封建国家。13世纪中期走向封建割据。18世纪初奥地利和普鲁士崛起，根据1515年维也纳会议，组成了德意志邦联。1871年建立统一的德意志帝国，1914年挑起第一次世界大战，1918年因战败而宣告崩溃。1919年2月建立魏玛共和国。1933年希特勒上台实行独裁统治，1939年发动第二次世界大战，1945年5月8日德国战败，分别由美、英、法、苏四国占领。1949年5月23日，西部美、英、法占领区成立德意志联邦共和国。同年10月7日，东部的苏占区成立德意志民主共和国。1990年10月3日，民主德国正式加入联邦德国，德国重新统一。

3. 国旗、国花与国鸟

国旗为上黑、中红、下黄三色旗。

国花为矢车菊。

国鸟为白鹳。

4. 政治体制

联邦制国家，外交、国防、货币、海关、航空、邮电属联邦管辖。16个联邦州均有自行制定的州宪法。联邦总统为国家元首，由专门的联邦大会选举产生。联邦总理为政府首脑，由议会根据总统提名选举产生。联邦议会为人民代表机构。联邦政府由多数党组成。主要政党有，基督教民主联盟、基督教社会联盟、德国社会民主党、自由民主党、左翼党民社党和/绿党等。工会组织有德国工会联合会、职员工会、公务员联合会、基督教工会联合会。有数百个分专业和地区的雇主联合会，其最高组织为德国雇主联邦联合会。

5. 国民经济

经济总量位居欧洲首位，世界第四。2017年的国内生产总值32 634亿欧元（36 876亿美元），人均国内生产总值39 470欧元（4.4万美元）。工业发达，汽车和机械制造、化工、电气等为支柱产业。农业机械化程度高。2017年一、二、三次产业结构比例为 0.6∶24.1∶75.3。主要海港有汉堡港、威廉港、不来梅港、罗斯托克港和吕贝克港等。大型民用机场有法兰克福机场、慕尼黑机场、柏林机场、杜塞尔多夫机场、汉堡机场、科隆/波恩机场和斯图加特机场。法兰克福机场是世界主要航空港之一。

货币名称：欧元，1 欧元 = 1.1326 美元（2018 年）。

6. 对外政策

立足欧盟，与欧盟大国携手致力于欧盟联合自强；保持与美的紧密盟友关系，加强与俄的战略伙伴关系，加强与中、印等新兴国家的合作关系。谋求争当联合国安理会常任理事国。截至 2008 年 8 月，德与世界上 192 个国家建立外交关系。

二、人文习俗

1. 人口、民族、语言与宗教

人口 8217 万（2017 年），主要是德意志人，有少数丹麦人和索布族人。有 772 万外籍人，占人口总数的 9.5%，其中最多的是土耳其人。通用德语。居民中信奉新教和罗马天主教的各占约 30%。

2. 节假日

（1）公共节日

元旦：1 月 1 日。

劳动节：5 月 1 日。

基本法颁布日：5 月 23 日，纪念 1949 年制定的《德意志联邦共和国基本法》。

德国统一日：10 月 3 日，也是国庆日。

主显节：1 月 6 日。

复活节：春分第一次月圆之后的第一个星期日。

复活节后星期一：3~4 月。

耶稣升天节：复活节后的第六个星期日，5 月。

圣灵降临节：复活节后的第七个星期日，5 月或 6 月。

圣母升天节：8 月 15 日（天主教），8 月 27 日（东正教）。

万灵节：又叫"万圣日"，11 月 1 日，墓地祭奠、凭吊故人。

圣诞节：12 月 25 日。

（2）民间节日与节庆

嘉年华狂欢节：又称"谢肉节"，11 月 11 日至翌年 2 月的"圣灰星期三"，源于天主教节日，仅次于圣诞节的全国性狂欢节庆活动。

柏林国际电影节：2 月，颁发金熊、银熊奖。

慕尼黑歌剧文艺节：7~8 月。

法兰克福文艺节：9月。
慕尼黑啤酒节：9月底至10月初，共14天。
科隆艺术节：4月。
汉堡海港节：5月。
波恩国际贝多芬节：每三年9月举行一次。
莫扎特之夏：8~9月在奥格斯堡举行。
（3）带薪假期
法定带薪休假时间为18天，劳资协议达5至6周。德国法律明文规定，假期不允许被某种形式的经济补偿所替代，员工即使放弃休假，也不能再得到加班工资。

3. 艺术与科学

著名哲学家有黑格尔、费尔巴哈，思想家有马克思、恩格斯，诗人、剧作家和思想家歌德，代表作小说《少年维特之烦恼》、诗歌《浮士德》。剧作家、诗人席勒，代表性作品有剧本《强盗》《阴谋与爱情》等。音乐家贝多芬，主要作品有交响曲九部，其中尤以《英雄》《命运》《田园》等最为著名。著名物理学家爱因斯坦的"相对论"加深了人类对物质和运动的认识。各类博物馆、美术馆、歌剧院、大学提供艺术与科学交流的平台。

4. 服饰餐饮

传统民族服装随地区变化，东南地区的妇女一般戴白帽，大宽裙色彩对比鲜明；西南地区农村妇女喜穿红绿色百褶裙，上身着红黄短褂，穿长靴。男子则普遍喜穿靴子、红裤、红衬衫套绣花坎肩，戴黑帽子。

面包、奶酪、香肠、生菜沙拉和水果为日常食品，传统食物是香肠、猪蹄、酸菜和土豆，矿泉水、果汁、葡萄酒和啤酒为常用饮料，其中啤酒和葡萄酒较为有名，啤酒有"液体面包"之称。

三、旅游业

1. 旅游城市与著名景点

首都柏林：1871年德意志帝国首都，德国统一后重新成为首都，古典与现代风格兼备的花园城市，主要景点有原帝国国会大厦、威廉一世纪念教堂、国家歌剧院、勃兰登堡门、凯旋柱、沙洛顿堡宫、欧洲中心、博物馆岛、柏林电视塔、柏林墙遗迹、新国家美术馆和德意志歌剧院等。

波恩：从1949年至两德统一前为前联邦德国首都。主要景点有贝多芬故居博物馆、舒曼和德国著名文学家席勒的墓地、旧市政厅、圣·马丁教堂、亚历山大·科林博物馆以及亚历山大·柯尼西动物博物馆等。

慕尼黑：始建于公元1158年，主要景点有巴伐利亚国家歌剧院、古宫廷剧院、德国航空博物馆、奥林匹克体育中心、英国公园、玛丽娅广场及新议会大厦、圣母教堂、凯旋门等。"啤酒之都"，每年10月举行啤酒节。

法兰克福：欧洲重要的铁路、公路和航空枢纽，有"欧洲大转盘"之称，国际博览城，主要景点有罗马广场、圣保罗教堂、歌德故居、美术馆、旧市政厅等。

汉堡：德国最大港口城市和第二大城，主要景点有旧市政厅、圣·雅各教堂、米迦勒教堂、歌剧院和话剧院等。城内河道纵横交错，有大小桥梁1500余座，被称为"水上城市"。

科隆：文化古城，第二次世界大战后城市的重建基本保持了原有风貌，主要景点有科隆大教堂、圣格雷隆、圣泽韦林教堂和罗马—日耳曼博物馆。科隆大教堂是世界最高的双塔式建筑。

莱比锡：名胜古迹有旧市政厅、老市场、古皇宫、圣托马斯教堂、席勒故居、巴赫纪念馆。高达90米的战胜拿破仑纪念碑也是观景台。博览和图书出版业十分发达，有"书城"之称。

南部阿尔卑斯山：中欧的名山，西北缘在德国境内，该区域内的祖格施比采峰为阿尔卑斯山地区最高峰，海拔2962米，是开展冬季冰雪运动的良好场所。

北部地区：濒临北海和波罗的海。北海为大西洋的内海，近海海滩露出大小不一的岛屿，其中许尔特岛、诺尔德乃岛和赫尔格兰岛为旅游胜地。

科隆至美因茨200公里莱茵河河段：河道曲折，两岸山顶上古堡、宫殿、纪念塔连绵不断，保留有古罗马建筑。博登湖是德国、瑞士和奥地利三国共有的淡水湖泊。

2017年德国在全球旅游竞争力排名中名列第3位。

2. 旅游客源市场

世界旅游接待大国。2000年接待外国游客1898.3万人次、外汇收入186.11亿美元；2014年接待外国游客3300.5万人次、旅游外汇收入433.3亿美元。2017年接待外国游客3745.2万人次、居世界第9位，旅游外汇收入398.23亿美元、居世界第8位。2017年接待入境游客人数与全国人口之比为42∶100。入境客源主要是周边国家，欧洲游客占2/3以上。商务、会奖等客源占重要份额，入境市场呈高端化特征。

世界客源输出大国。2000年出境游7440万人次，旅游支出528.24亿美元；2010年德国出境旅游7200万人次，与全国人口之比为88∶100。2012年出境旅游支出838亿美元，居欧洲首位，居世界第二位。主要出境旅游目的地是欧洲，约占总数的80%；首选度假目的地是西班牙，其次是英国、法国、荷兰和意大利。188个国家和地区对德国国民实行免签入境或落地签证政策。

2014年国内过夜旅游3.48亿人次,人均旅游4.2次。巴伐利亚州因其独特的自然风光、文化古迹和民俗风情始终为国内旅游的首选目的地,其次是巴登—符滕堡、石勒苏益格—荷尔斯泰因、下萨克森、梅克伦堡—福尔波门、萨克森、图林根等。

3. 旅游产业

2016年旅游业的直接贡献占国民生产总值的4%、间接贡献占国民生产总值的10.8%。旅游直接就业人口达290万,占全部就业人口的7%,旅游相关行业就业人数超过220万人,两者合计占德国就业总人口的12%。德国国际旅游收支长期呈逆差状态,2017年旅游外汇收入398亿美元,旅游外汇支出891亿美元,逆差493亿美元。

旅游住宿设施种类和档次多样,从农舍、私人寓所直至豪华的五星级国际酒店一应俱全,包括旅馆、客栈、汽车旅馆、疗养度假饭店、别墅、野营地等。2010年,各类住宿企业56035家,367万个床位。2000个野营地、550多个青年旅社。两德统一后,德国东部的大批疗养院和休养所也用于旅游接待。

2011年旅游批发商超过2500家,旅游零售10240家。旅行社业批零体系健全,产业集中度高。前10大旅游批发商控制了整个德国旅游市场份额的85%,而仅其中的前3大批发商就控制了58%。

全国有6421家会议和商务活动的场所,可使用的会议厅室超过6万个。商务旅游是德国旅游产业的重要部分,每年3月举办的国际旅游交易会(ITB)已成为国际旅游界的盛会。

4. 旅游管理

联邦经济与能源部主管旅游业。

立法推进与政策审议:通过联邦众议院和联邦参议院进行,两院分别下设旅游委员会,具体负责旅游业的政治诉求与政策审议,讨论并向联邦议会提交涉及旅游产业发展的相关法律议案。

政府管理:由联邦经济与技术部负责制定产业政策。下设中小企业与旅游事务国务秘书及相关机构,内设旅游政策处,主要职能是调查研究和拟定政策;旅游顾问委员会,成员包括大企业、旅游协会、交通部门、工会、媒体等各行业代表,讨论有关事务。

行业管理与协调:主要由德国旅游协会承担,是旅游业内群体的利益代表方,与议会和政府相关部门进行对话、表达诉求,并沟通、协调旅游行业内部事务,推行星级评定等行业标准,提升服务质量。

市场推进:国家旅游局(又称德国旅游业中心)负责整个国家的形象推广和营销管理。宣传推广的核心口号是"德国:旅游胜地",同时围绕这个主题推出不同的年度口号,并配套了相应的宣传册、宣传片和旅游线路、产品。2014年为

"联合国世界文化遗产在德国"，2017推出全球年度主题"寻味德国"。

国家旅游局运作模式为协会制，共有66个成员单位，涵盖了旅游业各类协会、主要旅游企业和各州的旅游推广机构。在阿姆斯特丹、布鲁塞尔、哥本哈根、伦敦、马德里、米兰、巴黎、斯德哥尔摩、维也纳、苏黎世、纽约、洛杉矶、多伦多、东京等地设有旅游办事处。

全国旅游管理分为四级，即联邦级、州级、地方级和行业协会级。联邦政府和州政府对旅游业实施行业性宏观调控，负责制定方针政策和法规；地方和行业协会则根据各自的需要制定措施，并负责监督方针政策和法规的贯彻执行。

1997年5月，德国颁布了《旅游合同法》，规范旅游企业的经营，保护旅游者的权益。

四、中德关系

1. 外交与经贸关系

1972年10月11日正式建立外交关系。2010年7月发表《中德关于全面推进战略伙伴关系的联合公报》。中国在汉堡、慕尼黑和法兰克福分别设有总事领馆，德国在上海、广州、成都和沈阳分别设有总领事馆。两国已建立69对友好省州（市）关系。30多年来，德国一直是中国在欧洲的最大贸易伙伴。德国是对华直接投资最多的国家之一。

2. 旅游关系

1981年来华游客1.84万人次，2015年62.34万人次，2017年63.41万人次，2018年64.3万人次。来华旅游主要以文化体验为主，度假客源、个性体验客源日趋增多，来华旅游目标呈现多元化特征。

1994年中国公民赴德国旅客10.04万人次。2003年起，德国成为中国公民出境旅游目的地国家。2006年中国公民赴德旅游25.77万间夜，2013年41.51万人次，在德过夜173万间夜，人均住宿4.2天。2015年达139万间夜数，2015年达130万人次。2017年达285万间夜数，为德国欧洲以外的第二大入境市场，排名仅次于美国。

我国文化和旅游部在法兰克福设有旅游办事处，德国国家旅游局在北京设有旅游办事处。

法 国

一、基本国情

1. 自然地理

法兰西共和国（The Republic of France, La République Franaise），位于欧洲

大陆西端，西临大西洋，南濒地中海，西北隔英吉利海峡与英国相望，已开通两国间的海底隧道。面积551 602平方公里，地势东南高西北低，东部阿尔卑斯山与瑞士相毗邻，中部为中央高原，西部和北部是大平原，不同地区分别受海洋性气候、大陆性气候和地中海气候的影响。

2. 简史

古称"高卢"，公元1世纪被罗马人占领，公元5世纪法兰克人移居到此，843年建立查理曼帝国，成为独立国家。10至14世纪改称。15世纪末16世纪初，法兰西王国形成中央集权国家。1789年7月14日爆发大革命推翻君主专制，后建立过五次共和国、两次帝国。1946年建立第四共和国。1958年9月通过新宪法，法兰西第五共和国诞生。

3. 国旗、国花与国鸟

国旗是蓝、白、红三色旗，首次出现于1789年大革命期间，1848年4月20日法兰西第三共和国决定蓝、白、红垂直色带的三色旗为法国国旗，直至今日。

国花是鸢尾花，属于鸢尾科。

国鸟是公鸡。

4. 政治体制

总统议会制国家，总统为国家的权力中心，有权行使部分立法权、任命内阁总理、批准总理提出的部长名单并有权解散议会。总统由公民直接普选产生，任期7年。议会为最高立法机构，拥有制定法律、监督政府、通过预算和批准宣战等权力，由国民议会和参议院组成。目前共有30多个政党，主要政党有社会党、人民运动联盟、绿党、新中间党、民主运动、共产党及代表极端民族主义思潮的国民阵线等。

5. 国民经济

经济高度发达的工业国家，经济实力仅次于美、中、日、德。在核电、航空、航天方面居世界领先地位。欧盟最大的农业生产国，也是世界主要农产品和农业食品出口国，葡萄酒享誉全球。服务业高度发达，拥有家乐福（Carrefour）、欧尚（Auchan）等世界著名品牌。2012年一、二、三次产业结构比例为2.0∶18.8∶79.2。2017年国内生产总值2.57万亿欧元（2.91亿美元），人均3.82万欧元（3.97万美元）。

货币名称：欧元，汇率：1欧元=1.1326美元（2018年）。

巴黎是主要内河港口，主要海运港口有马赛港、勒阿弗尔港和敦刻尔克港。主要机场有巴黎的戴高乐机场、奥利机场和尼斯机场。

6. 对外政策

倡导多边主义，反对单边主义；致力于欧盟一体化建设，尤其是政治和防务建设，继续发挥法在其中的核心作用；重视大国关系，注意加强同新兴国家的政治、经济、文化联系；努力保持并发展与非洲国家的传统关系，推动发达国家增加对非援助；广泛参与国际事务和热点问题的解决，保持和提高法国文化的国际影响力。联合国安理会常任理事国、欧盟创始国及北约成员国。同190个国家建立了外交关系。

二、人文习俗

1. 人口、语言与宗教

人口6719万（2018年，含海外领地），其中本土人口6502万，全球第六大移民国，移民占总人口8.8%。居民中60%以上信奉天主教，少数人信奉伊斯兰教、新教和犹太教，不到30%自称无宗教信仰。国语是法语。法语也是联合国及世界旅游组织的正式工作语言之一，除法国外，瑞士、比利时、卢森堡、科特迪瓦、加拿大、海地等27个国家定法语为官方语言，在突尼斯、摩洛哥、阿尔及利亚等国都通用法语。

2. 姓名称谓

法国人一般名在前，姓在后。法国人的姓氏很多，其中三大姓为马丁（Martin）、贝尔纳（Bernard）和托马斯（Thomas）。但法国人的名字有限，大多以圣徒的名命名，称为教名，故重名现象很多。称呼法国人时，一般称姓不称名，再加上"先生、夫人（女士）、小姐"等敬称；朋友间叫名不称姓；亲属间或好友之间叫名或用爱称。书写姓名时，一般将第一个字母大写，而姓的全部字母都大写。女子未婚时一般使用父姓，出嫁后用夫姓，改嫁后要易姓，不过现在的法律规定女子出嫁后有权保留父姓。

3. 节假日

（1）法定节日

元旦：1月1日。

五一国际劳动节：5月1日。

国庆节：7月14日，纪念1789年巴黎人民攻占巴士底狱的光辉日子。

停战节：11月11日，是纪念第一次世界大战停战的节日。

复活节：春分第一次月圆之后的第一个星期日。

耶稣升天节：复活节后的第六个星期日。

圣灵降临节：复活节后的第七个星期日。

圣母升天节：8月15日（天主教）、8月27日（东正教）。

万灵节：11月1日，墓地祭奠、凭吊故人。

圣诞节：12月25日。

（2）民间节日

帝王节：1月6日，有吃烙饼的习俗。

圣蜡节：2月2日，有吃薄饼的习俗。
狂欢节：3月。
愚人节：4月1日。
彩车节：6月。
（3）节庆活动
环法自行车赛：7月1日开始。
巴黎时装博览会：秋冬季。
（4）带薪休假
带薪假期：1936年，在世界上率先实行工薪阶层每年享受2周的带薪假期。1982年实行5天、39.5小时的周工作制，并将带薪假延长为5周。如果节假日与周末只相隔一个工作日，不少单位还实行搭桥假期，形成长周末。

4. 文化艺术

11~12世纪的《罗兰之歌》是中世纪英雄史诗的代表作。文艺复兴时期诞生了人文主义文学，17世纪主流是古典主义，拉封丹代表作《寓言诗》影响深远。18世纪是资本主义启蒙时期，史称"光明世纪"。杰出代表有伏尔泰、狄德罗、卢梭等思想等。19世纪上半叶，文学艺术以浪漫主义和现实主义为主要标志，杰出代表有维克多·雨果、亚历山大·大仲马、司汤达、巴尔扎克、福楼拜等。19世纪后半叶杰出的作家有：爱米尔·左拉、莫泊桑、亚历山大·小仲马等。20世纪，主要作家有罗曼·罗兰、罗歇·马丁·杜伽尔等。著名画家有马奈、莫纳、雷诺阿、高更和塞尚等；雕塑家乌东、罗丹等。巴黎歌剧院及其芭蕾舞团是享誉世界的芭蕾舞团；音乐大师有德彪西、柏辽兹等。

文体生活丰富多彩，迷恋音乐，爱好舞蹈，崇尚健美。巴黎红磨坊、丽都夜总会等是国内外游客青睐的文艺场所。戛纳电影节是世界最有影响的电影节之一。足球、网球、登山、滑雪等是热衷的体育活动，每年7月举行的环法自行车赛是最著名的国际自行车大赛。

5. 服饰餐饮

法国的时装领导着世界潮流，随着时间的推移，法国服装由缝制复杂、华丽考究逐渐向美观、大方、实用和舒适方向发展。法国的化妆品制造业雄冠全球，法国香水风靡世界。

法式大菜在世界上享有很高声誉，食料考究、花色品种繁多、香浓味厚、鲜嫩味美，更注重营养的搭配。视美食为艺术，认为个人饮食应符合自己的教养和社会地位。

三、旅游业

1. 旅游城市与著名景点

首都巴黎：历史古都，以"世界花都"享誉全球。主要景点有："法国式花园"的典范凡尔赛宫、罗浮宫、爱丽舍宫（总统府）、卢森堡宫（参议院）、波旁宫（国民议会）和阿维尼翁的教皇宫、法国王室最大的行宫枫丹白露宫、巴黎圣母院、巴黎歌剧院、凯旋门、埃菲尔铁塔等，以及现代风格的蓬皮杜文化中心。

马赛：位于法国南部海滨、罗讷河口，法国最大海港。主要景点有玛卓大教堂、伊福堡、旧港和美术馆等。

里昂：法国东南部的经济、文化、交通中心，主要景点有圣·让大教堂、富尔韦圣母院、市政厅、古罗马大剧院等。

波尔多：位于法国西南部、加龙河口，是重要的经济中心，以其命名的葡萄酒举世闻名。

尼斯：位于法国东南部地中海滨、蓝色海岸旅游区的中心。法国的滨海地区都是旅游地，尤以蓝色海岸为最。"蓝色海岸"是指戛纳至法意边境之间的一段海岸，全长60公里。戛纳是一座居民不足7万的古城，为世界"影城"。

法国有7个国家公园、35个自然公园及众多的自然绿地都对公众开放。夏蒙尼勃朗峰是阿尔卑斯山世界登山运动的发源地，19世纪末在那里成立了世界上第一个"向导协会"。温泉数量居欧洲各国之首，以阿尔卑斯山区南部的埃克斯莱班温泉疗养区最为著名。从戛纳至法意边境之间全长60公里蓝色海岸，西南部的朗格多克—卢西荣区，西北部的布列塔尼区和西部的阿坎泰纳区以及科西嘉岛都是滨海度假胜地。遍布全国的乡村农舍旅游服务完善。

2017年法国在全球旅游竞争力排名中名列第2位。

2. 旅游客源市场

一直在入境旅游人数与旅游外汇收入方面居世界前列。2001年接待7520.2万人次，外汇收入303.63亿美元；2014年接待8370.0万人次，外汇收入554.02亿美元；2017年接待8691.8万人次，居世界第一位；外汇收入606.81亿美元，居世界第三位，接待外国游客与全国人口之比为129∶100。欧洲游客一直是法国入境的主要客源市场，占入境总人数的80%以上。

1996年，出境旅游者约1650万人次。2017年414亿美元，居世界第4位。旅游目的地主要是地中海沿岸国家和邻国，约占出国旅游总人次3/4，其次为东南亚等地区度假或去中国、美国、俄罗斯、日本等国家观光旅游。188个国家和地区对法国国民实行免签入境政策。

2011年全国酒店接待国内游客1.19亿人天次，人均住宿1.8次。国内过夜旅游人数与人口之比为 182∶100。大部分法国人将 5 周带薪假期分成两部分，一部分在夏季度过，剩下的 2 周在圣诞节，用于和家人团聚、会亲访友。60% 在国内休假，20% 到其他欧盟国家度假，还有 20% 去欧盟外的国家。喜爱海水、阳光，偏爱大自然，乡村成为除海滨外最喜欢的地方，乡村旅游者中一半人住在亲友家。冬季以滑雪为主。社会（福利）旅游兴起于法国，政府将部分福利基金资助一些不以营利为目的的旅游公司发展旅游业，让低收入家庭也能享受旅游度假的权利。现有社会（福利）旅游性质的度假村和露营中心近 700 处，遍及海滨区和乡村。

3. 旅游产业

旅游业是法国的第三大创汇行业。2016 年旅游业的直接贡献占国民生产总值的 3.6%、间接贡献占国民生产总值的 8.9%。旅游直接或间接创造就业岗位约 200 万个。2014 年旅游产业对法国国内生产总值的贡献率 7.3%。旅游业对其他行业的影响比例为：旅行社 100%，旅馆、咖啡馆和餐馆 75%，出租汽车 20%，国营铁道公司 14.6%，公路交通公司 16.6%，航空运输 75.5%，小汽车制造业 50.7%，飞机制造业 24%，照相器材 50%，剧场观众中 33% 是旅游者。全国的旅游从业人员超过 300 万，每 10 名就业人员中就有 1 人在旅游部门工作。法国国际旅游收支长期呈顺差状态，2017 年旅游外汇收入 606.8 亿美元，旅游外汇支出 414 亿美元，顺差 192.8 亿美元。

有 6396 多家旅行社，销售点超过 5500 个，87% 的旅行社工作人员不到 10 人，旅行社有近 3.9 万名全日制员工。法国最大的几家旅行公司是地中海俱乐部、新边界国际旅游公司、哈瓦斯旅游公司、可尼旅行社和通济隆国际旅游公司等。

有 18 172 家宾馆和 11 727 家小旅馆以及野外宿营地、青年之家等。法国参议院 2008 年 4 月 8 日投票通过一项法案，准许设立新的旅馆业评级标准，增设五星级旅馆。全法共有五星级旅馆 26 家，其中巴黎与阿尔卑斯滨海省各拥有 8 家。五星级有效期 5 年。

4. 旅游管理

2008 年 3 月政府成立"旅游战略委员会"，旨在寻找对策提高法国旅游产品的吸引力。2009 年法国旅游局并入经济、工业与就业部，成立法国竞争力、工业和服务总局，下设旅游、商业、手工业与服务公司，主管旅游业。

2009 年 5 月，法兰西之家与法国旅游局合并，负责旅游市场推广、工程项目策划和产品设计。在法兰克福、柏林、维也纳、布鲁塞尔、哥本哈根、马德里、巴塞罗那、里斯本、伦敦、多伦多、纽约、芝加哥、东京、首尔、中国台北、中国香港、悉尼等地设有驻外办事处。

国家旅行社行业协会（SNAV）在 14 个大区设有代表处，其成员单位主要包括旅行商与分销商两个部分。法国旅游行业互助协会（APST）集中了从事旅游活动的自然人与法人，成员单位超过 3000 家，包括分销社、旅行商、地接社、商务旅行社、团队与会奖旅行社、旅游咨询中心、大区或省旅游委员会、旅游服务处、游船公司、酒店和租车公司等。

四、中法关系

1. 外交与经贸关系

1964年1月27日，中法两国建交，是第一个同中国正式建交的西方大国。2010年11月，两国发表联合声明，宣布建设互信互利、成熟稳定、面向全球的中法新型全面战略伙伴关系。中国为法国在亚洲的第一大贸易伙伴，法国是中国在欧盟内的第四大贸易伙伴。两国在上海和马赛设有总领事馆。

2. 旅游关系

1981年来华旅游客2.14万人次，2015年48.69万人次，2017年49.37万人次，2018年49.9万人次。1998年，中国公民赴法6.28万人次。从2004年9月起，法国成为中国公民出境旅游目的地国家。2014年中国赴法游客人次超过200万，为中国公民赴欧洲旅游第一目的地国家，2016中国赴法160万人次，2017中国赴法210万人次。

我国文化和旅游部在巴黎设有旅游办事处。2007年11月中法安徽省徽州乡村旅游合作示范项目正式启动，双方在徽州合作打造一个具有国际化标准的乡村旅游示范区。

奥地利

一、基本国情

1. 自然地理

奥地利共和国（The Republic of Austria）是中欧南部的内陆国，面积83871平方公里。东阿尔卑斯山脉自西向东横贯全境，东北部是维也纳盆地，北部和东南部为丘陵、高原。多瑙河流经东北部境内，长约350公里。属海洋性向大陆性过渡的温带阔叶林气候。

2. 简史

12世纪中叶，巴本贝格王族统治时期形成奥地利公国。从1278年起哈布斯堡王族统治长达640年。1867年与匈牙利签约，成立奥匈帝国。1918年帝国解体，成立奥地利共和国。1938年3月德国武力吞并奥地利。第二次世界大战后被苏、美、英、法占领。1955年10月占领军撤出，奥地利重获独立。1955年10月26日国民议会通过了关于奥地利永久中立的联邦宪法法案。

3. 国旗、国花、国鸟与国石

奥地利国旗自上而下由红、白、红三个平行相等的长方形组成，中央绘有奥地利国徽图案。据传,奥地利巴本公爵在与英王查理一世血战时,白色的军衣几乎被鲜血染红,只有佩剑处留下一白色带痕,自此红白红两色旗便作为公爵军队的战旗。1919年被定为国旗。

国花是白雪花(火绒花)。

国鸟为家燕。

国石:贵蛋白石。

4. 政治体制

联邦制共和国,总统是国家元首,由普选产生,任期6年。总理为政府首脑。议会由国民议会和联邦议会组成。联邦议会代表各州的利益,有权将国民议会通过的法律提案驳回,但如国民议会坚持原案,联邦议会不得再提异议。主要政党有:奥地利人民党,其他政党有奥地利未来联盟、奥地利社会民主党、绿党和自由党等。

5. 国民经济

工业发达国家,以中小企业为主,钢琴、水晶制品、珠宝钻玉、精美瓷器等产品尤具特色。农林牧业并重,生态农业发达,机械化程度高,在欧盟国家中处于领先地位。2017年国内生产总值3692亿欧元(4181亿美元),人均国内生产总值38091欧元(4.32万美元)。2017年农业、工业、服务业增加值的比重为1.1∶41.4∶57.5。铁路与公路联通欧洲邻国,境内多瑙河航线长350公里。奥地利航空公司是德国汉莎航空公司的子公司,全国有6个机场,主要国际机场是维也纳施威夏特机场。

货币名称:欧元,汇率:1欧元=1.1326美元(2018年)。

6. 对外政策

1955年10月宣布永久中立,外交政策的基点是以和平中立为基础,以欧盟为依托,积极推动欧盟深化和扩大,在重大国际问题上与欧盟协调一致。加强同周边邻国特别是中东欧国家关系,保持和深化同大国关系,谋求在国际事务中发挥独特作用。重视与联合国的合作,努力加强维也纳作为联合国机构所在地的作用。已同150多个国家建立外交关系。

二、人文习俗

1. 人口、民族、语言与宗教

全国人口882万(2018年),其中常住外国人140万,占总人口的15.8%。官方语言德语。60%的人口信奉天主教。

2. 节假日

独立日:4月27日(1945年)。

国庆日:10月26日(1965年)。

实行每周 40 小时工作制，由劳资双方协议确定每年可享受 30~36 天，时间一般为 4 周。

3. 文化艺术

以"音乐之乡"闻名于世，享誉全球的音乐家有："交响乐之父"海顿，代表作《告别》《时钟》；古典乐派的杰出代表莫扎特，代表作有《费加罗的婚礼》《唐璜》《魔笛》等著名歌剧；浪漫主义音乐的开创者之一、钢琴协奏曲的奠基人舒伯特，代表作有《魔王》《小夜曲》；"华尔兹之王"小约翰·施特劳斯，代表作有《蓝色的多瑙河》《春之声》等。每年元旦维也纳国家歌剧院举行新年音乐会被世界许多国家转播。维也纳爱乐乐团是世界著名交响乐团之一。

弗洛伊德·西格蒙德是精神分析学派的创始人，主要著作有《梦的解释》《性学三论》《文明及其缺陷》等；著名小说家、传记作家斯蒂芬·茨威格代表作有《最初的经历》《马来狂人》《一个陌生女人的来信》；著名的表现主义作家卡夫卡，其作品大都用变形荒诞的形象和象征直觉的手法，表现被充满敌意的社会环境所包围的孤立、绝望的个人。幻想现实主义画派在世界绘画领域占有重要地位。

4. 节庆活动

民间节庆活动有灯赛跑（1月5日）、滑雪节（2月28日）、提罗尔的民俗庆典（5月的第一个星期天）、维也纳文化节（5月历时半个月）、复活节音乐会（3月底~4月初在萨尔茨堡，为期两周）、基尔希塔克（教堂创立纪念日）、萨尔茨堡艺术节（冬至）。

三、旅游业

1. 旅游城市与著名景点

首都维也纳：著名的旅游城市，三面被森林环抱，多瑙河从市区流过，风光秀丽，主要景点有霍夫堡皇宫、斯特凡大教堂、多瑙塔、维也纳艺术史博物馆、维也纳国家歌剧院、金色大厅、音乐大师贝多芬、莫扎特和施特劳斯的雕像，以及哈布斯堡王室的避暑离宫"美泉宫"、位于市郊的圣麦斯公墓等。

世界文化遗产 8 处：维也纳、萨尔茨堡和格拉茨 3 个"历史中心"（古城），还有申布伦宫（美泉宫）、哈尔施塔特文化景观、瓦豪文化景观、费小特湖/新锡德湖文化景观（与匈牙利共有）和梅塞林铁路等。古城萨尔茨堡是音乐大师莫扎特的故乡，也是音乐艺术中心，黑尔布隆宫、霍亨萨尔茨堡等古建筑艺术精湛，素有"北方罗马"之称。因斯布鲁克位于因河盆地之中，周围被高山峻岭包围，有完备的登山、滑雪设施，是理想的高山运动基地。因斯布鲁克还是一座历史悠久的城市，目前旧市区仍保留着中世纪后期的风貌。自西向东横贯奥地利全境的东阿尔卑斯山，雪山、森林、湖泊、飞瀑，是登山、滑雪运动基地及游览、疗养胜地。

2017年奥地利在全球旅游竞争力排名中名列第12位。

2. 旅游客源市场

1998年入境游客1728.2万人次、世界排名列第10位，旅游外汇收入121.64亿美元、世界排名第8位；2014年2529.1万人次，205.59亿美元；2017年2946.0万人次，417亿美元，位居世界第七，接待入境游客人数与全国人口之比为334∶100。客源地主要是欧洲，占90%以上，其次是亚太和美洲地区。入境游客主要来自德国、荷兰、瑞士、英国、意大利和比利时等国。

2000年出境旅游420.7万人次，旅游外汇支出84.63亿美元；2017年342亿美元，居世界第6位。2004年出境旅游人数与全国人口之比为84∶100。出国旅游目的地主要是欧洲，到北美及亚洲的远程旅游约占出境旅游市场的15%。181个国家和地区对奥地利国民实行免签入境或落地签证政策。

2017年接待国内过夜游客3800万人次，国内旅游人数与全国人口之比为430∶100。酷爱滑雪、登山和打猎。

3. 旅游产业

旅游业是国民经济的支柱产业，旅游收入占国内生产总值的8%，服务业从业人员约占劳动力总数的56%，占就业总数的14%，即每7个就业岗位中就有一个来自旅游业。国际旅游收支持顺差状态。2017年入境旅游收入417亿美元，出境旅游支出342亿美元，顺差75亿美元。

2017年全国有各类旅馆63 000家，共有床位106万张。

4. 旅游管理

经济与劳工部主管旅游业，国家旅游局是受经济与劳工部监管的非营利公共法人，主要从事旅游推广，是非营利的全国性促销机构，其经费75%来自联邦政府财政拨款，其余来自联邦商会和旅游经营商的资金资助，在国外设有20家旅游办事处。各州、市、镇的旅游局职能主要是独立开展宣传促销活动。旅游行业组织有奥地利联邦经济商会（内设旅游与休闲部）、旅馆业主协会、旅行代理商和批发商协会等。

四、中奥关系

1. 外交关系

1971年5月中奥两国建立外交关系。在上海、广州设立总领馆，中国在萨尔茨堡设立总领事馆。

2. 旅游关系

奥地利来华旅游者不断增加，1981年0.43万人次，2015年6.08万人次，2017年6.76万人次，2018年7.0万人次。

2000年10月,中奥双方签署旅游合作协定。2003年赴奥游客12万人次。从2004年9月起成为中国公民出境旅游目的地国家。2010年赴奥18.2万人次,2016年75万人次,2017年达100万人次。

比利时

一、基本国情

1. 自然地理

比利时王国（The Kingdom of Belgium）位于欧洲西部,面积32547平方公里,是以丘陵和平原为主的"低地国家",属海洋性温带阔叶林气候。

2. 简史

公元前克尔特族的比利其人在此居住。16世纪起先后被西班牙、奥地利和法国统治,1815年并入荷兰。1830年10月4日获得独立。两次世界大战期间均被德国侵占。"二战"后恢复独立,并加入北约。1958年与荷兰、卢森堡结成经济联盟,并加入欧共体。1993年完成国家体制改革,正式实行联邦制。

3. 国旗、国花与国鸟

国旗:从左到右由黑、黄、红三个相等的垂直长方形组成。黑色是表示悼念在1830年独立战争中牺牲的英雄,黄色代表财富和丰收,红色象征着爱国志士的生命和热血。

国花:虞美人。

国鸟:红隼。

4. 政治体制

世袭君主立宪的联邦制,国王为国家元首、三军最高统帅。国王和议会共同行使立法权,与政府共同行使行政权,实权在政府,政府对议会负责。议会实行两院制。1994年新宪法扩大了地区政府的内政和外交权力,首次承认女性王室成员的王位继承权。现国王是菲利普国王。主要政党有荷语基督教人民党、荷语开放自民党、法语社会党、荷语社会党、弗拉芒利益党、法语革新运动党、法语人道主义民主中心党、荷语绿党、法语生态党。

5. 国民经济

发达的工业国,经济高度依赖国际经济环境,80%的原料靠进口,60%以上的工业品供出口。巧克力制作业历史悠久,素有"巧克力王国"美称。布鲁塞尔是当前欧洲五大金融中心之一。国内交通以公路运输为主,有5个海港、7个内河港。有6个主要机场,空中运输网络联系49个国家,74个城市。国内生产总值:5285亿美元（按购买力平价）。2017年一、二、三次产业结构比例为0.7∶27.1∶72.2。2017年国内生产总值5285亿欧元（5987亿美元）,人均国内生产总值 4.6 万欧元（5.32 万美元）。

货币名称：欧元，汇率：1 欧元 = 1.1326 美元（2018 年）。

6. 对外政策

推行积极的欧洲政策，主张加快欧洲一体化建设步伐。欧盟和北约成员国。对外政策具有大西洋派和欧洲派双重色彩。国家安全、经济利益和民主人权是其外交的三大支柱，提出"立足欧元区、放眼亚洲、南美及中东欧"的总体方向。现与 160 个国家有外交关系，在 90 多个国家设有使领馆。

二、人文习俗

1. 人口、民族、语言与宗教

比利时全国人口 1137.6 万（2018 年）。官方语言为弗拉芒语、法语和德语。80% 的居民信奉天主教。

2. 节假日

元旦：1 月 1 日。

劳动节：5 月 1 日。

国庆节：7 月 21 日，1831 年 7 月 21 日是国王利奥波德一世的登基日，这一天被定为国庆日。

国王日：11 月 15 日。

停战纪念日：11 月 11 日，纪念第一次世界大战结束。

复活节：3、4 月间。

耶稣升天节：5 月。

圣灵降临节：5 月

圣诞节：12 月 25~26 日。

带薪休假：由劳资双方协议确定带薪休假时间，一般为 20~24 天的年假。

3. 文化艺术

著名导演阿涅斯·瓦尔达的第一部剧情长片《从 5 点到 7 点的克莱奥》，受到好评。电影《幸福》获得路易德吕克奖。其他代表作有《流浪女》、自传式纪录片《拾穗者与我》等。比利时的漫画《蓝精灵》世界有名。

班什狂欢节：3 月的第一个星期日开始，为期 3 天。班什人乔装打扮成"痴人"，走上街头，尽情欢乐，是欧洲最古老的狂欢节之一，与法国尼斯、德国科隆和意大利威尼斯的狂欢节齐名。2003 年被联合国教科文组织列为人类口述与非物质文化遗产代表作。

4. 民俗风情

爱养鸽，全国登记注册的比赛鸽子约有几百万只，每年的 4~9 月举行全国性的鸽赛运动，有"鸽子圣地"之说。

社会团体众多，仅布鲁塞尔就500多个，包括乐团、同业团体、合唱团、打猎团体、动物保护团体等。

三、旅游业

1. 旅游城市和景点

首都布鲁塞尔：历史名城，欧洲联盟、北大西洋公约组织等多个国际组织的总部所在地，有"欧洲首都"之称。名胜古迹有中世纪的中心广场、市政厅、"布鲁塞尔第一公民"塑像（"撒尿小孩"铜像）、"小欧洲公园"、国家植物园、现代地标性建筑原子能塔等。位于布鲁塞尔以南20公里的滑铁卢战场遗址，建有战争纪念馆。

安特卫普：最大港口，历史古城。有皇家艺术博物馆、海运博物馆、钻石博物馆和动物园。

布鲁日：水上古城，保存有中世纪风貌，河道纵横、众桥相连，圣母大教堂内珍藏着珍贵艺术品，比利时的艺术中心。

奥斯坦德：比利时港口、旅游胜地，濒临北海。市区旅游场点众多，有跑马场、游乐码头、海滨浴场以及美术博物馆等。

比利时有世界文化遗产10处，与卢森堡、法国交界的阿登山区森林茂密，适宜登山览胜；北部滨海地带适于休闲度假。

2017年比利时在全球旅游竞争力排名中名列第21位。

2. 旅游客源市场

2001年入境游客645.2万人次，旅游外汇收入69.03亿美元。2017年入境游客835.6万人次，旅游外汇收入121.97亿美元，接待入境游客人数与全国人口之比为73∶100。客源地主要为欧洲、占80%以上，其次为美洲和亚太地区。主要客源国为荷兰、英国、法国、德国、美国、意大利、西班牙、日本、中国和瑞典。

1996年出国旅游人次为890万，旅游支出79.95亿美元，世界排名第11位。2012年旅游支出217亿美元，居世界第13位。2004年出境旅游人数与全国人口之比为62∶100。184个国家和地区对比利时国民实行免签入境或落地签证政策。

3. 旅游产业

2016年旅游业的直接贡献占国民生产总值的202%、间接贡献占国民生产总值的5.6%。旅游就业人数约占总就业人口的14%，即每7个就业人员中就有1个来自旅游业。国际旅游收支长期呈赤字状态，2004年外汇收入91.71亿美元，外汇支出138.84亿美元，外汇逆差41.13亿美元。

2014年，拥有旅馆及其他各种旅游设施5139处，36.6万张床位。

4. 旅游管理

文化部下设旅游局，主要职能是开展宣传推广活动。

四、中比关系

1. 外交关系

1971年10月两国建交。2014年3月两国发表《关于建立全方位友好合作伙伴关系的联合声明》。比利时是中国在欧盟的第六大贸易伙伴。比利时在上海、广州、香港设有总领馆。

2. 旅游关系

比利时来华旅游人数呈逐步上升趋势。1992年1.07万人次，2015年6.52万人次，2017年6.82万人次，2018年6.9万人次。

从2004年9月起，比利时成为中国公民出境旅游目的地国家。2005年中国赴比旅游5.05万人次，2009年6.08万人次。

荷 兰

一、基本国情

1. 自然地理

荷兰王国（The Kingdom of the Netherlands）位于欧洲西部，东邻德国，南接比利时，西、北濒北海，面积41528平方公里。24%的面积低于海平面，被称为"海平面下的国家"。从13世纪开始围海造田，有"半个荷兰夺自海洋""上帝造人，荷兰人造地"之说。属海洋性温带阔叶林气候。

2. 简史

16世纪前荷兰长期处于封建割据状态。16世纪初受西班牙统治，1581年北部七省成立了荷兰共和国。1648年西班牙正式承认荷兰独立。17世纪曾为海上殖民强国。1795年法军入侵。1814年脱离法国，翌年成立荷兰王国。"一战"时保持中立。"二战"初期，宣布中立，1940年德军入侵，王室和内阁流亡英国。战后稳定发展。

3. 国旗、国花与国鸟

国旗：由红、白、蓝三个相等的平行长方形自上而下排列组成。

国花：郁金香。

国鸟：琵鹭。

4. 政治体制

世袭君主立宪王国。立法权属国王和议会，行政权属国王和内阁。枢密院为最高国务协商机构，主席为女王本人，其他成员由女王任命。一院和二院组成议会。主要政党有基督教民主联盟、工党、社会党、自由民主人民党、新自由党、基督教联盟、绿色左翼联盟和六六民主党。

5. 国民经济

西方十大经济强国之一。工业发达，是世界主要造船国家之一。鹿特丹是欧洲最大的炼油中心。世界上最大的花卉生产和出口国，有"欧洲花园"的美称。服务业发达。境内河流纵横，水路四通八达，素有"北方威尼斯"之称。位于莱茵河与马斯河出海口的鹿特丹港是世界第一大港。阿姆斯特丹机场是荷兰和欧洲主要航空港之一。2017年一、二、三次产业结构比例为1.6∶28.2∶70.2。2017年国内生产总值9152亿欧元（10 365亿美元），人均国内生产总值5.36万欧元（5.32万美元）。

货币名称：欧元，汇率：1欧元=1.1326美元（2018年）。

6. 对外关系

欧洲联盟和北约成员国。国家安全、经济利益和民主人权是其外交的三大支柱。以美国为传统盟友，主张欧洲一体化进程，支持欧盟和北约东扩。重视联合国等国际组织的作用，支持联合国改革。重视发展与亚洲国家的关系。现已与182个国家建立了外交关系。

二、人文习俗

1. 人口、民族、语言与宗教

人口1726万（2018年），近80%为荷兰族，少数族裔有摩洛哥、土耳其、苏里南和华人。海外领地总人口约30.84万。官方语言为荷兰语，弗里斯兰省讲弗里斯语。居民中20%信奉天主教，16%信奉基督教，海外领地居民近80%信仰天主教。

2. 节假日

女王日：4月30日，现任女王贝娅特丽克丝于1980年登基。

纪念日（"二战"期间盟军解放荷兰日）：5月4日。

元旦：1月1日。

复活节：3、4月间。

耶稣升天节：5月。

圣灵降临节：5月

圣诞节：12月25~26日。

实行每周38小时工作制，由劳资双方协议确定年带薪休假时间，一般为4周。

3. 文化艺术

17世纪现实主义画家伦勃朗以肖像画为主，代表作品有《自画像》《哲学家》

《基督被抬下十字架》。19世纪后印象派画家凡·高，代表作有《夜咖啡馆》《向日葵》等。20世纪抽象美术的杰出代表蒙德里安，代表作有《灰色的树》《蓝、灰和粉红色的构成》《红、白、蓝的菱形画》《红黄蓝的构图》等。物理学家、数学家洛伦兹，经典电子论的创立者，1902年获得诺贝尔物理学奖。

4. 民俗风情

郁金香、风车、木屐、自行车和豪达奶酪是荷兰的标志。荷兰自古围海造田，使用风车排涝灌溉，5月的第二个星期六是风车日，有"风车之国"之称。郁金香为美好、庄严、华贵和成功的象征，有每年最接近5月15日的星期三为"郁金香节"，有"郁金香王国"之称。木屐是荷兰人在低洼潮湿海边环境中创造的鞋具，造型别致、结实耐用，成为特色工艺品，也是新郎送给新娘的信物。风行骑自行车，每年5月的"自行车日"，表示自行车是荷兰人生活的一部分。荷兰奶酪欧洲闻名、世界畅销，每年6~8月在奶酪产地豪达举行奶酪节。

5. 饮食

早、午餐多吃冷餐。早餐只吃涂奶油的面包或奶酪，喝些牛奶或咖啡。不爱喝茶，常以喝牛奶解渴。午餐也简单，晚餐才是正餐。把由胡萝卜、土豆和洋葱混合烹调而成的菜作为他们的"国菜"。

三、旅游业

1. 旅游城市与著名景点

首都阿姆斯特丹：王宫所在地，市内有许多200多年前荷兰历史上鼎盛时期的古老建筑。市中心的达姆广场由30万块砖石铺成，全国性的庆典仪式均在这里举行。阿姆斯特丹是欧洲的重要城市和港口，市内有50多条运河，有"北欧威尼斯"之称。主要景点建于1640年的巴洛克式建筑王宫、皇家博物馆、历史博物馆、凡·高美术馆、世界最大的花卉交易市场阿斯梅尔花卉市场、建于17世纪的西教堂和须德教堂、揭露纳粹暴行的《安妮日记》作者安妮故居。

行政中心海牙：主要景点有联合国国际法院所在地和平宫、"童话"城马德罗丹、"郁金香花园"哥肯霍夫公园。

鹿特丹：荷兰的第二大城市，是商业和金融中心，交通发达便利，是世界第一大港，横贯欧亚大陆桥的西部终点城市。

马斯特里赫特：位于邻近德国、比利时的马斯河畔，为北欧、中欧之间的交通枢纽。城内古迹众多，有建于5世纪的教堂和17世纪具有巴洛克建筑风格的市政厅等。

荷兰有世界遗产8处，斯赫克兰德及其周边地区、阿姆斯特丹的17世纪运河环形区、金德代克—埃尔斯豪特的风车、库拉奈岛威廉斯塔德历史中心、沃达蒸汽泵站、比姆斯特尔迁田、施罗德住宅等，展现了一个海洋国家的昨天与今天。世界上最大的郁金香花园库肯霍夫花园有170年的历史。运河村庄羊角村保留着原生的渔民生态。马德罗丹的"小人国"微缩了欧洲风采。

2017年荷兰在全球旅游竞争力排名中名列第17位。

2. 旅游客源市场

1998年入境游客617万人次、居世界第22位，旅游外汇收入57亿美元、世界排名列第19位。2014年1392.6万人次，147.16亿美元。2017年1792.4万人次，158.67亿美元，接待入境游客人数与全国人口之比为104∶100。主要客源地是欧洲，占80%左右，其次是美洲，约占10%，亚太地区约占10%。

2004年出境旅游1713.0万人次，旅游外汇支出172.16亿美元，出境旅游人数与全国人口之比为105∶100。2012年支出202亿美元，居世界第15位。出国旅游流向主要是欧洲，主要目的国是法国、西班牙、德国、奥地利、比利时和英国。186个国家和地区对荷兰国民实行免签入境政策。

3. 旅游产业

2016年旅游业的直接贡献占国民生产总值的2.7%、间接贡献占国民生产总值的6.9%，旅游业工作人员占荷兰全部劳动力的4.1%。国际旅游收支长期呈逆差状态。2011旅游外汇收入144亿美元，支出205亿美元，逆差61亿美元。

4. 旅游管理

经济事务部下设国家旅游会议促进局（又称荷兰旅游局），为公共法人机构，负责旅游宣传推广的是荷兰旅游委员会。在国外设有13家旅游办事处，在苏黎世、马德里等地设有旅游办事处分支机构，负责宣传和介绍荷兰的旅游胜地。荷兰的所有城市都设有导游问讯处，向游客提供咨询服务。

四、中荷关系

1. 外交关系

1954年11月19日两国建立了代办级外交关系，1972年5月18日升格为大使级。2014年3月两国宣布建立开放务实的全面合作伙伴关系。荷兰在上海、广州、重庆、香港设有总领馆。中国在荷兰王国海外领地库拉索威廉斯塔德设有总领馆。

2. 旅游关系

1983年来华旅客0.512万人次，2015年18.18万人次，2017年19.4万人次，2018年19.6万人次。

从2004年9月起荷兰成为中国公民出境旅游目的地国家。2005~2007年，我国游客到荷兰旅游人数每年都以15%的比例增长。2015年，荷兰有30万中国过夜游客。荷兰在中国推广"探访世界上最美丽的春天"及"海平面下的骑行"大型主题活动和"缤纷荷兰7日体验之旅"，以艺术作为主线贯穿整个行程。

瑞 士

一、基本国情

1. 自然地理

瑞士联邦（Swiss Confederation），欧洲的内陆山国，面积41284平方公里，南部及东南部由阿尔卑斯山斜贯，西北部为汝拉山区，中部为高原，莱茵河从北向南穿过，著名湖泊有日内瓦湖（莱芒湖）、博登湖、苏黎世湖等。地处北温带，受海洋性气候和大陆性气候交替影响，山间谷地气候温和，高山地区较寒冷。

2. 简史

1291年8月1日，乌里、施维茨和下瓦尔登三个州在反对哈布斯堡王朝的斗争中秘密结成永久同盟，为瑞士建国的开始。1648年摆脱罗马帝国统治获得独立、宣布实行中立，在两次世界大战中均保持中立。1848年制定宪法，设立联邦委员会，成为统一的联邦制国家。

3. 国旗、国歌

国旗呈正方形，红色，正中绘有白十字。1948年宪法正式规定红地白十字旗为瑞士联邦国旗。著名的国际红十字旗即是由瑞士国旗图案颜色调换而来。

《瑞士颂》20世纪80年代被正式定为国歌。由于瑞士有多种语言，国歌的歌词用德、法、意、拉丁罗曼四种不同语言填写。

国花是火绒花。

国石为水晶石。

4. 政治体制

联邦制国家，各州有自己的宪法。联邦委员会是国家最高行政机构，由7名委员组成，主席由委员轮流执政，任期1年。联邦议会是最高立法机构。实行"公民表决"和"公民倡议"形式的直接民主，凡重要事件都通过全民公投决定。凡20~34岁身体健康的男性公民都必须服兵役280天，服役期间和退役后，单兵武器装备均归个人保管。现有大小政党30多个，主要有自由民主党、社会民主党、基督教民主人民党、瑞士人民党、瑞士绿党。2015年由自由民主党、社会民主党、基督教民主人民党、瑞士人民党联合执政。

5. 国民经济

高度发达的工业国，工业技术水平先进，机械制造、化工、医药、高档钟表、食品加工在国际市场具有很强的竞争力。钟表业始终保持世界领先地位，被称为"钟表之国"。铁路全部电气化，铁路密度居世界前列。重要内河港口为巴塞尔。主要国际机场有苏黎世机场和日内瓦机场。2017年国内生产总值6686亿瑞郎（约6690亿美元），人均国内生产总值79 104瑞郎（约8万美元）。2013年，

一、二、三次产业就业结构比例为3.1∶21.5∶75.4。实行自由经济政策，对外主张自由贸易，高度外向型经济。

货币名称：瑞士法郎（简称瑞郎）。汇率：1美元=0.99瑞郎（2017年）。

6. 对外政策

1815年维也纳会议确认瑞士为永久中立国，一直奉行中立政策，把维护和平、促进和平共处，维护人权、促进民主和法治，维护国家经济利益，消除贫困和保护环境作为外交政策的五大目标。同世界上192个国家和地区建立外交关系。2008年12月加入申根协定。

二、人文习俗

1. 人口、民族、语言与宗教

人口850.89万人（2018年），其中外籍人口超过23.8%。德语、法语、意大利语及拉丁罗曼语等4种语言均为官方语言。信奉天主教的居民占38%，新教26%，其他宗教12%，不信教的占22%。

2. 节假日

国庆日：8月1日。

圣诞节：12月25日

新年：1月31日，被称为"雪节"。

辛巴赫战役活动纪念日：7月4日（1386年）。

纪念多尔纳希战役纪念日：7月22日（1499年）。

纪念莫尔加尔腾战役纪念日：11月15日（1315年）。

带薪假期。1984年7月起，最低带薪休假从4周增加到5周，20岁以下的职工再增加1周，以保障他们的进修与健康。

3. 文化艺术

1837的苏黎世剧院是瑞士最有影响、历史最长、具有国际声誉的剧院。洛迦诺国际电影节每年7~8月举办，主要鼓励各国年轻和新锐导演拍摄具有独特风格和视角的影片，最高奖项是金豹奖，该电影节与戛纳电影节、柏林电影节等同为国际A类电影节。

4. 民俗风情

天主教祭典流传至今。在祭典日，人们戴上假面具，穿着民族服，唱歌、跳舞和祈祷。

德语、法语、意大利语及拉丁罗曼语等4种语言民族各自保留风情习俗。每年5月莱蒙湖畔小城莫尔日举办郁金香节，展出郁金香、水仙、风信子等花卉。每年10月栗子收获季节，举办"栗子节"。每年11月的第四个星期的星期一在伯尔尼举行"洋葱节"。

牛铃为瑞士的一种象征，大街小巷的旅游商店里都能见到各种花色牛铃。牛铃源自山区"听铃识牛"，还能呼唤家人回家吃饭，当门铃用，村里举行婚礼、葬礼摇铃集合宾客，甚至救火也使用"牛铃"警示行人让路。长3到4米，重4公斤的木质号角阿尔卑斯长号原是阿尔卑斯山区牧民召唤牧群、传递信息的工具，为瑞士山区文化的代表。

三、旅游业

1. 旅游城市与著名景点

首都伯尔尼，是全国政治文化中心和主要陆空交通枢纽。人口为13.03万（2009年）。该城地处中西部阿勒河畔，新、旧城区分别在河的右岸和左岸。建于1191年，1848年定为首都。伯尔尼是动中有静的城市，市中心有著名的钟楼和大教堂。

日内瓦：位于日内瓦湖畔，为国际名城，联合国驻欧洲办事处及许多国际机构总部所在地。主要景点有：大花钟、大喷泉、万国宫（"二战"前为国联大厦，现为联合国驻日内瓦办事处）、诗隆城堡、钟表博物馆及温泉古镇伊华东利斯班斯等。

伯尔尼：世界文化名城，主要景点有伯尔尼大教堂、钟塔、爱因斯坦博物馆、伯尔尼美术馆等。

苏黎世：国际金融中心之一，主要景点有苏黎世湖、格罗斯大教堂、国家博物馆、苏黎世大剧院等。

洛桑：主要景点有圣母大教堂、圣梅尔城、奥林匹克博物馆、阿尔布吕特美术馆等。

世界文化遗产有伯尔尼古城、圣加伦修道院、本笃会圣约翰女修道院、贝林佐纳城堡、勒洛克勒镇和拉绍德村、雷蒂亚铁路（与意大利共有）、拉沃的梯田式葡萄园等文化遗产；世界自然遗产有少女峰—阿莱奇峰—比奇峰、圣乔治山（海洋生物古化石群）、萨尔多纳地质结构区。因特拉根的英国式小镇，勒洛克勒镇与拉绍德村的遗产小镇，融德语、法语、意大利语及拉丁罗曼语等4种语言文化于一体。雪山、森林、牧场、碧湖、河流、温泉、葡萄园、村庄，全境构成一幅天然画卷。一流的生态环境与高超医术相结合的康疗旅游是瑞士高端旅游的一大品牌。

瑞士的旅游宣传口号是"世界公园，瑞士，瑞士，还是瑞士"。2017年瑞士在全球旅游竞争力排名中列第10名。

2. 旅游客源市场

2000年入境游客782.1万人次，旅游外汇收入77.88亿美元；2014年915.8万人次，174.42亿美元；2017年1113.3万人次，170.0亿美元，接待入境游客人数与全国人口之比为 130∶100。主要客源地欧洲占 70% 以上，美洲和亚太地区各占 10%。主要客源国是德国、英国、美国、法国、意大利。

2009 年出境旅游 955.3 万人次，旅游外汇支出 109 亿美元，2011 年出境旅游支出 125 亿美元，居世界第 24 位。2009 出境旅游人次与全国人口之比为 126∶100。出境游客中，90% 去欧洲。最喜欢的目的地是意大利、德国和美国。瑞士人出境旅游以阳光、滨海、沙滩为主，以历史与文化为辅。185 个国家和地区对瑞士国民实行免签入境政策。

瑞士国民旅游已有 200 多年的历史，开展登山、滑雪、滑冰等户外运动有超过 150 年的历史。2010 年接待国内游客 4200 万人次。

3. 旅游产业

旅游业是国民经济重要支柱，是仅次于机械制造和化工医药创汇行业。2016 年，旅游业的直接贡献占国民生产总值的 2.4%、间接贡献占国民生产总值的 9.1%。旅游从业 48.5 万，占就业人口总数的 10.1%。国际旅游收支长期呈盈余状态，2011 年旅游外汇收入 175.5 亿美元，出境旅游支出 125 亿美元，顺差 50.5 亿美元。

2017 年有旅馆 4878 家，床位约 27 万张。"可尼旅行社"和"旅馆计划"居欧洲最大的 12 家旅游集团公司之列。山区建造了轮齿轨铁路 94 公里，专线登山铁路 50 多条，电缆吊车线 400 多条，1000 多条滑雪用电缆椅线。拥有 200 个滑雪场、6.5 万公里的徒步登山道。

4. 旅游管理

瑞士成立联邦旅游经济委员会，设在政府经济部内，负责制定、实施旅游业政策。联邦国家旅游局属经济部管辖的特殊法人，是个半官方的协会性事业机构，主要任务是制定旅游政策和长期规划，代表瑞士从事国家开展旅游宣传促销工作。经费来源主要靠政府拨款，其次是组织成员的缴费（由联邦铁路局、电信局、邮政局、饭店协会、公路局、航空公司、乳制品联合会、瑞士统一联合会、各州、区等 500 多个成员缴纳）、经营性收入和其他非经营性收入。

在法兰克福、柏林、杜塞尔多夫、汉堡、慕尼黑、巴黎、米兰、罗马、维也纳、伦敦、阿姆斯特丹、布鲁塞尔、马德里、斯德哥尔摩、纽约、芝加哥、洛杉矶、多伦多、东京和中国香港设有旅游办事处。

已有百年历史的洛桑旅游学校是世界旅游人才的摇篮。

四、中瑞关系

1. 外交关系

1950 年 9 月，两国正式建立外交关系。2013 年 5 月两国签订自由贸易区协议，是西方国家中第一个与中国签订自由贸易区的国家。瑞士是中国在欧洲第 5

大贸易伙伴国,中国是瑞士在亚洲最大贸易伙伴国。瑞士在上海、广州设有总领事馆。中国在苏黎世设有总领事馆。

2. 旅游关系

瑞士来华旅游人数逐年增长,1981年0.58万人次,2015年7.27万人次,2017年7.21万人次,2018年7.4万人次。

2004年6月,瑞士成为中国旅游目的地国家。2010年,中国在瑞士有40.4万人次过夜游客,2011年为67.72万人次,中国成为瑞士在亚洲最大的客源市场。2015赴瑞士过夜游客137.8万人次,成为继德、美、英之后第四大客源国。2017年双方共办中瑞旅游年,同年,中国客人在瑞士过夜人次达143万。

中国在苏黎世设有旅游办事处,瑞士国家旅游局在北京设立旅游办事处。

第二节 北欧地区

挪 威

一、基本国情

1. 自然地理

挪威王国(The Kingdom of Norway)位于欧洲北部斯堪的纳维亚半岛西部,与瑞典、芬兰、俄罗斯和丹麦相邻。"挪威"原意为"通往北方之路",面积385155平方公里。沿海岛屿有15万多个,多峡湾,称为"万岛之国""峡湾之国"。高原、山地、冰川约占国土面积的3/4。有湖泊和沼泽约16万个。有1/3的土地在北极圈内,冬季约3个月不见阳光,夏季约3个月不见落日,被称为"永夜""永昼"之国。属海洋性气候,沿海温暖,内地山区寒冷。

2. 简史

9世纪形成统一王国,1380年受制于丹麦,1814年被丹麦割与瑞典。1905年独立,选丹麦王子卡尔为国王,称哈康七世。两次世界大战均保持中立。1940年4月被德国占领,政府流亡英国,1945年获解放。

3. 国旗、国鸟

国旗:呈长方形,旗地为红色,旗面上有蓝、白色的十字形图案。"十字"源自丹麦国旗的十字图案,蓝色十字象征挪威的独立。挪威国旗有两种,政府机构悬挂燕尾式国旗,其他场合悬挂上述横长方形国旗。

国鸟:河乌。

4. 政治体制

君主立宪制，国王为国家元首兼武装部队统帅，并提名首相人选，但无权解散议会。现任国王哈拉尔五世，1991年1月21日即位。议会是国家立法机构，采用比例代表直选制，分上下两院。20多个注册政党，主要政党有工党：主要执政党，在工会中有较大影响。其他重要政党有社会主义左翼党、中间党、保守党、基督教人民党、自由党、挪威共产党、红色选举联盟、绿党等。

5. 国民经济

现代发达的工业国，西欧最大产油国、世界第七大石油出口国。农业以畜牧业为主，养殖业以三文鱼为主，有"渔业王国"之称。2017年国内生产总值3705亿美元，人均国内生产总值7.36万美元，居世界前列。一、二、三次产业结构比例为1:37:62。造船业发达，其商船队是世界十大商船队之一，有"航海国家"之称。挪威和瑞典、丹麦联合经营斯堪的纳维亚航空公司，国际机场有奥斯陆、卑尔根和斯塔万格等。

货币名称：挪威克朗（Krone），汇率：1美元≈8.3挪威克朗（2018年10月）。

6. 对外政策

以联合国、北约、欧盟、周边为四大重点，积极发展与欧盟及北欧的合作，但尚未加入欧盟。同时与邻国俄罗斯维持睦邻关系。重视发展与亚太国家的联系，努力拓展外交空间，通过联合国积极参与国际事务。与140多个国家有外交关系。

二、人文习俗

1. 人口、民族、语言与宗教

人口529万（2018年），96%为挪威人，有萨米族约3万人，主要分布在北部。官方语言为挪威语。90%的居民信奉国教基督教路德宗。

2. 节假日

解放日：5月8日，1945年5月8日，打败德国，挪威人民获得解放。

独立日：6月7日，1905年6月7日挪威宣布独立。

国庆日：也是宪法日，5月17日（纪念1814年5月17日通过第一部宪法）。

带薪假期：挪威是世界上周工时最短的国家，平均每周工作30小时，并且每年还有5周以上的带薪假期。

3. 文化艺术

戏剧大师易卜生是现代戏剧的奠基人，以"社会问题剧"著称，代表作有《玩偶之家》《群魔》等。比昂松是戏剧家、诗人和小说家，以民族语言创作、传播民族文化著称，代表作有《战役之间》《苏格兰女王玛丽》等。1000多年前挪威海盗"维京"风行，被称为"北方来客"，产生了很多与"维京"为主题的文学、影视和戏剧作品。

4. 民间节庆

特罗姆瑟太阳日：每年 1 月 21 日。即经过漫长极夜后，欢迎太阳重新露面的节日。

降世节：定在耶稣节的前四周。这是远古异教徒留下来的风俗。

奥斯陆滑雪节：每年 3 月的第一个星期日。在各种文体活动中，挪威人最喜好的是滑雪。

5. 生活习惯

饮食较简单，主食是面包，副食是丰富的鱼类产品。喜欢吃海鱼、熏鱼、肉肠和酸菜。喜饮烈性酒，酒量大。圣诞节的圣诞晚餐吃烤饼。

特别重视守时，不守时被认为是不礼貌、不守信用。万一不能守时一定要打电话说明原因、求得谅解。与人交谈时要保持 1.2 米。忌讳与 13 有关的数字与星期五。热爱河鸟，不得捕捉、伤害河鸟。

三、旅游概况

1. 旅游城市与景点

首都奥斯陆：以不冻港闻名于世，世界裘皮加工、出口中心之一，被誉为"裘皮之都"。主要景点有世界文化遗产奥尔内斯木结构教堂、维格兰雕塑公园、维京海盗船博物馆、福洛格雕塑公园、霍尔门科伦山滑雪场和滑雪博物馆，有"世界滑雪之都"之称。

卑尔根："山中之城"，主要景点有建于 11 世纪的世界文化遗产布吕根小镇、贝尔胡根斯城堡、作曲家和大提琴家奥莱·布尔创办的卑尔根剧院等。

勒罗斯：由 18 世纪国王设计建筑的世界文化遗产砖石教堂。

朗伊尔："海洋之城"，地球最北端城市，一年有 116 天"极夜"、100 多天"极昼"，其余为半昼半夜。每年的日子分为三种，第一种为全"白昼"（5 月中旬至 7 月底），第二种为全"黑夜"（11 月中旬至翌年 1 月底），第三种为"半夜半昼"。该城在第二次世界大战的废墟上重建，建筑风格依然保持原貌。

挪威有世界自然文化遗产 7 项，以文化遗产为主。2017 年旅游竞争力排名世界第 18 位。

2. 旅游客源市场

1995 年接待客人 288 万人次，旅游外汇收入 23.85 亿美元；2014 年 481.1 万人次，58.43 亿美元；2017 年 625.2 万人次，54.0 亿美元，接待外国游客人数与本国人口之比为 118∶100。主要客源地是欧洲，占 90% 以上，其余是美洲地区。

2003 年出国旅游 258.8 万人次，旅游花费 66.05 亿美元，出境旅游人次与全国人口之比为 56∶100。175 个国家和地区对挪威国民实行免签入境或落地签证政策。

3. 旅游产业

2016年旅游业的直接贡献占国民生产总值的4%、间接贡献占国民生产总值的9.1%。从业人数约占总劳动力的7%。国际旅游收支长期呈赤字状态，2004年外汇收入29.31亿美元，外汇支出83.83亿美元，逆差54.52亿美元。

全国有酒店客房6.7万间、床位14.4万张。挪威在发展工业和旅游的同时，十分重视环境保护。1995年，获得"欧洲联盟旅游和环境大奖"，被誉为"把发展旅游业与保护大自然完美结合的典范"。

4. 旅游管理

由贸易与旅游部下设旅游局，主要职能是对外旅游宣传推广。

四、中挪关系

1. 外交关系

1954年10月5日中国与挪威建交。挪威在上海、广州驻有总领事馆正式开馆，在香港设立名誉领事，辖区为香港和澳门。

2. 旅游关系

1996年挪威来华旅游1.39万人次，2015年4.11万人次。

从2004年9月起，挪威成为中国公民出境旅游目的地国家，目前赴挪威旅游大多成为北欧之旅行程中的一个重要节点。

斯堪的那旅游局在北京设有旅游办事处。

芬 兰

一、基本国情

1. 自然地理

芬兰共和国（The Republic of Finland）位于欧洲北部，是世界"最北的共和国"。面积为338145平方公里，地势东北高、西南低，内陆水域面积占整个国土面积的9%以上。境内多丘陵、湖泊和森林，森林覆盖率66.7%，居世界前列。大小湖泊就有6万多个，有"千湖之国"之称。全国有1/3的土地在北极圈内。气候寒冷湿润，多雨雪。

2. 简史

在12世纪前处于原始公社社会。12世纪后半叶开始隶属于瑞典，14世纪中叶正式成为其一部分。1809年俄瑞战争后成为俄国的大公国。1917年12月6日独立，1919年成立共和国。1939—1940年芬苏战争之后，被迫同苏联签订向苏割让领土的芬苏和约。1941—1944年参与对苏战争（芬称"续战"）。1947年2月，作为战败国与苏联等国签订巴黎和约。

3. 国旗、国花

国旗：呈长方形，白地上有一偏向旗杆一侧的蓝色十字。蓝色代表湖泊、河流、海洋，白色代表白雪覆盖着的国土，十字表示芬兰历史上与北欧其他斯堪的纳维亚国家的亲密关系。

国花：铃兰花和绣球菊。

4. 政治体制

总统议会制，国家立法权由议会和共和国总统共同行使。总统是国家元首，拥有掌管外交、统率三军等实权，每6年选举一次。议会为一院制，是国家最高权力机关和立法机关。多党制国家，主要政党有中间党、民族联合党、社会民主党、绿色联盟、瑞典族人民党、左翼联盟、基督教民主党和芬兰共产党。

5. 国民经济

经济发达国家。2018~2019年世界经济论坛年度竞争力排名中位居第十一。农林密切结合，几乎所有的农户都经营一定数量的林地。世界第二大纸张、纸板出口国及世界第四大纸浆出口国。2017年国内生产总值2238亿欧元，人均国内生产总值4.06万欧元。一、二、三次产业结构比例为1.8∶30.0∶68.2。国际机场有赫尔辛基、图尔库和坦佩雷等。

2002年1月欧元取代芬兰马克正式流通。

6. 对外政策

苏联解体后，把发展同欧盟的关系作为外交重点，1995年1月1日起成为欧盟正式成员。坚持奉行军事不结盟和独立可靠的防务政策，密切与北约合作，同时继续与俄罗斯保持睦邻关系。1999年加入欧洲经货联盟（欧元区）。与166个国家有外交关系。

二、人文习俗

1. 人口、民族、语言与宗教

人口551.6万人（2018年），芬兰族占90%多，还有瑞典族和少量萨米人。芬兰语和瑞典语均为官方语言。80%的居民信奉基督教路德宗。

2. 节假日

元旦：1月1日。

神灵节：1月6日，又叫"主显节"，纪念耶稣显灵。

基督受难日与复活节：春分第一次月圆之后的第一个星期日，4月。

五一国际劳动节：5月1日。

独立日：1917年12月6日，芬兰脱离沙俄统治，成为独立国家。

耶稣升天节：复活节后的第六个星期日，5月。

圣灵降临节:复活节后的第七个星期日,5月。

仲夏节:6月的最后一个周末,一年中白天最长、夜里最短一天。

圣母升天节:8月15日(天主教)、8月27日(东正教)。

万灵节:11月1日,又叫"鬼节",去墓地祭奠、凭吊故人。

圣诞节:12月25日。

节礼节:圣诞节后一天。

带薪休假:职员每年有4周带薪暑假、1周带薪寒假,绝大多数芬兰人7、8月间休暑假,圣诞节前后休寒假。

3. 文化艺术

现代作曲家西贝柳斯被誉为"芬兰民族音乐之父",主要作品有交响诗《芬兰颂》、四首管弦乐传奇曲和合唱曲《雅典人之歌》。充满传奇色彩的民族史诗《卡勒瓦拉》,由19世纪语言学家伦洛特搜集整理而成,为世界文学史中最伟大的史诗之一。20世纪著名建筑大师阿尔瓦·阿尔托建筑设计充满芬兰本土传统浪漫风格,在现代主义建筑潮流中独树一帜。

4. 民俗风情

全国有大小不同的桑拿房上百万间,每个芬兰人几乎从婴儿时期就开始接受桑拿浴的熏蒸和洗礼,号称芬兰的"国粹",桑拿浴也是招待贵宾的礼节。

拉普人居住于北方极地,祖先就以捕鹿、养鹿为生,每年3月15日举办赛鹿节。

1927年儿童故事大王玛尔库斯在电台讲述圣诞老人和2万头驯鹿在拉毕省"耳朵山"的故事,家喻户晓,"耳朵山"就成了圣诞老人的"故乡",设有圣诞老人村、邮局。

三、旅游概况

1. 旅游城市与景点

首都赫尔辛基:由于夏季很长,一天中太阳照射时间为20多个小时,因而被人们称为"太阳不落的都城"。景点有赫尔辛基大教堂、登贝里奥基欧教堂(建在岩石之内,又称"岩石教堂")、为纪念芬兰音乐家而建的西贝柳斯公园和其故居、露天博物馆、奥林匹克公园。

图尔库:1812年以前是芬兰的首都,仅次于赫尔辛基的重要的文化中心。在图尔库古城堡内建起的博物馆,图尔库大教堂、总统夏季别墅和海洋博物馆。

世界自然与文化遗产7处,以文化遗产为主。有"极夜"(半年无白天)、"极昼"(半年无黑夜)的自然奇观,一年一度的斯堪的纳维亚半岛冬季运动会在此举行。每年12月至翌年4月,在波的尼亚湾北部海域举行破冰之旅,可欣赏船身碾碎冰层的壮景。

芬兰地处地球北端，独特的地理区位与人文气息形成了旅游的奇特亮点。2017年芬兰在全球旅游竞争力排名中名列第33位。

2. 旅游客源市场

2013年279.9万人次，40.50亿美元；2017年318.1万人次，29.82亿美元，接待入境游客人数与全国人口之比为58∶100。90%以上游客来自欧洲地区，分别为俄罗斯、瑞典、爱沙尼亚、德国、英国、挪威、法国、美国等。

2004年出境游客579.8万人次，旅游支出28.22亿美元，出境旅游人次与全国人口之比为109∶100。187个国家和地区对芬兰国民实行免签入境政策。

3. 旅游产业

2016年旅游业的直接贡献占国民生产总值的2%、间接贡献占国民生产总值的8.8%。国际旅游收支长期呈逆差状态，2004年外汇收入20.50亿美元，外汇支出28.22亿美元，逆差为7.72亿美元。

2003年全国共有旅馆、饭店754家，客房5.58万间，床位12万张。

4. 旅游管理

旅游主管部门为贸易与工业部，由外交部、财政部、交通部、饭店餐饮业和他方代表组成的旅游理事会指导旅游业发展。1973年设立国家旅游局，隶属于贸易工业部，在各市镇设有旅游办公室，主要职能是旅游宣传推广。

四、中芬关系

1. 外交关系

1950年10月28日中芬建交。1951年互设公使馆，1954年升格为大使馆。2013年4月，两国就共同构建和推进面向未来的新型合作伙伴关系达成重要共识。芬兰在中国上海设有领事馆。

2. 旅游关系

1994年来华游客2.03万人次，2013年6.57万人次，2017年5.783万人次，2018年5.8万人次。

从2004年9月起，芬兰成为中国公民出境旅游目的地国家。2005年7月，芬兰国家旅游局驻京办事处正式成立。2009年芬兰国家旅游局中文网站。芬兰在中国主推"北欧神话芬兰"形象，吸引游客深入地球北国之夏，体验芬兰的午夜阳光。目前赴芬旅游大多与瑞典、挪威等国联为一条旅游线，或与俄罗斯旅游联为一条旅游线。2007~2017年，中国游客在芬兰的间夜数保持持续增长的态势。2017年，中国游客在芬兰停留了36.1万间夜，中国游客两年内在芬兰人均支出已从600欧元猛增至1300欧元。

瑞 典

一、基本国情

1. 自然地理

瑞典（Sweden）位于北欧斯堪的纳维亚半岛东半部，东濒波罗的海，西南临北海。地势自西北向东南倾斜。面积449964平方公里（其中内湖面积39030平方公里）。境内有湖泊约9.2万个。大部分地区属温带针叶林气候，最南部属温带阔叶林气候。

2. 简史

11世纪形成统一国家。1157年兼并芬兰。1397年与丹麦、挪威组成卡尔马联盟，处在丹麦统治之下。1523年推翻丹麦统治，16~17世纪先后占领爱沙尼亚、拉脱维亚、立陶宛、俄罗斯、波兰和德国的大片土地，成立了瑞典波罗的海王国。1718年、1809年两次战败，将芬兰割予俄国。1814年参加了反拿破仑战争，并从丹麦取得挪威，成立了瑞—挪联盟。1905年挪威独立。在两次大战中瑞典均保持中立。

3. 国旗、国花、国鸟与国石

国旗：蓝色旗地上有偏向旗杆一侧的黄色十字宽条，将旗地分为四块上下等面积的长方形。蓝黄两色来自瑞典皇徽的颜色。蓝地黄十字旗曾为瑞典国王的私人用旗，也是瑞典皇家海军军旗。国旗与王旗的不同之处是，王旗带有国徽图案。

国花：白菊、睡莲和孪生草。

国鸟：乌鸫（百舌）。

国石：水晶。

4. 政治体制

君主立宪制。国王是国家元首，作为国家象征仅履行代表性或礼仪性职责，不能干预议会和政府工作。一院制议会是立法机构，由普选产生。政府是国家最高行政机构，对议会负责。国王的长子女是法定王位继承人。现任国王是卡尔十六世·古斯塔夫。主要政党有社会民主工党、温和联合党（又称保守党）、中间党（原名农民协会）、基督教民主党、人民党（又称"自由党"）、左翼党和环境党。

5. 国民经济

发达工业国，铁矿、森林和水力是瑞典三大资源。以高收入、高税收、高福利为主要内容的"瑞典模式"为保障国家经济发展、抵御危机影响发挥了积极作用。在世界经济论坛2018~2019年度全球竞争力排名中位居第九。2017年国内生产总值5387亿美元，人均国内生产总值5.32万美元。一、二、三次产业结构比例为1.8∶26.9∶71.3。外贸在国民经济中占重要地位。

货币名称：瑞典克朗（Svensk krona）。1克朗＝100奥尔，汇率：1瑞典克朗＝0.1079美元（2019年）。

6. 对外政策

奉行"和平时期军事不结盟，以求邻近地区发生战争时能够守中立"政策。加入欧盟、申根协定，但未加入欧元区。没有加入北约，但系北约"和平伙伴关系"成员国。以维护国际法和尊重人权为对外政策两大基石。

二、人文习俗

1. 人口、民族、语言与宗教

人口1011万（2018年），主体民族瑞典人（日耳曼族后裔），约占全国人口的90%。北部芬兰族约3万，萨米族近1万，外国移民及其后裔147万。官方语言为瑞典语。90%的国民信奉国教基督教路德宗。

2. 节假日

新年：1月1日。

国庆日：6月6日（始自1983年，原为国旗日）。

仲夏日：6月20~26日。

露西亚日：12月13日。

带薪休假。20世纪30年代通过《休假法》，在一个单位一年里工作满180天，就可以享受25个工作日的带薪年假。为鼓励休假，休假期间的工资要比平常高出0.8%。

3. 科学艺术

著名化学家、硝酸甘油炸药发明人诺贝尔捐款设立诺贝尔奖，每年12月20日发布诺贝尔奖，嘉奖在物理学、化学、生物学或医学、文学与和平事业等方面对人类有突出贡献的人士。拉格洛夫是第一位诺贝尔文学奖女性获得者，代表作为《尼尔的惊异冒险》，描写古代北欧的传奇英雄。著名导演伯格曼的电影以探讨生命与人性见长，代表作有《生命的门槛》《夏夜的微笑》。

4. 民俗风情

每年4月30日~5月2日欢庆春天来临，入夜后围着象征春天的"5月树"载歌载舞。6月24日仲夏节，用鲜花、彩带装饰木桩，通宵达旦狂欢，庆祝光明与万物茂盛。12月23日露西亚女神节，庆贺女神在这夜降临人间，欢庆长夜即将过去、光明即将到来，成为地球北端的文化符号。

5. 饮食特色

半禁酒的国家。居民喜食生、冷食品，肉片和鱼块都是半熟的。一般习惯吃欧式菜、广东菜及甜点心。喜吃瘦牛肉、新鲜蔬菜、火腿、鸡、野味、水果等，爱喝浓茶。不喜欢油腻食物，有人不吃鸡蛋。酷爱喝咖啡。"青鱼拌马铃薯"是多数人所偏爱的食物。

三、旅游概况

1. 旅游城市与景点

首都斯德哥尔摩：由14个海岛和一个半岛组成，水域宽广、桥梁纵横，被称为"北方威尼斯"，并以"地下城市"闻名，地下建筑达3000万平方米。主要旅游景点有斯康森露天博物馆、举行诺贝尔奖颁奖典礼的市政厅和皇宫。

哥德堡：第一大港口城市，主要景点有17世纪建造的皇宫、市政厅（诺贝尔奖颁奖后晚宴处）、大广场、18世纪建造的大教堂、瓦萨沉船博物馆、诺贝尔故居、斯康森露天民俗博物馆和1753年建的中国宫等。

马尔默：海军基地和交通枢纽。建有荷兰文艺复兴式建筑的市政厅、哥特式建筑的圣彼得大教堂等。

乌普萨拉：曾是瑞典旧王朝的故都，瑞典国王举行加冕典礼的圣地，保存有12世纪建成的圣三位一体教堂、13世纪建造的哥特式大教堂、16世纪建成的城堡以及斯塔夫一世等历史名人的陵墓。

瑞典有14项世界自然与文化遗产，以文化遗产为主。北部自然保护区的寒带森林、湖泊，西南部的维纳恩湖度假，北国雪乡的白夜奇光等，瑞典的旅游宣传口号是"奇妙，即使在冬季"。

2017年瑞典在全球旅游竞争力排名中名列第20位。

2. 旅游客源市场

2000年入境游客274.6万人次，旅游外汇收入40.64亿美元；2014年1075.0万人次，126.95亿美元。2017年686.5万人次，141.425亿美元，接待入境游客人数与全国人口之比为68∶100。90%的客源来自欧洲，其次是美洲。主要客源国为德国、丹麦、芬兰、挪威、英国、美国、荷兰和法国等。

2004年出境游客1396.7万人次，旅游外汇支出99.46亿美元，出境旅游人数与全国人口之比为151∶100。2011年出境旅游花费159亿美元。187个国家和地区对瑞典国民实行免签入境政策。

国内旅游相当普遍。2008年，瑞典全国各类旅馆接待过夜游客的天数达3250.6万天，其中国内游客过夜天数为2498.3万天，占接待总量的76.9%。

3. 旅游产业

2016年旅游业的直接贡献占国民生产总值的2.5%、间接贡献占国民生产总值的9.6%。瑞典国际旅游收支长期呈逆差状态。

4. 旅游管理

瑞典王国外交部内设旅游局，对外旅游宣传推广的工作由公私合作的瑞典旅游开发公司负责。

四、中瑞关系

1. 外交关系

瑞典于 1950 年 1 月 14 日承认中华人民共和国，1950 年 5 月 9 日同中国建交，是第一个与中国建交的西方国家。2006 年 7 月，瑞国王卡尔十六世·古斯塔夫对华进行国事访问并出席瑞典"哥德堡号"仿古船驶抵广州的欢迎仪式。2007 年 6 月，时任国家主席胡锦涛对瑞典进行国事访问并出席"哥德堡号"仿古船返航抵达仪式。中国已成为瑞典在亚洲最大的贸易合作伙伴。瑞典在上海和香港设有总领馆。

2. 旅游关系

20 世纪 90 年代以来，瑞典旅华人数逐步增长。1981 年 0.38 万人次，2013 年 15.9 万人次，2014 年 14.2 万人次，2015 年 11.8 万人次，2018 年 11.0 万人次。

2000 年，中国赴瑞典 1.2 万人次。从 2004 年 9 月起，瑞典成为中国公民出境旅游目的地国家。2005 年，隶属于北欧旅游局亚洲总部的北欧旅游局北京办事处正式宣布成立，负责丹麦、挪威、瑞典旅游在中国市场推广。2015 年，中国游客在瑞典间夜数达 26.1 万间夜，中国成为瑞典在亚洲的最大旅游客源国。

丹 麦

一、基本国情

1. 自然地理

丹麦王国（The Kingdom of Denmark）位于波罗的海至北海的出口处，本土由日德兰半岛的大部分和西兰岛、菲英岛等 406 个岛屿组成，面积 43096 平方公里（不包括格陵兰岛和法罗群岛）。境内地势起伏平缓，多湖泊和沼泽。属海洋性温带阔叶林气候，多雨雾，常刮风。本土以外还有两个自治区：格陵兰岛和法罗群岛，它们的外交和国防政策由丹麦中央政府制定。

2. 简史

约在公元 985 年形成统一的丹麦王国。11 世纪 20 年代征服英格兰和挪威，成为强大的海盗国。1397 年与瑞典、挪威结成卡尔马联盟，丹麦处于统治地位。1849 年建立君主立宪政体。两次世界大战中均宣布中立。1940—1945 年被德占领（1944 年冰岛脱离丹麦独立），1945 年 5 月 5 日从纳粹德国统治中解放。1949 年和 1973 年先后加入北约和欧共体。

3. 国旗、国花与国鸟

国旗：旗面为红色，靠旗杆的一侧有白色十字。为世界上最古老的国旗，被称为"丹麦人的力量"。1219年6月15日，丹麦在与爱沙尼亚异教徒的战争中，高举这面旗帜转败为胜，该红旗就成为国旗。

国花：冬青。

国鸟：白天鹅。

4. 政治体制

君主立宪制，国王为国家元首，现任国王是女王玛格丽特二世。议会为一院制，议员经普选产生。经议会5/6多数通过，政府可将一定范围内的主权交给某种"国际机构"。主要政党有自由党、保守人民党、社会民主党、人民党、激进自由党、社会主义人民党、红绿联盟、自由联盟等。

5. 国民经济

发达工业国，人均国内生产总值居世界前列，在世界经济论坛2018~2019年全球竞争力排名中位列第十。农牧结合、以牧为主，农业科技水平和生产率居世界先进国家之列。猪肉、奶酪和黄油出口量居世界前列，欧盟最大渔业国。哥本哈根卡斯楚普机场是丹麦最大航空港，也是欧洲北部重要航空枢纽。2017年国内生产总值3253亿美元，人均国内生产总值5.63万美元。一、二、三次产业结构比例6∶18∶76。2000年9月全民公决否决加入欧元区后，仍坚持以"汇率挂钩"和"利率紧随"为主要特征的"准欧元政策"。

货币名称：丹麦克朗（Danish Krone）。汇率：1克朗=0.1501美元（2019年）。

6. 对外政策

重视同欧盟、北约、北欧和联合国的合作，奉行以欧洲联盟为主体的外交政策，以欧洲联盟为基础实现"共同安全、民主和人权、经济和社会发展及环境"。加强同亚洲国家的关系，特别是经贸关系。主张强化联合国、北约和欧安组织的机制，加强其预防冲突和控制危机的能力。已同154个国家建立了外交关系。

二、人文习俗

1. 人口、民族、语言与宗教

人口578万人（2018年），丹麦人约占90%，属日耳曼语族，外国移民约占5%，主要有德意志人、法罗人、瑞士人、挪威人、犹太人等。官方语言为丹麦语，英语为通用语。丹麦居民大多信奉基督教，其中新福音派路德宗占近90%。

2. 节假日

国庆日：4月16日，丹麦女王玛格丽特二世生日。

解放日：5月5日，1945年5月5日结束了纳粹德国的占领。

宪法日：6月5日，为纪念1849年6月5日颁布的丹麦王国宪法。

国旗日：6月15日。

2月最末一日的夜晚，燃火纪念圣徒彼得，同时祈祷航海平安。相传，圣彼得是海员的庇护神。

带薪假期：职员一般享有30天的年带薪休假。

3. 文化艺术

童话作家安徒生的文学作品举世闻名，"童话王国"之称。1975年开始的国际童话电影节每两年在安徒生的故乡欧登塞城（Odense）举行一次，中国动画片《牧笛》于1979年获第3届金质奖。伟大作家和神学家以及哲学家瑟伦，对各国的哲学思想影响极大。20世纪著名的女小说家卡伦·布里森，在非洲生活了20年，用优美的文字写出了对非洲风土人情的熟悉和眷恋，在世界广泛传播。丹麦皇家芭蕾舞团经常在世界各地进行巡回演出。丹麦人酷爱运动，足球为国球。

4. 民俗风情

偏爱花卉，康乃馨象征吉祥如意。送礼以花为主，以康乃馨表示感谢，祝福新娘、接受洗礼和举行葬礼送白花，赠送客人用黄花，送亲友旅行送红花。养鸟成风尚，到处可见鸟笼。几乎人手1辆自行车，有"自行车王国"之称。首都哥本哈根有150万辆自行车，1/3人骑车上班，被称为"自行车之城"。丹麦人男女交友十分自由，没有办理婚姻登记和婚礼同居的"无证明婚姻"被社会认同。

三、旅游概况

1. 旅游城市与景点

首都哥本哈根：世界文化遗产克伦堡宫及克里斯蒂安堡、罗森堡宫、阿玛连堡宫和市政厅的钟楼是建于17世纪的著名建筑。海滨公园中的"美人鱼"和"神牛"，"美人鱼"是根据安徒生的童话故事《海的女儿》雕塑而成的铜像，是丹麦国家的象征。

奥胡斯：丹麦第二大港口城市，有一千多年的历史，有13世纪中叶建造的修道院，1201年以罗马式风格建成的、在15世纪改建的大教堂和著名的市政厅。

欧登塞：丹麦第三大城市和第四大港口，有12~15世纪兴建的老教堂和1720年建造的城堡。世界著名童话作家安徒生的故乡，设有安徒生纪念博物馆。

西兰：丹麦最大的岛屿，以森林和沙滩为特色的著名旅游区，历代皇室和贵族的度假之地和安葬之地。

位于北极圈内的伊路利萨特冰峡湾是世界上最活跃的冰川，列为世界自然遗产名录。介于北海与波罗的海之间的日德兰半岛是北欧的著名滨海度假胜地。乐高积木城以特有的积木艺术展现世界名人和名建筑。

2017年丹麦在全球旅游竞争力排名中名列第31位。

2. 旅游客源市场

2000年入境游客353.5万人次，旅游外汇收入36.71亿美元；2013年855.7万人次，69.39亿美元；2017年1078.1万人次，73.94亿美元，接待入境游客人数与全国人口之比为187∶100。主要客源地区为欧洲，占90%以上，其余是美洲地区。主要客源国为瑞典、德国、挪威、英国、美国、荷兰、意大利、芬兰、日本和瑞士等。2011年外国游客入住4360万间夜，人均5.5夜。

2004年出境游客463万人次，旅游外汇支出72.79亿美元。2004年出境旅游人次与全国人口之比为85∶100。187个国家和地区对丹麦国民实行免签入境政策。

3. 旅游产业

2016年旅游业的直接贡献占国民生产总值的2.2%、间接贡献占国民生产总值的7.7%。旅游业就业人数为10万人，是服务行业中的第一大产业。国际旅游收支长期呈逆差状态，2004年外汇收入56.52亿美元，外汇支出72.79亿美元，逆差16.27亿美元。

2011年共有酒店599家，客床12.9万张，最著名的是位于哥本哈根市中心的SAS饭店。在日德兰半岛的海滨地带，建有许多别墅区。

4. 旅游管理

由旅游、工商业和金融事务商业部主管全国旅馆业，下设国家旅游局，主要职能是对外旅游宣传推广。

四、中丹关系

1. 外交关系

1950年5月11日中丹建交，1956年2月15日从公使馆升格为大使馆。丹麦是继瑞典之后第二个同中国建交的西方国家，2008年10月，中丹建立全面战略伙伴关系，是率先同中国建立全面战略伙伴关系的北欧国家。丹麦在上海开设总领事馆，在广州、重庆开设总领事馆。

2. 旅游关系

1998年丹麦游客来华旅游2.7万人次，2014年7.76万人次，2017年7.02万人次，2018年7.0万人次。

1999年赴丹麦旅游3.0万人次，从2004年9月起，丹麦成为中国公民出境旅游目的地国家。2007年赴丹麦游客7万人次。2017年丹麦是首个与我国互办"旅游年"的欧盟国家。丹麦每年迎接的中国旅行者数量都呈稳定上升趋势。2015年，丹麦驻华外交机构向中国旅行者发放了2.8万份签证。

第三节　东欧地区

俄罗斯

一、基本国情

俄罗斯联邦（The Russian Federation，The Russia）位于欧洲东部和亚洲北部。欧洲部分是俄罗斯民族和俄罗斯国家的发源地，一直是俄罗斯政治、经济和文化的中心。面积 1707.54 万平方公里，居世界第一。以南北走向的叶尼塞河为界，西部主要是平原，东部主要是高原和山地。境内 300 万条大小河流纵横交错，伏尔加河为欧洲最长的河流。贝加尔湖是著名的高山湖，也是世界上最大最深的淡水湖。里海是世界上最大的咸水湖。地处寒带、亚寒带、温带和亚热带四个气候带，大部分地区处于北温带，以大陆性气候为主。

2. 简史

9 世纪末以基辅为中心形成封建国家——基辅罗斯。12 世纪基辅罗斯解体，分裂出许多独立的封建公国。15 世纪末至 16 世纪初，以莫斯科大公国为中心，逐渐形成多民族的封建国家。1721 年，彼得一世改国号为俄罗斯帝国。1861 年废除农奴制。1917 年 2 月推翻沙皇专制制度。1917 年 11 月 7 日革命，建立俄罗斯苏维埃联邦社会主义共和国，后扩至 15 个加盟共和国，简称"苏联"。1990 年 12 月 26 日，宣布苏联停止存在。俄罗斯联邦成为完全独立的国家，并成为苏联的唯一继承国，继承联合国安理会常任理事国。1993 年 12 月 12 日，经过全民投票通过了俄罗斯独立后的第一部宪法，规定国家名称为"俄罗斯联邦"。

3. 国名、国花

俄罗斯是从"罗斯"一词演化而来的，源于中世纪，指由斯堪的纳维亚半岛南下的瓦兰几亚人，他们来自瑞典东海岸的一个叫罗登的居民区，称为"罗斯"。汉译名"俄罗斯"是通过蒙古语转译过来的。

国旗：呈横长方形，长与宽之比约为 3∶2。旗面由三个平行且相等的横长方形相连而成，自上而下分别为白、蓝、红三色。三色旗源自彼得大帝采用的红、白、蓝三色旗，是代表泛斯拉夫的颜色。白色代表寒带地区一年四季白雪茫茫；蓝色既代表亚寒带气候区，象征俄罗斯丰富的地下矿藏和森林、水力等自然资源；红色是温带的标志，也象征悠久的历史和对人类文明的贡献。

国花：向日葵，象征团结、向上、友好。

4. 政治体制

1993年2月《俄罗斯联邦宪法》规定，俄罗斯是共和制的民主联邦法治国家，行政权属总统；总统为国家元首和联邦武装力量最高统帅，由选民以无记名投票方式直接选举产生，每届任期4年，连任不得超过两届。俄罗斯联邦会议为最高立法机关，由联邦委员会（上院）和国家杜马（下院）两院组成，每届任期4年。俄罗斯联邦政府是国家权力的最高执行机关。由总理、副总理和若干名联邦部长组成。目前主要政党有统一俄罗斯党、俄罗斯共产党、俄罗斯自由民主党和公正俄罗斯党。

5. 国民经济

拥有完整的工业体系以及发达的农牧渔业和现代化的交通运输业。经济处在体制转轨时期，2012年8月加入世界贸易组织。2012年农业、工业、服务业增加值的比重为3.9∶36.7∶59.4。2018年国内生产总值约1.6万亿美元，人均国内生产总值10950美元。国际机场70个，主要机场有莫斯科的谢列梅杰沃2号国际机场、谢列梅杰沃1号国际机场、伏努科沃1号国际机场、多莫杰多沃机场、圣彼得堡国际机场、下诺夫哥罗德机场、新西伯利亚机场、叶卡捷琳堡机场、哈巴罗夫斯克机场等。

货币名称：卢布（Rouble），1卢布=100戈比。汇率：1卢布=0.015美元（2019年2月）。

6. 对外政策

对外政策的总体目标是为国内发展创造良好外部条件，具体包括维护国家主权、领土完整和安全，促进建立公平、民主的世界秩序，在互惠基础上同各国及国际组织建立伙伴关系、全面保护俄公民和法人在海外合法权益，推广俄罗斯语言和文化等。金砖5国和上海合作组织成员国。到1996年年底，俄罗斯同177个国家建立了外交关系。

二、人文习俗

1. 人口、民族、语言与宗教

1.46亿人（2018年），民族194个，其中俄罗斯族占近80%，少数民族有鞑靼、乌克兰、巴什基尔、楚瓦什、车臣、亚美尼亚、阿瓦尔、摩尔多瓦、哈萨克、阿塞拜疆、白俄罗斯等族。俄语是俄罗斯联邦全境内的官方语言，各共和国有权规定自己的国语，并在该共和国境内与俄语一起使用。居民中信奉东正教的约占50%，信奉伊斯兰教的约占10%，信奉天主教、犹太教和佛教的各占10%。

2. 姓名称谓

俄罗斯人的姓名由名、父名和姓三部分组成。在正式文件中要用全称，即姓+名+父名，名和父名可缩写成开头的第一个字母。在口头称呼中，表尊敬时用

"名+姓"；同辈人或长辈对晚辈只叫名；表亲切时用爱称；工作关系可称呼姓或职务。

3. 节假日

（1）国家节日

公历新年：1月1日。

东正教圣诞节：1月7日。

俄历新年：1月13日。

祖国保卫者日（苏联建军节）：2月23日。

国际妇女节：3月8日。

春天与劳动节（苏联劳动者团结日）：5月1日。

伟大卫国战争胜利日：5月9日。

国家主权宣言通过日（国庆日）：6月12日。

人民团结日（2004年设立，为纪念莫斯科打败波兰入侵者）：11月4日。

宪法日：12月12日，1993年12月12日全民公决通过现行宪法。

圣诞节：俄罗斯东正教的圣诞节在公历1月7日，象征新的一年的开始。

（2）民间节日

俄历新年：1月13日。

谢肉节（又称送冬节）：通常在每年的2月末3月初，是俄罗斯民间节日中最古老、最盛大的传统节日。民间意义上的送冬节是送走严冬，迎来春暖花开；而宗教意义上的谢肉节则是按东正教教历的规定，先尽情狂欢一周，而在此后持续七周的斋节期间不杀生，不吃荤，停止娱乐活动，严格禁欲。

桦树节：6月24日，告别春天，夏天开始。

复活节：纪念耶稣"复活"的不定期的节日。在每年春分月圆后第一个星期日举行。一般在3月底4月初。

"俄罗斯之冬"艺术节：每年的12月25日开始至次年的1月5日，以赛马、斗熊、滑雪、溜冰、滑雪橇等各种冬季娱乐活动来迎接新年。

"白夜"艺术节：每年的6月21日至6月29日在圣彼得堡举办。每年入夏，白天特别长，午夜非常短，虽日暮黄昏，天空却似白天。"白夜"期间要举办各种文化娱乐活动。

圣彼得堡春之声音乐节：4月底、5月初举办。

带薪休假：《劳动法》规定，每个员工一年之内带薪休假不得少于28天，可与业主商量分几次休假。

4. 文化艺术

19世纪俄国批判现实主义著名作家有普希金、莱蒙托夫、果戈理、别林斯基、赫尔岑、杜勃罗留波夫、屠格涅夫、车尔尼雪夫斯基、涅克拉索夫、列夫·托尔斯泰和契诃夫等。19世纪下半叶是俄罗斯音乐的繁荣期，杰出音乐家有柴可夫斯基，代表作有歌剧《叶甫盖尼·奥涅金》《黑桃皇后》，芭蕾舞曲《天鹅湖》《睡美人》《胡桃夹子》以及交响幻想曲《罗密欧与朱丽叶》。著名作曲家肖斯塔科维奇，他的第七交响曲是在列宁格勒被德国法西斯围困期间完成的，以悲壮著称。著名的芭蕾舞剧目有《天鹅湖》《罗密欧与朱丽叶》和《吉赛尔》等。

各种文化设施齐全，著名的有莫斯科高尔基模范艺术剧院、圣彼得堡马里因斯基歌舞剧院、圣彼得堡普希金模范话剧院。喜爱观看戏剧、音乐、舞蹈演出，尤其是芭蕾舞、交响乐和马戏。跳舞是民族传统，举办各种舞会，擅长手风琴、吉他表演，爱跳圆圈舞和奔放的特列帕克舞。

酷爱体育运动，冰球、足球、滑冰、滑雪、游泳和国际象棋十分普及。

5. 服饰餐饮

现代俄罗斯人的服饰风格趋于国际潮流，俄罗斯传统的民族服饰只有在重大的民间节日或文艺演出中才能见到。

主食为面包和肉类，大多喜食黑面包、黄油、酸牛奶、酸黄瓜、鱼子酱、咸鱼、蜜糖和饼干等。喜爱的饮料有烈性酒（如伏特加）及格瓦斯、啤酒等。喜欢红茶，习惯在茶中放糖。"祝您胃口好！"是俄国人用餐时最常用的一句客套话。

6. 婚丧礼仪

青年人自由恋爱和交往。现代婚礼多在教堂举行。接着新人要去无名烈士墓前献花，这一传统保持至今。婚礼过后，新人要在家中或餐馆设婚宴，款待亲朋好友。按照俄罗斯人风俗，银婚、金婚、钻石婚和王冠婚要举行特别隆重的庆祝活动。

按照东正教的习俗，俄罗斯人对死者多行土葬。

7. 社交礼仪

"面包和盐"：即在铺着绣花面巾的托盘上放上一大圆面包，面包上搁一小包盐。俄罗斯人在迎接贵客时捧出"面包和盐"，表示崇高的敬意和他们的热情好客。这一礼仪只适用于隆重场合。

国家领导人在隆重场合相会，行拥抱亲吻礼，吻是挨面颊两次，先右后左。在较隆重的场合，男女相见通常是男子屈身吻女子手背。在日常生活中表示亲切时，一般是长辈吻晚辈的面颊三次，先右后左再右，有时也吻一下额头；晚辈则吻长辈面颊两次。女子之间或拥抱或接吻，男子之间则只拥抱。下级、晚辈、男子在遇到上级、长辈、女子时，要等对方先伸手时方可握手。

打翻盐罐被视为家庭不和的征兆，打碎碗盘等餐具则意味着富贵和幸福。遇见熟人不可伸左手握手问好，学生考试时不能用左手去抽签，早晨起床不可左脚先着地。

三、旅游业

1. 旅游城市与景点

首都莫斯科：以克里姆林宫和红场一带为中心，向外延伸，市容呈辐射环形状。800多年的历史为莫斯科留下了许多名胜古迹。主要景点有：红场、克里姆林宫、列宁墓、天使大教堂、普希金广场、特列季亚科夫画廊、国立模范大剧院、俄罗斯艺术博物馆及各种博物馆等。

圣彼得堡：由40多个岛屿组成，整个城市由500多座桥梁连接，有"北方威尼斯"之称。主要景点有：沙皇宫殿冬宫，现为国立艾尔米塔什博物馆的一部分；伊萨基辅大教堂是圣彼得堡最著名的教堂，与梵蒂冈、伦敦和佛罗伦萨的大教堂并称世界四大教堂。

喀山：位于伏尔加河中游左岸，建于13世纪。15~16世纪为喀山汗国都城。市内古迹众多，有建于16世纪的克里姆林宫、欧洲风格的教堂、亚洲格调的喇嘛庙、斯拉夫式的拱门、罗马式的尖顶、蒙古包形的圆穹和中国宫殿式的雕梁画栋，是伏尔加河沿岸著名的旅游城市。

黑海沿岸索契是俄罗斯最大的海滨温泉疗养地。高加索山脉北麓矿泉众多，冬季山地滑雪的传统地。波罗的海及其芬兰湾沿岸是传统的海滨疗养度假胜地。世界自然遗产贝加尔湖是世界上最深、蓄水量最大的淡水湖，透明度深达40多米，它远离海洋，湖内却栖息着海洋性动物，至今是个不解之谜。

至2001年，拥有世界自然与文化遗产23处。2017年俄罗斯在全球旅游竞争力排名中名列第43位。

2. 旅游客源市场

2000年入境游客2116.9万人次，旅游外汇收入34.3亿美元；2014年2984.8万人次、居世界第9位，117.59亿美元。2017年2439.0万人次，89.45亿美元，2017年接待入境游客人数与全国人口之比为16∶100，赴俄旅游最多的是中国、德国、美国、英国和意大利等。

2012年出境4500万人次，其中旅游签证1430万人次，出境人数与人口比例为31∶100。2017年1~9月出境旅游3097.2万人次。2017年出境旅游支出311亿美元，居世界第8位。

出境度假旅游大多到3S（阳光、海洋、沙滩）目的地，也喜爱高山滑雪。独联体国家是俄罗斯居民的传统旅游目的地，主要是格鲁吉亚、哈萨克斯坦，以探亲访友的为主。去远程国家目的地以休闲度假为主，其中去欧洲地区占64%，亚洲地区占30%，其他地区占6%。目前出境旅游的主要目的地依次为：土耳其、芬兰、哈萨克斯坦、乌克兰、中国、波兰、爱沙尼亚、波兰、德国、格鲁吉亚、西班牙。以莫斯科地区为中心的俄欧洲地区是俄财富和人口聚集区，是出出境旅游的主要客源产出地。

2011年，国内过夜旅游超过3370万人次，与本国人口之比为24∶100。夏季去日照充足的黑海、里海、亚速海和芬兰湾海滨旅游。爱好登山、滑雪、钓鱼和狩猎。国内主要旅游地是莫斯科、圣彼得堡、黑海疗养地、伏尔加河沿岸城市、滨海边疆区和克拉斯诺达尔边疆区。

3. 旅游产业

旅游业是新兴经济部门之一，在国民经济中的地位逐渐提高。目前旅游业占国民生产总值的3%。国际旅游收支呈赤字状态。2011年旅游外汇收入114亿美元，旅游外汇支出325亿美元，旅游贸易逆差211亿美元。

目前最大的国际旅游企业为国际旅游与投资对外经济股份公司，简称"国际旅行社"。在国内各地该公司有57个分支机构。国际旅行社内设团体旅游公司、散客旅游公司、苏维埃国际旅游公司、国际旅游导游公司、国际旅游投资公司等。近年来俄罗斯出现了多种所有制形式的旅游公司，原来国有性质的饭店、旅行社、汽车公司、餐馆等旅游企业取得了完全的自主权，成为法人。

全国现有旅馆4182家，旅行社2966家，疗养院4876家。首都莫斯科现有四星级宾馆6家，苏联时期建起的"俄罗斯""国际""宇宙"等大饭店也颇具规模。在重点旅游城市圣彼得堡除新建的4家星级宾馆外，原有的不少饭店也有相当的接待能力。

4. 旅游管理

1992年俄罗斯成立了国际旅游总局，后与文化部合并，组成文化和旅游部。其主要职能是制定国家旅游业政策，建立旅游经营许可证制度，检查服务质量等。普京就任总统后，俄罗斯组建经济发展与贸易部，俄罗斯联邦旅游署设于该部之下，主要职能是旅游对外联络和宣传促销。现改为体育、旅游与青年政策部，由一位副部长主管旅游。

1997年，俄罗斯国家杜马和联邦委员会通过《俄罗斯联邦旅游法》。2005年7月俄罗斯议会通过《俄罗斯联邦经济特区法》，通过建立旅游休养地经济特区来促进旅游业发展。首批旅游休养地经济特区中将包括贝加尔湖地区和克拉斯诺达尔边疆区。

在俄罗斯涌现出一批旅游行业组织，如俄罗斯国际旅游股份公司、国际旅行社控股公司、旅游行业协会有俄罗斯旅游协会、欧亚旅游组织协会、俄罗斯旅游批发商协会、"无国界旅游协会"俄罗斯社会旅游协会、俄罗斯旅游工作者协会等。俄罗斯旅游业人员一般素质较高，导游人员需具备高等教育学历，上岗前还要经过严格的考核。近年来，一些大学纷纷增设旅游专业，扩充专业课程，努力为旅游业培养人才。

四、中俄关系

1. 外交与经贸关系

中国与苏联于 1949 年 10 月 3 日建交。1991 年 12 月 27 日,中国承认俄罗斯联邦政府。2015 年 5 月两国发表《中俄两国关于深化全面战略协作伙伴关系、倡导合作共赢的联合声明》《关于丝绸之路经济带建设与欧亚经济联盟建设对接合作的联合声明》。中国为俄罗斯第一大贸易国,俄罗斯是中国第九大贸易国。中国在圣彼得堡和哈巴罗夫斯克、俄罗斯在上海和沈阳分设总领事馆。

2. 旅游关系

中俄旅游交流首先在两国边境起步。1991 年中俄建交之后,两国先后签订了"旅游合作协定""互免团体旅游签证协议"等系列文件,双方人员往来规模不断扩大。1994 年 39.98 万人次,2011 年 253.6 万人次(其中旅游签证 150.2 万人次),2016 年,俄罗斯赴华旅游签证 167 万人次,2017 年 234.46 万人次,2018 年 241.4 万人次,中国是俄罗斯游客第二大出境旅游目的地国。在来华游客中,东部边境旅游者占较大比重,来华游客以俄远东、西伯利亚地区为多,旅华游客正在从边境游向内地延伸,从单纯购物向购物、观光、度假相结合的方向发展。

1991 年中国赴俄旅游 19.7 万人次。2002 年 6 月,俄罗斯成为中国公民旅游目的地国,2015 年达 130 万人次,2016 年 128.9 万人次,是俄罗斯第一大入境旅游客源国。中国赴俄罗斯观光游览的主要目的地是莫斯科和彼得堡。

中国在莫斯科设立旅游办事处。2017 年浙江旅游职业学院在俄罗斯国立旅游与服务大学设立的中俄旅游学院在莫斯科揭牌成立。

波 兰

一、基本国情

1. 自然地理

波兰共和国(The Republic of Poland)位于中欧东北部,北濒波罗的海,面积约 31.3 万平方公里。北部和中部是中欧平原的一部分,地势北低南高,中部下凹,南部是高地和喀尔巴阡山脉和苏台德山脉。主要河流有维斯瓦河和奥得河,最大的湖泊是希尼亚尔德维湖。属由海洋性向大陆性气候过渡的温带阔叶林气候。

2. 简史

公元 965 年建立波兰大公国,14~16 世纪是鼎盛时期。1772 年、1793 年和 1795 年三次被沙俄、普鲁士和奥匈帝国瓜分,1918 年 11 月 11 日恢复独立。1939 年 9 月 1 日,德国法西斯入侵波兰。战后建立波兰共和国,后改名为波兰人民共和国。1989年12月29日，议会通过宪法修正案，改国名为波兰共和国，将5月3日定为国庆日。

3. 国旗、国花与国鸟

国旗：呈横长方形，旗面由上白下红两个平行相等的横长方形构成。白色象征古老传说中的白鹰，也还象征着纯洁，表达出波兰人民渴望自由、和平、民主、幸福的美好愿望；红色象征热血，也象征着革命斗争取得胜利。

国花：三色堇。

国鸟：雄鹰。

4. 政治体制

新宪法确立三权分立的政治制度和以社会市场经济为主的经济体制，众议院和参议院拥有立法权，总统和政府拥有执法权，法院和法庭行使司法权；经济自由化、私有制是经济体制的基础；武装力量在国家政治事务中保持中立。最具影响的是公民纲领党、农民党、法律与公正党、民主左翼联盟党、帕利科特运动党、团结波兰党、波兰社会民主党、民主党、自卫党和波兰家庭联盟党等。

5. 国民经济

属中等发达国家，中东欧地区经济发展最快的国家之一，居欧盟成员国第8位。世界最大的琥珀集散地。2017年一、二、三次产业结构比例为2.4：23.5：74.1。2017年国内生产总值5087亿美元；人均国内生产总值13414美元。主要国际机场是华沙肖邦国际机场。

货币名称：兹罗提（ZŁOTY），汇率：1美元＝3.92兹罗提（2017年）。

6. 对外关系

执行亲美融欧、睦邻周边和全方位的外交政策。1999年3月加入北约，2004年5月加入欧盟，2007年12月加入申根协定。主张欧盟和北约继续东扩。2011年，波兰政府延续理性务实的外交路线，更加注重现实利益和战略平衡：政治和经济上立足欧盟，安全和防务上倚靠北约和美国，睦邻周边，积极构建全方位外交格局。同182个国家建立外交关系。

二、人文习俗

1. 人口、民族、语言与宗教

人口3843万（2017年）。其中波兰族约占98%，此外还有德意志、白俄罗斯、乌克兰、俄罗斯、立陶宛、犹太等少数民族。官方语言为波兰语。全国约90%的居民信奉罗马天主教。

2. 节假日

新年：1月1日。

卡廷事件遇难者纪念日：4月13日（1943年苏联军队在卡廷秘密屠杀大批

波兰军官）。

劳动节：5月1日。

国庆节：5月3日（宪法日，1791年5月3日波兰颁布第一部宪法）；

独立日：11月11日（1918年11月11日波兰恢复独立）。

建军节：1943年10月12日建立波兰人民军，1990年更名为波兰军队，将8月15日定为建军节。

三王节：1月6日，纪念传说中东方三王向刚出生的圣婴献礼。

全年公共节假日10天，职工带薪假期26天。

3. 文化艺术

文化名人有近代天文学的创始人哥白尼，诺贝尔奖得主、物理学家和放射化学家居里夫人和伟大作曲家和钢琴家肖邦。具有波兰特色的童话《小红帽》《睡美人》《灰姑娘》《华沙美人鱼》等世界知名。五年一度的肖邦国际钢琴比赛是国际音乐界的盛事。

4. 风俗习惯

朋友见面、社交场合相互行吻手礼。饮食口味喜欢清淡，不喜酸辣品。饭前常饮烈酒，饭后饮甜酒。不吃动物内脏，天主教徒星期五禁食猪肉。

三、旅游业

1. 旅游城市与景点

首都华沙：1611年定都，第二次世界大战时成为废墟，战后按中世纪风貌重建，有王宫城堡、圣约翰教堂和由涅伯鲁主教庄园改成的国家博物馆等。美人鱼铜像是华沙城的城徽。

克拉科夫：中世纪古都、历史名城和文化中心。有保存完好的中世纪老城和欧洲面积最大的中央广场等名胜古迹、波兰历史最悠久的雅盖隆大学以及历代波兰国王居住的瓦韦尔堡等，整个城市被列为世界文化遗产名录。

波兹南：文化古城，古城区内仍保存有瓦韦尔王宫城堡、古市场、市政厅等。波兰电影制作及工艺美术中心，每年举办的各种文化节庆活动达40多个。

革但斯克：沿海港口城市，科教、文化、艺术中心，海洋旅游与娱乐业发达。位于该市维斯泰尔普拉泰在"二战"打响抗击纳粹第一枪，称为"英雄半岛"。

托伦：著名天文学家哥白尼的诞生地，保存有13世纪的市政厅、教堂、弗龙堡等，整个古城被列为世界文化遗产名录。

波兰南部的奥斯威辛集中营是纳粹屠杀大批犹太人和吉卜赛人罪恶历史的见证。有世界文化遗产13处（含奥斯威辛集中营遗址）。生态环境优良、相对低廉的医疗费用吸引着越来越多的外国人到波兰就医疗养。曾经使用过的旅游宣传口号是"更多乐趣尽在波兰"。

2017年波兰在全球旅游竞争力排位中名列第46名。

2. 旅游客源市场

2000年入境游客8545.1万人次,旅游外汇收入56.77亿美元;2014年1600万人次,109.25亿美元;2017年1840万人次,127.7亿美元,接待入境游客人数与本国人口之比为48∶100。欧洲是最大的客源地,约占入境游客的90%以上,其次是美洲和东亚地区。游客多来自德国、英国、乌克兰、意大利、法国、俄罗斯、西班牙、以色列、瑞典、白俄罗斯、荷兰、立陶宛等。

1999年出境游客5509.7万人次,旅游外汇支出38.1亿美元。2009年调查显示,66%的人有出国旅游的经历,48%的人不止一次出国旅游,出国8次以上的人比例近20%。德国是首选旅游目的地国家,其次是捷克、斯洛伐克、意大利、奥地利、法国和英国。174个国家和地区对波兰国民实行免签入境或落地签证政策。

国内旅游相当普遍。2003年,酒店等住宿设施接待国内游客2062万人次、3752人天,人均住宿1.82天。2004年国内过夜旅游人数与本国人口之比为54∶100。国内旅游的目的地是北部海滨城市、中东部湖泊地区。

3. 旅游产业

2016年旅游业的直接贡献占国民生产总值的1.8%、间接贡献占国民生产总值的4.5%。

波兰生态环境优良、相对低廉的医疗费用和较高的医疗水平吸引着越来越多的外国人到波兰就医。2007—2013年,波兰从欧盟获得近10亿欧元用于的旅游业投资,扶持疗养度假、旅馆建设。

4. 旅游管理

体育与旅游部主管全国旅游业。

四、中波关系

1. 外交关系

1949年10月两国建立大使级外交关系。2004年两国建立友好合作伙伴关系。双边关系总体发展顺利,2011年两国共同签署《中波关于建立战略伙伴关系的联合声明》,双边关系进入新的发展阶段。波兰盛产琥珀,其贸易通道被称为"琥珀之路"。近年来,"琥珀之路"与"丝绸之路"遥相呼应,双方在政策上进行了积极的对接与合作。中国和波兰有35对友好城市,波兰在中国成都、上海、广州都设有总领馆。

2. 旅游关系

2017年5月12日中波两国政府签订《旅游领域合作协议》。2005来华旅游

4.54万人次，2014年7.61万人次，2017年9.05万人次，2018年9.5万人次。

2004年9月，波兰成为中国公民自费旅游目的地国家，赴波旅游逐步开展。2015年中国大陆游客到访波兰超过6万人次，在波兰的间夜数超过10万，2015年7.38万人次，2017年1~10月中国赴波兰11.5万人次，2018超过10万人次。

波兰旅游局设有北京办事处。

捷 克

一、基本国情

1. 自然地理

捷克共和国（The Czech Republic），欧洲中部的内陆国家，与斯洛伐克、奥地利、德国、波兰等界交界。面积78866平方公里，境内以波希米亚高地为主，伏尔塔瓦河流经首都布拉格，境内高地、丘陵和盆地相间，景色优美。属海洋性向大陆性气候过渡北温带气候。

2. 简史

5~6世纪斯拉夫人到今天的捷克和斯洛伐克地区定居。9世纪末、10世纪上半叶建立捷克公国，1620年被哈布斯堡王朝奥匈帝国统治。第一次世界大战后奥匈帝国瓦解，1918年成立捷克斯洛伐克共和国。第二次世界大战期间被纳粹德国占领。1948年成立捷克斯洛伐克人民民主共和国。1990年改国名为捷克斯洛伐克联邦共和国。从1993年1月1日起捷克成为独立国家。

3. 国旗

国旗左侧为一蓝色等边三角形，右侧与三角形衔接的部分是两块大小相等的梯形，上为白色，下为红色。捷克国土东高西低，西部为盆地，上述图案象征国土地形。等边三角形象征平等、民主和自由。蓝、白、红三色是斯拉夫民族的传统色调。

4. 政治体制

1992年新宪法确定多党议会民主制和平等、自由、法制的原则。议会为国家最高立法机构，实行参众两院制。政府由议会内多数党组阁。主要政党有捷克社会民主党、ANO2011运动（由捷克亿万富豪、食品制造业巨头巴比什创建，主张增加就业、支持企业经营及降低增值税）、捷克和摩拉维亚共产党、TOP09党（该党崇尚民主和保守主义，反对民粹主义）、公民民主党和基督教民主联盟——捷克斯洛伐克人民党等。

5. 国民经济

中等发达国家，工业基础雄厚。在16个中东欧国家中，捷克经济最发达，被世界银行和欧盟认定为发达欧盟成员国。2016年GDP为1930亿美元，人均GDP1.34万美元。水晶玻璃产品享誉世界，出口量仅次于法国、德国和意大利，居世界第4位。著名的比尔森啤酒享誉世界，人均啤酒消费量据世界前列，有"啤酒之国"之称。农业人口仅占全国劳动人口的5.6%。主要国际机场为布拉格瓦茨拉夫·哈维尔机场。

通用欧元。

6. 对外关系

系北约、欧盟成员国，奉行经济靠欧盟、安全靠美国的对外政策。与斯洛伐克保持"超常"关系，重视与德国、奥地利开展睦邻合作。积极倡导次区域合作，努力加强维谢格拉德集团（波兰、匈牙利、捷克、斯洛伐克）在地区事务中的作用与影响。已与195个国家建立了外交关系。

二、人文习俗

1. 人口、民族、语言与宗教

人口1064万（2018年10月），其中约90%以上为捷克族，斯洛伐克族占2.9%，德意志族占1%，还有少量波兰族和罗姆族（吉卜赛人）。官方语言为捷克语。主要宗教为罗马天主教。

2. 节假日

国庆日：10月28日。1918年10月28日，宣布捷克斯洛伐克共和国成立。1993年1月，捷克与斯洛伐克分别独立，捷克沿用10月28日为国庆日。

职工每年带薪休假20天。全年公共节假日12天。

3. 文化艺术

中世纪的杰出思想家、布拉格大学的校长胡斯，反对教皇兜售赎罪券，反对教会占有土地，主张用捷克语做礼拜，1415年被处以火刑。

19世纪享誉世界的文化名人有：散文之父、杰出的讽刺文学大师哈谢克，代表作是《好兵帅克历险记》；作曲家安东·德沃夏克，代表作为《胡斯序曲》、第九交响曲《自新大陆》等；著名作家米兰·昆德拉，代表作《玩笑》。前总统哈维尔是杰出的剧作家，20世纪70年代，曾参与起草启发东欧人权运动的"77宪章"而知名，代表作有《无权力者的权力》《狱中书简》等。

4. 风俗习惯

捷克人绝大多数只有一个姓和一个名，即姓、名各一词或一节，为了与自己同名同姓而且身份又相近者相区别，有人加一个中间名。称呼时，一般称呼先生小姐。见面行握手礼。注重礼节，与人交谈时谈吐文雅、彬彬有礼。未结婚的男子帽子上面有羽毛，结婚后摘下羽毛。去捷克人家中做客自带餐具已成习惯。喜欢喝啤酒，有边喝啤酒边交谈的习惯。

三、旅游业

1. 旅游城市与景点

首都布拉格，历史名城、古迹众多，最著名的有建于中世纪的布拉格宫、圣维特教堂、市政厅、查理大桥、历史悠久的民族剧院和中欧最古老的高等学府查理大学等。

世界文化遗产还有圣芭芭拉教堂、克鲁姆洛夫古城、特尔奇古城、圣约翰朝圣教堂、历史名城库特纳·霍拉圣巴拉巴教堂及塞德莱茨的圣母玛利亚大教堂、莱德尼采和瓦尔季采文化景观、克罗梅什城堡和庭园、霍拉索维斯历史村落、利托米西城堡、三位一体圣柱、布尔诺的图根哈特别墅和犹太人区及其教堂。啤酒城比尔森是著名旅游地，"矿泉城"卡罗维发利是捷克著名的疗养胜地。捷克有"欧洲之心"之称。

2017年捷克在全球旅游竞争力排位中名列第39名。

2. 旅游客源市场

2014年接待入境游客1061.7万人次，旅游收入68.91亿美元；2017年接待入境游客1280.万人次，旅游收入69.32亿美元，入境游客与本国人口之比为120∶100。游客主要来自欧洲，主要是德国、斯洛伐克、美国、波兰、英国、俄罗斯、意大利等国。

出境旅游十分普遍。2004年出境旅游3665.0万人次，支出22.79亿美元，出境游客与本国人口之比为358∶100。183个国家和地区对捷克国民实行免签入境或落地签证政策。

3. 旅游产业

2016年旅游业的直接贡献占国民生产总值的2.5%、间接贡献占国民生产总值的7.8%。

4. 旅游管理

国家地方发展部主管旅游业，下设旅游促进局。捷克旅游协会有1300多家会员。

四、中捷关系

1. 外交关系

中国同原捷克斯洛伐克于1949年10月6日建交。1993年1月1日，捷克成为独立主权国家，中方即予以承认并与之建立大使级外交关系。2016年3月两国一致同意，将中捷关系提升为战略伙伴关系。目前，捷是中国在中东欧地区的第二大贸易伙伴。

2. 旅游关系

2014年捷克访华2.31万人次，2015年捷克访华2.47万人次。

2004年4月，捷克成为中国公民组团出境旅游目的地。2004年9月1日，中国旅游团队赴捷旅游业务正式开展。2013年中国游客赴捷16.39万人次，2015年28.2万，2016年35万人次，2017年1至6月，访问捷克的中国游客突破15万人次。

2016双方签署了《关于旅游合作的谅解备忘录》，发展和深化两国旅游领域的关系，积极推动旅游人才培养和交流，不断加强两国旅游部门在国际组织框架下的合作。

匈牙利

一、基本国情

1. 自然地理

匈牙利（Hungary，Magyarország），欧洲中部的内陆国家，面积93030平方公里。属多瑙河中游盆地，大多为平原和丘陵，主要河流为多瑙河、蒂萨河，巴拉顿湖为中欧最大淡水湖。属温带湿润大陆性气候，常年凉爽湿润。

2. 简史

公元896年，马扎尔游牧部落从乌拉尔山西麓和伏尔加河湾一带移居多瑙河盆地。公元1000年，圣·伊什特万建立匈牙王国。1526年土耳其入侵，匈王国家解体。1699年起由哈布斯堡王朝统治，1867年成立奥匈二元帝国。1919年3月建立匈牙利苏维埃共和国。1949年8月20日成立匈牙利人民共和国。1956年10月23日发生争取独立、要求民主的匈牙利事件。1989年10月23日国名改为匈牙利共和国。2012年1月，匈通过新宪法，更国名为匈牙利。

3. 国旗、国花

国旗：由三个平行长方形组成，自上而下颜色为红、白、绿。红色象征热血，白色象征和平，绿色象征对未来的希望。

国花：郁金香。

4. 政治体制

新宪法规定实行多党议会民主制，建立独立、民主、法制的国家，执行立法、行政、司法三权分立的原则。国会是立法机关和国家最高权力机构，实行一院制。主要政党有青年民主联盟、基督教社会民主党、社会党、尤比克党、绿党等。

5. 国民经济

中等发达国家，经合组织（OECD）成员国。经济目标是建立以私有制为基础的福利市场经济，私营经济的产值约占GDP的86%。主要工业部门有机械制造、电子、冶金、化学、医药、纺织和食品加工等。农业基础好，以种植葡萄和生产葡萄酒著称。2017年国内生产总值1293亿美元，人均国内生产总值13196美元。2017年一、二、三次产业就业结构比例为5∶30∶65。国际机场有布达佩斯李斯特·费兰茨机场。

货币名称：福林（Forint）。汇率：1欧元=312福林；1美元=254福林。

6. 对外关系

加强中欧地区合作，积极参与欧洲一体化建设；致力于成为亚欧贸易桥梁，视中国、俄罗斯、印度为经济外交重点。1999年3月加入北约，2004年5月加入欧盟。2007年12月21日正式加入申根协定。目前，同170多个国家建立了外交关系。

二、人文习俗

1. 人口、民族、语言与宗教

人口979.8万（2017年），主要民族为匈牙利（马扎尔）族，约占90%。少数民族有斯洛伐克、罗马尼亚、克罗地亚、塞尔维亚、斯洛文尼亚、德意志等族。官方语言为匈牙利语。60%居民信奉天主教、20%居民信奉基督教。

2. 节假日

3月15日：1848年革命和自由斗争纪念日。

8月20日：国庆节。原为建国之王圣·伊斯特万加冕纪念日，称之为圣·伊斯特万日。

10月23日：1956年革命和自由斗争纪念日暨1989年共和国成立日。

全年公共节假日10天，职工年带薪休假23天。

3. 文化艺术

作曲家、钢琴家、指挥家、浪漫主义前期最杰出的代表人物李斯特（1811~1886年）有"钢琴之王"之称，主要作品有交响诗《塔索》《匈牙利》、交响曲《但丁神曲》《浮士德》、钢琴曲《匈牙利狂想曲》等。民主主义革命家、诗人裴多菲（1823—1849年），代表作品有《给贵族老爷们》《民族之歌》《谷子熟了》等，"生命诚可贵，爱情价更高。若为自由故，两者皆可抛"的诗句，流传广泛。

具有良好的文化传统，读书的人多、出版的书多、图书馆多，平均每600人就拥有一个图书馆，占有率在世界上名列前茅。热爱音乐、能歌善舞，街头田间尽情歌舞。

4. 风俗习惯

最早从游牧生活转向逐草木而居，最初的农民以种植葡萄为生，葡萄成生产、生活中不可或缺的因素，自称有一种"葡萄藤"气质，即质朴、坚韧的农夫气质。

注意着装整洁，男子多穿保守式样的西服套装，也有的穿双排扣西服；女子则多是裙子配上衣，也有的穿款式新颖的连衣裙。身着民族服装的布娃娃是匈牙利人喜欢的玩偶。

结婚需经求婚、订婚和迎娶三个阶段。订婚的仪式必须要有，双方都由一位女性亲戚陪同去神父处登记。婚礼在教堂里由神父主持或是在家庭中举行。婚后的妇女用花布把头发包裹，以与跟未婚少女的区别。

三、旅游业

1. 旅游城市与景点

首都布达佩斯：地跨多瑙河中游两岸，西岸是布达、东岸是佩斯。布达王宫是13世纪时阿鲁巴多王朝在右岸所建王宫，现为历史博物馆。城堡山是布达佩斯的发祥地，山顶上有布达城堡，2000多年前曾经是古罗马的军事要塞。渔人堡帝王池是著名的温泉浴池。市中心的英雄广场上千年纪念碑群雕和圣·伊斯特万大教堂都是1896年为庆祝匈牙利民族在这里定居1000周年而建造。多瑙河两岸为布达、佩斯整体列为世界文化遗产名录。

米什科尔茨：始建于15世纪，原是大庄园中心。市内有博物馆和13世纪哥特式教堂、寺院、剧院等古迹，以"王后城堡"最为著名。城郊阿瓦斯山石灰岩洞内建有800多个酒窖，有的酒窖已有500年历史。

世界文化遗产还有蓬农豪尔毛的千年隐修院及其自然环境、佩奇的早期基督教陵墓、括考伊葡萄酒产区。世界自然遗产有霍尔托巴吉国家公园。霍洛克巴拉顿湖是中欧最大的湖泊，有"匈牙利之海"的美称，每年的7月都要举行"安娜"舞会，湖区已立为国家公园。

塞格德：位于匈牙利南部蒂萨河两岸，是南部经济文化中心和旅游胜地，被誉为"蒂萨之花"。这里日照时间年平均2000个小时，有"太阳城"之称。

厄尔什格历史地区是集旅游与文化保护为一体的民俗村。村里有58座国家保护的建筑，保留着15世纪匈牙利农村的原始风貌。

位于匈牙利东部的霍尔托巴吉国家公园，拥有丰富的自然生态环境类型，包括草原、盐湖和湿地等。巴拉德拉洞穴群欧洲最大和最美的洞穴之一，是一组错综复杂的地下洞穴群。

2017年匈牙利在全球旅游竞争力排位中名列第39名。

2. 旅游客源市场

2014年入境游客1213.9万人次，旅游收入58.84亿美元；2017年入境游客1578.5万人次，旅游收入61.7亿美元，接待入境游客人数与本国人口之比为161∶100。欧洲是最大的客源地，游客多来自德国、奥地利、意大利、英国、法国和波兰等。

2004年出境游客1755.8万人次，旅游外汇支出25.94亿美元，出境游客与人口之比为178∶100。180个国家和地区对匈牙利的国民实行免签入境或落地签证政策。

3. 旅游产业

2003年旅游收入占国内生产总值的4.2%，为货物出口总额的8.1%，占服务出口总额的43.9%。2017年全国共有三星级以上饭402家，总床位8万张，其中五星级饭店10家，四星级饭店214家。

4. 旅游管理

国家旅游局设在经济部内。

四、中匈关系

1. 外交关系

中国与匈牙利历史渊源悠久，传说匈牙利人是我国古代匈奴人的后代，匈牙利流行有"我们心脏的一部分留在了亚洲"的俗语。1949年10月中匈两国建立外交关系。2004年6月宣布把两国关系提升为友好合作伙伴关系。匈牙利是中国在中东欧地区重要贸易伙伴之一。

2. 旅游关系

2003年匈牙利正式向中国游客开放，游客人数每年都以15%的增长率持续上升，2010年至2014年中国游客人数翻了一番，2014年达到近9万。2015年5月中国—中东欧旅游促进机构与企业联合会首次高级别会议在匈牙利首都布达佩斯举行，并由匈牙利牵头成立中国—中东欧旅游促进机构与旅游企业联合会协调中心。同年中国在布达佩斯设立驻中东欧旅游办事处。

第四节 南欧地区

西班牙

一、基本国情

1. 自然地理

西班牙王国（The Kingdom of Spain，Reino de Espana），位于欧洲西南部伊比利亚半岛，东南临地中海，南隔直布罗陀海峡，扼大西洋和地中海航路的咽喉。面积505 925平方公里。中部梅塞塔高原约占全国面积的65%，北部和南部近海地区为山地，沿海平原狭窄。中部高原为大陆性气候，北部和西北部沿海为海洋性温带气候，南部和东南部为地中海式亚热带气候，全年大部分时间阳光普照，适宜度假旅游。

2. 简史

公元前9—前8世纪，凯尔特人越过比利牛斯山进入半岛。先后受罗马人、西哥特人和摩尔人的统治，直至1492年赶走摩尔人，建立了统一的西班牙王国。同年，哥伦布发现美洲大陆，西班牙开始向外扩张，一度是欧洲最强大的海洋国家。1873年2月成立第一共和国。1931年成立第二共和国。第二次世界大战中，佛朗哥与希特勒德国缔结军事同盟，战后佛朗哥继续推行独裁统治。1947年7月，佛朗哥宣布西班牙为君主国，自任终身国家元首。1975年11月佛朗哥病死，1976年6月24日胡安·卡洛斯一世登基，向议会民主政治过渡。

3. 国旗、国花与国石

国旗：呈长方形，旗面由三个平行的横长方形组成，上下均为红色，各占旗面的1/4；中间为黄色。黄色部分偏左侧有西班牙国徽。红、黄两色是西班牙人民喜爱的传统颜色，并分别代表组成西班牙的四个古老王国。

国花：石榴花。

国石：绿宝石。

4. 政治体制

1978年宪法规定西班牙是社会与民主的法治国家，实行议会君主制，王位由胡安·卡洛斯一世的直系后代世袭。宪法承认并保证各民族地区的自治权。中央议会由众议院和参议院组成。首相是中央政府首脑，由议会推选，国王任命。现主要政党有人民党、工人社会党、"联合起来我们能"、公民党、加泰罗尼亚工人党和巴斯克民族主义党（巴斯克自治区执政党）等。2011年前由工人社会党执政，之后由人民党执政。

5. 国民经济

中等发达的工业国，国内生产总值居欧盟第5位。汽车工业是西支柱产业之一。渔业、农业和林业发达，猪肉、羊肉产量居欧盟第二位，橄榄油出口量居世界第一，葡萄酒出口量居世界第三。服务业以旅游和金融业发达。2012年农业、工业、服务业增加值的比重为2.5:25.9:71.6。2017年国内生产总值1.16万亿欧元，人均国内生产总值2.5万欧元。主要机场有马德里巴拉哈斯机场、帕尔马·德马略卡机场和巴塞罗那机场。最大的航空公司是伊比利亚航空公司。

意大利通用欧元。

6. 对外政策

奉行欧洲主义，坚定推动欧洲一体化及欧盟机构建设。高度重视并深化同美国关系，注重维持与伊比利亚美洲传统关系，重视加强与地中海地区和非洲关系，积极开拓同亚洲新兴国家的合作。整合政治、经济、文体、教育、艺术等多方面外交资源,力图打造西班牙国家品牌。与近200个国家和地区有外交、领事和商务关系。

二、人文习俗

1. 人口、民族、语言与宗教

人口约4673万人(2018年),居欧洲第5位。其中2/3居民为卡斯提利亚族(即西班牙人),1/3居民为少数民族(加泰罗尼亚族、巴斯克族和加利西亚族)。此外,还有少量吉卜赛人。卡斯蒂利亚语(即西班牙语)是官方语言和全国通用语言,少数民族语言在本地区亦为官方语言。96%的居民信奉天主教。

2. 姓名称谓

西班牙人姓名由"教名—父姓—母姓"三节组成。已婚妇女姓名则由"教名—父姓—夫姓"组成,夫姓前须加一"德"字,表示从属关系,如卡门·罗马诺·德洛佩斯,其中"洛佩斯"即为夫姓。日常生活中互相称呼时,通常只使用名中的第一个名字。姓名全称形式仅在正式场合或文件中使用,在一般场合通常使用略称形式,即"教名—父姓"或仅称父姓。对已婚妇女则简称其夫姓。朋友、亲属间则习惯以教名或教名的昵称相称,这时不能再加"先生""小姐""夫人"等尊号。

3. 节假日

元旦:1月1日。

三王节:1月6日,起源于基督教《圣经》中圣婴耶稣诞生后东方三王朝拜耶稣并献礼的传说,为儿童节日。1月5日夜各城市举行盛大彩车游行,1月6日晨父母向儿童赠送礼品。

圣徒何塞纪念日:3月19日,已演变为"父亲节"。

复活节:4月。

自由日:4月25日。

劳动节:5月1日。

圣礼节:6月5日,纪念耶稣被钉在十字架上的日子。

国王胡安·卡洛斯一世命名日:6月24日。

圣母升天节:8月15日。

西班牙—美洲:10月12日,即国庆日,纪念哥伦布1492年奉命发现美洲大陆的航行。

万圣节:10月30日或11月1日。

独立纪念日:12月1日。

宪法日:12月6日。

圣诞节:12月25日。

带薪假期。不论国营还是私营企事业单位员工，每年均享受 30 天全薪假期，休假日期由劳资双方协议确定。通常在 7 月中旬～8 月底工作人员享受 15~30 天的休假。圣诞节和复活节前后 1 周也为休闲时间。

4. 文化艺术

文艺复兴时期的杰出作家米格尔·德·塞万提斯，《堂吉诃德》为经典之作。巴洛克时期的代表作为剧作家洛佩·德·维加的《羊泉村》。19 世纪下半叶，现实主义小说占上风，代表作有贝尼托·佩雷斯·加尔多斯的巨著《西班牙历史插曲》（46 卷）和比森特·布拉斯科·伊瓦涅斯的《茅屋》。当代著名作家有 1989 年荣获诺贝尔文学奖卡米洛·何塞等。在现代国际美坛最有影响的大师是毕加索、达利和米罗。最著名的歌唱家有蒙特塞拉特·卡瓦列、普拉西多·多明戈、阿尔弗雷多·克劳斯和何塞·卡雷拉斯等。

5. 民间节日

狂欢节：2 月，带各式面具游行、狂欢。

法亚节：3 月，焚烧法亚模拟人。

情人节：2 月 14 日。

玩偶节：3 月 19 日，又称"法亚节"，在巴伦西亚市举行，"法亚"是拉丁语篝火的意思，节日的主要活动是建造、展览、焚烧各种现实生活和神话中的人物模型。

美食节：3 月。

葡萄酒节：秋季，欢庆葡萄丰收。

集市节：7 月，在塞维利亚市举行。

奔牛节：7 月 7 日开始，为期一周，在北部潘普罗那市举行，每天早晨将一群围在栅栏中的公牛释放，数百名身着白衣、脖系红领巾的男子开始在牛群前奔跑，引逗公牛狂奔，直至斗牛场。有"斗牛王国"之称，斗牛活动成为西班牙的"国粹"，亦是重要旅游项目。全国有正式斗牛场 373 座。

鸽子节：8 月，在马德里举行。

番茄节：8 月的最后一个星期，在布尼欧镇举行。

6. 饮食起居

由于气候温和、日照时间长，早晨晚起、午休长，少在午夜前就寝。机关、企业、商店每天分两段办公、营业：上午 9 点或 9 点半到下午 1 点或 1 点半；下午 4 点半或 5 点至晚上 8 点或 8 点半。上午 9 点早餐；中午 1 点至 3 点半午餐；傍晚时分喝咖啡、红茶或菊花茶，加小点心；晚上 8 点半至 11 点晚餐，热衷于夜生活。爱喝扎啤和葡萄酒类（葡萄酒、雪利酒、香槟酒等）。喜欢吃鱼，尤喜海味，好吃烤肉和汤菜，菜肴辛、辣、酸、苦，口味较重。

7. 社交礼仪

请人吃饭、到别人家中拜访必须提前数天通知。宴请较为简单，但酒水一定要全，以满足客人不同爱好。请吃早餐多为洽谈业务，正式宴请通常安排在晚上9点以后。无劝酒、敬菜习惯，一切听凭客人选择。赴家宴一般向主人送鲜花、巧克力、酒和工艺品等礼品，加彩纸、缎带包装。主人受礼后须当面打开并加以赞赏。

注重个人隐私权，不能询问别人年龄、收入、婚否、宗教信仰、政治派别。属基督教文化圈，许多禁忌与欧美基督教国家相同，如忌讳13、星期五，忌用黄色（象征疾病、嫉妒等）、紫色（神圣颜色，系教会专用）、黑色（象征死亡），忌用菊花（为丧礼用花）等。

三、旅游业

1. 旅游城市与著名景点

首都马德里：一个古今文化交辉的世界名城，主要景点有西班牙皇宫、太阳门广场、塞万提斯广场、温塔斯斗牛场、皇家大教堂、普拉多博物馆、瑞内索菲亚美术馆、布恩雷蒂公园和埃斯科里亚尔古镇（历代王室行宫和先贤祠所在地）。

巴塞罗那：一个两千年历史的文化古城，主要景点有圣家赎罪堂、犹太山奥林匹克体育场、塞万提斯广场、巴塞罗那大教堂、毕加索博物馆、哥伦布纪念馆、国家造船厂（海洋博物馆）、城堡公园和动物园。

其他旅游城市和景点有：萨拉曼卡，是西班牙最著名的历史名城和艺术中心之一。塞戈维亚旧城，古城内有许多教堂、修道院、王宫等历史遗迹，尤以建于公元50年的罗马式大渡槽闻名于世；塞维利亚市的大教堂、阿尔卡萨尔王宫及西印度群岛档案馆。圣地亚哥·德·孔波斯特拉城，城内有耶稣门徒圣雅各墓地，与罗马齐名的基督教朝圣地。特鲁埃尔市的穆德哈尔式建筑，糅合了西方建筑风格和东方伊斯兰建筑风格。托列多古城，是古罗马文明、西哥特文明以及伊斯兰教、犹太教和基督教文化的荟萃之地。

西班牙有44处世界遗产，著名遗产景点还有阿尔塔米拉洞窟、阿尔罕布拉宫和赫内拉利费花园、阿斯图利亚斯的前罗马时期建筑、阿维拉旧城及城外教堂、埃尔·埃斯科里亚尔修道院。巴塞罗那的圣家族大教堂是西班牙建筑大师安东尼奥·高迪的毕生之作，始建于1882年3月，预计2026年竣工，是世界唯一一个未完工的世界文化遗产。

传统王牌旅游产品是3S，即Sun（太阳）、Shore（海滩）和Sea（海洋）。旅游口号为"阳光普照西班牙"。素有"旅游王国"之称。2017年西班牙在全球旅游竞争力排名中名列第1位。

2. 旅游客源市场

1960年入境游客610万人，旅游外汇收入2.97亿美元。2014年西班牙接待入境游客6500万人次，旅游收入652亿欧元。2017年西班牙接待入境游客8178.6万人次，旅游收入679.64亿欧元，居世界第2位，接待入境旅游人数与全国人口之比为175∶100。欧洲地区是主要客源地，占90%以上。主要客源国德国、英国、法国、意大利、美国，占入境市场总额80%以上。

20世纪70年代政治体制转型、经济起飞后出国旅游得到发展，1974年600万人次增长到1981年的1400万人次，旅游支出从1974年的2.7亿美元增长到1981年的12.28亿美元。出境旅游的目的地主要为欧洲国家，主要是法国、葡萄牙、意大利、英国、德国等。186个国家和地区对西班牙国民实行免签入境或落地签证政策。

20世纪80年代后，旅游部发起了国内旅游推广活动，宣传口号是"西班牙，近在眼前"。2014年，国内和出境旅游人数将达到1.52亿人次。国内和出境旅游客源地主要是马德里自治区、加泰罗尼亚自治区和安达卢西亚自治区，约占整个国内和出境旅游客源的一半。每年有三次出游高潮：复活节前后（4月初，1~2周），夏季（6~9月，避暑休假），圣诞节前后至元旦10~15天。

3. 旅游产业

旅游业是国民经济中最重要的产业之一。2016年旅游业的直接贡献占国民生产总值的5.1%、间接贡献占国民生产总值的14.2%。旅游就业占全国就业总数的16%。国际旅游收支一直呈顺差状态，2011年旅游外汇收入599亿美元，旅游外汇支出173亿美元，旅游贸易顺差426亿美元。

2009年全国饭店14 228家、客房74万间、床位130万张。住宿设施分为以下几种类型：宾馆（分为五个星级）、公寓（分为四个钥匙）；旅馆（分星级，不带餐厅）、客栈（老式旅馆）、旅游营地（分豪华级、一级、二级、三级）；温泉及健康度假中心。国家旅游推广机构拥有国营酒店的所有权。国营连锁酒店由93间酒店组成，主要是开设在历史和艺术遗产（城堡、宫殿、寺院）建筑内。旅游推广机构建造酒店时，完全依据这些历史和艺术遗产的条件且采取适用的方法，其管理权转移给西班牙国营酒店有限公司。

2009年旅行社9500家。最大的旅行社企业有英国宫廷旅行社、巴塞罗饭店集团、哈尔孔旅行社、卡尔松·瓦逢·利兹旅行社、海外捷运旅行社。全国设有95个旅游咨询中心。

共有餐馆2万多个。现代化餐馆多为私营企业，分为五叉、四叉、三叉、二叉、一叉五个等级。仿古餐馆全是国营企业，属贸易和旅游部管理，分为豪华级、一等、二等、三等、四等五个级别。全国有斗牛场300多座。18个城市设有赌场。

旅游大企业集团与中小企业并存。大部分的旅游企业是中小型企业，甚至是微小型企业，大多数是以个人和家庭为基础的。大型旅游企业集团具有较强的垂直整合性，兼营酒店、旅游运营商、旅行社零售商、航空运输等。

4. 旅游管理

目前工业、能源和旅游部主管全国旅游业。下设西班牙旅游促进会，主要负责对外旅游宣传并协助各自治区进行旅游产品的对外销售。有33个驻外旅游办事处，其中美洲8个、欧洲20个、亚洲5个。

各自治区政府均有旅游行政部门负责本地区的旅游管理，享有较大自主权，与中央旅游行政部门没有从属关系。

1978年国家民主化之后，建立了与各个旅游子行业平行的工会和企业协会。酒店及旅游游住宿联合会、旅行社和旅游联合会、航空公司协会，还有露营联合会、乡村旅游联合会、温泉和温泉度假村协会等，这些协会共同组成西班牙企业组织联合会旅游委员会。

5. 旅游教育

现有1所公立旅游学院，44所私立旅游院校。马德里公立旅游学院建于1963年，直属贸易和旅游部。该学院对全国44所旅游院校在业务上进行指导和监督。

四、中西关系

1. 外交关系

西班牙于1973年3月9日与我国建交。2005年11月，两国宣布建立全面战略伙伴关系。中西两国除在对方首都建立大使馆外，中国还在巴塞罗那设立了总领事馆，西班牙在上海设立了总领事馆。

2. 旅游关系

西班牙来华旅游者人数逐渐增加，1994年1.40万人次，2015年13.63万人次，2017年15.56万人次，2018年16.8万人次。

从2004年9月起，西班牙成为中国公民出境旅游目的地国家。2007年，西班牙在中国发放签证近9万张，其中大部分为旅游签证。目前每年约30万中国游客到访西班牙，2016年达32万人次。2018年首站赴西班牙的中国公民超过50万人次。

我国文化和旅游部在马德里设有旅游办事处。

葡萄牙

一、基本国情

1. 自然地理

葡萄牙共和国（The Portuguese Republic）位于欧洲伊比利亚半岛西南部，东、北与西班牙毗邻，西、南濒临大西洋，面积约9.24万平方公里。地形北高南低，多为山地和丘陵。北部是梅塞塔高原，中部山区，南部和西部分别为丘陵和沿海平原。北部属海洋性温带阔叶林气候，南部属亚热带地中海式气候。多火山、地震。

2. 简史

欧洲古国之一，1143年建立王国。15、16世纪在非、亚、美洲建立大量殖民地，成为海上强国。1580年被西班牙吞并，1640年摆脱西班牙统治。1820~1910年确立君主立宪制。1910年10月5日成立共和国。1926年5月建立军人政府，1932年萨拉查实行法西斯独裁统治。1974年4月25日，一批中下级军官组成的"武装部队运动"推翻独裁政权，开始民主化进程，同时放弃在非洲的葡属殖民地，成为民主制度国家。

3. 国旗、国花

国旗：呈长方形，旗面由左绿右红两部分组成，红、绿连线的中间绘有国徽。红色表示对1910年成立第二共和国的庆贺，绿色表示对被称为"航海家"的亨利亲王的敬意。

国花：石竹。

4. 政治体制

议院制的共和国，实行半总统议会民主制，总统、议会、政府和法院是国家权力机构；总统为武装部队最高司令，根据政府提名任免总参谋长和三军将领。总统在听取各党派、国务委员会的意见后才能解散议会，只有"在必要时"才能解散政府和罢免总理。实行多党制，主要政党有社会党、社会民主党、葡萄牙共产党、人民党、左翼集团、绿党等。

5. 国民经济

欧盟中等发达国家。纺织、制鞋、酿酒、旅游等是国民经济的支柱产业。软木出口位居世界第一，有"软木王国"之称。盛产葡萄酒、橄榄油和金枪鱼、沙丁鱼、雪鱼。一、二、三次产业结构比例为2.1∶23.3∶74.5。2017年国内生产总值2187亿美元，人均国内生产总值2.06万美元。主要国际机场在里斯本、波尔图和法罗等地。

葡萄牙通用欧元。

6. 外交关系

主张在平等互利的基础上同世界各国普遍发展友好合作关系。立足欧盟，支持并积极参与欧洲一体化建设。重点加强与欧盟、美国和葡语国家的传统关系。积极开拓新兴国家市场，重点发展同中、俄、日、印（度）、南非和北非阿拉伯国家的合作关系。1986年加入欧共体，1999年成为欧元创始国。与世界上180个国家和地区建立外交关系。

二、人文习俗

1. 人口、民族、语言与宗教

人口1029.1万（2017年），主要为葡萄牙人。外国合法居民约40万人，主要来自巴西、安哥拉、莫桑比克等葡语国家及部分欧盟国家。官方语言为葡萄牙语。劳动人口约530万。约85%的居民为天主教徒。

2. 节假日

民主政治纪念日：4月25日，纪念1974年4月25日推翻独裁统治，建立民主制度。

国庆日：6月10日。

共和国日：10月5日。

全国斗争日：6月13日。

恢复独立日：12月1日。

3. 航海文化

世界"航海之乡"，对人类航海事业卓有贡献，出现了数位世界航海名人：大航海时代初期大力推动航海事业的王子恩里克、从欧洲绕过好望角到达印度大陆的达·伽马和从西班牙起航经南美大陆越过太平洋到达菲律宾的麦哲伦。哥伦布也是从葡萄牙出发实现航海梦想的。

4. 民族性格

葡萄牙人温和宽容、讲究礼仪，性格内向、保守隐私，衣着整洁、穿戴较为传统。种植葡萄和酿造葡萄酒是葡萄牙人生活中不可分割的一部分，妇孺皆饮波尔图酒，仲夏时节各个城市通宵达旦欢庆"城市节"。

三、旅游业

1. 旅游城市与景点

首都里斯本：文化古城，保存有建于16世纪的贝伦塔、热罗尼莫斯修道院（世界文化遗产，为纪念发现印度航线而建），大航海纪念碑、圣乔治古堡和欧洲最西端欧洲之角等。

波尔图：始建于5世纪，多古迹，有大教堂、僧侣塔、水晶宫和高75米的钟楼，以波尔图葡萄酒和软木制品闻名。

吉马良斯：12世纪时曾为葡萄牙首都，保存有公元996年建的城堡、橄榄树圣母会教堂和萨拉多纪念碑，为世界文化遗产。

辛特拉：阿拉伯贵族与葡萄牙王室的夏宫，被英国诗人拜伦赞为"灿烂的伊甸园"，为世界文化遗产。

2017年葡萄牙在全球旅游竞争力排名中名列第14位。

2. 旅游客源市场

2014年入境游客932.3万人次，旅游外汇收入138.1亿美元；2017年入境游客1820.6万人次，旅游外汇收入171.19亿美元，入境旅游人数与本国人口之比为177∶100。欧洲是最大的客源产出地，主要游客来自英国、西班牙、德国、荷兰、法国等欧盟成员国以及巴西和美国。185个国家和地区对葡萄牙国民实行免签入境或落地签证政策。

3. 旅游产业

2016年旅游业的直接贡献占国民生产总值的6.4%、间接贡献占国民生产总值的16.6%，旅游占服务出口的比重更是高达50%左右，旅游从业人口占总劳动力人口的7%。葡萄牙国际旅游收支一直呈顺差态势。2004年旅游外汇收入69.37亿美元，同年支出32.53亿美元，顺差36.84亿美元。

4. 旅游管理

经济部主管旅游部门，下设国家旅游局，由1名旅游国务秘书负责，财政自立、自主运行，有22家驻外办事处。

四、中葡关系

1. 外交关系

中葡交往历史悠久，1502年，葡萄牙曾向明朝政府派遣了使节。1979年2月葡萄牙与中国建交。1999年澳门问题顺利解决，为两国关系全面发展翻开了新的一页。2005年12月，两国建立全面战略伙伴关系。2003年10月在澳门创立中葡论坛，安哥拉、巴西、佛得角、几内亚比绍、莫桑比克、葡萄牙、圣多美和普林希比和东帝汶等8个葡语国家共同参与，已举办5届部长级会议。

葡萄牙在上海驻有总领馆。

2. 旅游关系

2010年11月签署两国《旅游合作协定》，成立中国—葡萄牙旅游混合委员会，推动两国旅游部门间的沟通和协调，促进两国旅游领域的互利合作。2015年3月，两国共同签署《关于旅游领域的谅解备忘录》，在平等互惠的基础上开展包括旅游信息、旅游投资、技术援助、专家互访、旅游宣传等领域合作。2016年签署《中华人民共和国澳门特别行政区社会文化司与葡萄牙共和国经济部在旅领域的合作协议》。

1995年葡萄牙来华旅游2.56万人次，2015年5.0万人次，2017年来华游客5.63万人次，2018年5.6万人次。2004年葡萄牙成为中国公民自费旅游目的地。2010年11月，中葡两国签署《中葡旅游合作协定》，成立中国—葡萄牙旅游混合委员会。2015年葡萄牙共接待中国游客15.5万人次、27.12万酒店间夜数，人均住宿1.8夜。

意大利

一、基本国情

1. 自然地理

意大利共和国（Repubblica Italiana），位于欧洲南部的亚平宁半岛上，包括西西里岛、撒丁岛和其他岛屿，面积301318平方公里。三面临地中海，大多为山岳地带，多火山，地震频繁。最大的平原是北部的波河平原，是主要的工农业区。大部分地区的气候属地中海气候，冬季温暖多雨、夏季炎热干燥。

2. 简史

公元前753年建成罗马城，曾为跨欧、亚、非三洲的古罗马帝国。公元476年西罗马帝国灭亡后长期处于分裂状态。14、15世纪，成为欧洲文艺复兴运动的摇篮。16世纪后，西班牙统治意大利部分地区达一个半世纪之久。1861年3月建立王国，完成领土统一。1922年墨索里尼上台实行法西斯统治，1936年建立"柏林—罗马轴心"，1940年向英、法宣战。1945年4月25日，意大利人民起义。1946年6月18日，意大利共和国正式宣布成立。

3. 国旗与国花

国旗：三色旗，由同样宽度的绿、白、红三色长条纵列组成。

国花：雏菊。

4. 政治体制

宪法规定意大利是"建立在劳动基础上的民主共和国"。总统为国家元首，由参、众两院议员和大区代表联合选举产生，任期7年，可连选连任。立法权由参、众两院集体行使。总理由总统任命，向议会负责。总理和部长人选通常从议员中产生。主要有民主党、力量党、五星运动、新中右、公民选择党、北方联盟、左翼生态自由党等。意大利工会、意大利劳动人民工会联合会和意大利劳工联盟为三大工会联合会，各自保持独立性。意大利企业家的组织是工业总联合会。

5. 国民经济

发达工业国，欧洲第四大、世界第九大经济体。中小企业发达，被誉为"中小企业王国"。2017年国内生产总值1.72亿美元，人均国内生产总值2.06万美元。地区经济发展不平衡，北方工商业发达，南方以农业为主，世界最大葡萄酒生产国。世界三大油橄榄生产国之一、柑橘产量居世界第三位、柠檬产量位居第二。2012年农业、工业、服务业增加值的比重为2.0∶23.3∶74.7。罗马是欧洲飞往东方和非洲的中途站，主要机场有罗马的菲乌米奇诺、米兰的利纳特和马尔佩萨、都灵的卡莱塞。

货币名称：欧元，汇率：1欧元＝1.1326美元（2018年）。

6. 对外政策

立足西欧，积极推动欧洲一体化进程，主张欧洲应有共同的外交和防务政策；依靠北约，重视同美国的传统关系；主张世界多极化和加强地区性合作；支持欧盟和美国向中东欧国家开放；关注巴尔干半岛局势和地中海事务，重视发展同亚太地区国家的关系，强调维护人权和自由权。与世界上180个国家和地区建立外交关系。

二、人文习俗

1. 人口、语言与宗教

人口6080.8万（2018年），绝大多数是意大利人。意大利语为官方语言，也是圣马力诺和梵蒂冈的官方语言，也是瑞士的四种正式语言之一。绝大多数人信奉天主教。

2. 姓名称谓

意大利人的姓名由姓和名组成。在填写正式文件时，除本人姓名外，要加上父名，有时还得写母亲的姓名，次序是本人的姓、名、父名，最后是母亲的姓名。通常只称个人的姓名，名在前、姓在后；亲朋好友间习惯于直呼其名；对长者、有地位的人或不熟悉的人，应称他们的姓，并加"太太、小姐、先生、博士"等称谓；人名在文章中第一次出现时要用全称，并加上职务称，以后出现时只称姓即可；对重要人物或受人尊敬的人物，称呼他们时往往在姓前加上职务称，以示尊敬。

3. 节假日

（1）法定节日

元旦：1月1日。

五一国际劳动节：5月1日。

解放日：4月25日，庆祝1945年4月25日意大利北方各大城市居民举行起义，歼灭法西斯军队。

国庆节：6月2日。1946年的这一天，意大利举行全国公民投票，决定废除君主制，建立共和国，后定此日为国庆日。

胜利纪念日：11月4日，纪念意大利在第一次世界大战中取得的胜利。

（2）民间节日

主显节：1月6日，纪念耶稣显灵。

复活节：3月底到4月25日之间的一个星期日。

耶稣升天节：复活节后的第六个星期日。

圣灵降临节：复活节后的第七个星期日。

圣母升天节：8月15日（天主教）、8月27日（东正教）。

万灵节：11月1日，墓地祭奠，凭吊故人。

圣诞节：12月25日。

愚人节：4月1日。

无罪受孕日：12月8日。

圣斯特法诺日：12月26日。

实行由劳资双方协议确定带薪年休假时间，一般为5至6周。

4. 文学艺术

意大利从古罗马帝国发展而来，是与古希腊并称的欧洲文明的源头、近代欧洲文艺复兴运动的摇篮。13世纪末至16世纪是"文艺复兴"时期，是意大利文学艺术的黄金时代，并在欧洲居领先地位。诗人但丁代表作《神曲》，与英国的莎士比亚和德国的歌德并称为西欧文学史上的三大天才巨匠。乔瓦尼·薄伽丘的代表作短篇小说集《十日谈》。绘画的杰出代表是达·芬奇，代表作《最后的晚餐》和《蒙娜丽莎》是誉满世界的杰作。雕塑的杰出代表是米开朗琪罗·邦内罗蒂，代表作为《大卫》像和《被束缚的奴隶》像以及壁画《创世纪》和《末日的审判》。歌剧诞生于17世纪的意大利，18世纪末广泛流行于整个欧洲。威尔第的《茶花女》《假面舞会》《奥赛罗》等在意大利歌剧史上有其特殊地位。20世纪意大利著名歌剧作曲家是贾科莫·普契尼，代表作有《艺术家的生涯》《蝴蝶夫人》等。米兰的斯卡拉大歌剧院、那不勒斯的圣卡尔洛歌剧院、威尼斯的凤凰歌剧院、都灵的皇家歌剧院、罗马的罗马歌剧院等是闻名世界的歌剧院。

5. 节庆活动

狂欢节：2月或3月，每年斋戒期（复活节前40天为斋戒期）前数天举行。罗马、佛罗伦萨、比萨和威尼斯曾是狂欢节的中心，现在中心已移至海滨城市维亚雷焦，与法国的尼斯并称为欧洲狂欢节活动的两大中心。

佛罗伦萨烟火节：3~4月。

佛罗伦萨音乐节：5月。

锡耶纳市赛马节：7月12日、8月16日。

威尼斯国际电影节：8~9月。

威尼斯划船节：9月的第一个星期日。

八月节：8月15日前后，全国休假、娱乐、旅游。

米兰足球赛：每年9月~来年6月的周末。

6. 服饰餐饮

意大利的衣食住与邻国法国相似，日常衣着以西服为主，但夹克衫、T恤衫和牛仔裤现已成为国民的常服。菜的特点是味醇、香浓，以原汁原味闻名。相传，意大利的面条由马可·波罗从中国传入。源于那不勒斯的烤饼"比萨"名扬西欧、北美，传遍全世界。喜欢喝葡萄酒，但很少酗酒，席间不劝酒。拒绝别人的用餐邀请被认为是不礼貌的行为。

三、旅游业

1. 旅游城市与著名景点

首都罗马：古罗马帝国的发祥地，曾为教皇国的首都，有2700多年的历史，有"永恒之城"的美称。"母狼哺婴"是罗马的城徽。以古迹多、教堂多、广场多、地下墓穴多和喷泉多而闻名世界。主要有古罗马斗兽场、万神庙、地下墓穴、罗马广场、圣玛丽亚教堂、圣约翰大教堂、坎切里亚宫、法尔内塞宫和"特莱维"喷泉（又称"少女喷泉"）等。

佛罗伦萨：14~16世纪欧洲文艺复兴运动的发祥地，有博物馆和画廊40多个、宫殿60多座以及上百座各种风格的教堂，有"博物馆城"之称。主要景点有洗礼堂、市政广场、圣十字教堂、花之圣母大教堂、乔托钟楼、乌菲兹美术馆、君子宫和"老桥"等。

威尼斯：位于亚得里亚海滨，建在离海岸4公里远的188个小岛上，岛城内有401座桥连接，有"水城"之称，"贡多拉"小船别具风格。主要景点有圣马可广场、圣马可大教堂、公爵宫、乔托钟楼、研究院美术馆、里亚托桥、叹息椅等。威尼斯是马可·波罗的故乡，他在中国游览苏州城后誉其为"东方威尼斯"。

那不勒斯：被誉为"音乐之乡"，建于1737年的圣卡尔洛歌剧院属世界第一流的歌剧院。那不勒斯湾东岸维苏威火山山脚下有被火山埋没1900多年的庞贝古城。

米兰：始建于公元前4世纪，杜奥莫大教堂相传屋顶藏有将耶稣钉在十字架上的一颗钉子。圣母玛利亚教堂的餐厅墙上，1489年达·芬奇在米兰创作了传世名画《最后的晚餐》。其他景点有五月广场、埃玛努埃二世长廊、布雷拉画廊等。

比萨：大学城，以浸礼会教堂和钟楼（比萨斜塔）闻名世界。

意大利有48项世界自然文化遗产，其中文化遗产49项，居世界第一。旅游宣传口号是"露天博物馆"。

2017年意大利在全球旅游竞争力排名中名列第8位。

2. 旅游客源市场

20世纪50年代意大利就成为世界第二旅游接待大国。2014年入境游客

4857.6万人次、居世界第5位；旅游收入455.45亿美元、居世界第6位。2017年入境游客5825.3万人次、居世界第5位；旅游收入442.33亿美元、居世界第6位。2017年接待入境游客人数与全国人口之比为96∶100。主要客源地欧洲占80%以上，美洲约占10%。入境游客主要是古迹游览、海滨度假和参加会议展览。

意大利是欧洲重要的客源产出国。1996年出境旅游1600万人次，旅游支出142亿美元；2012年出境旅游5920万人次、支出205亿欧元，出境旅游人数与本国人口之比为97∶100。2017年旅游支出277亿美元，居世界第10位。主要旅游目的国是法国、西班牙、奥地利、英国、瑞士和德国等欧盟国家，美国是意大利人在欧洲之外的主要旅游目的国。185个国家和地区对意大利国民实行免签入境或落地签证政策。

国内旅游持续发展。2003年全国酒店接待国内游客13521.7万人/天，人均住宿3.45天。出游时间集中在夏季。用于旅游的花费占家庭总收入的20%，在家庭各种支出中占第3位。国民旅游产出地主要是北部地区，占60%，中部地区占30%，南部地区占10%。

3. 旅游产业

旅游业是意大利国民经济的支柱产业。2016年旅游业的直接贡献占国民生产总值的4.6%、间接贡献占国民生产总值的11.1%，旅游从业人员250万。意大利国际旅游收支长期呈顺差状态，是弥补国家收支逆差的重要来源。2017年入境旅游收入442亿美元，出境旅游支出277亿美元，顺差165亿美元。

有大小旅馆33000多家，床位200多万张，其中五星级饭店94家，客房床位占总数的0.9%，三星级客房占总数的44%。星级饭店大多集中在大城市、风景游览区和海滨休养地。旅馆多为中小型，包括宾馆、露营地、旅游村和农业旅游住所等，全国大小旅馆共有11.5万处。旅行社5436家。主要旅行社有阿奇托乌尔旅游公司、文塔纳旅游公司、红色佛朗哥旅游公司、大旅行旅游公司等。

4. 旅游管理

2011年11月新内阁设旅游和体育部。旅游部下设意大利形象推广使命协调局和旅游竞争发展局（该局内下设国家旅游局、阿尔卑斯协会和汽车俱乐部），国家旅游局负责海外旅游市场推广工作。在国外设有27个旅游办事处和35个联络处，分别是苏黎世、维也纳、摩纳哥、巴黎、伦敦、马德里、法兰克福、布鲁塞尔、阿姆斯特丹、哥本哈根、斯德哥尔摩、纽约、芝加哥、洛杉矶、蒙特利尔、东京等。

《意大利旅游法典》规定，为使与旅游相关的各部门、机构更加协调，设立促进旅游的常设委员会，成员有旅游系统的所有公共和私人主体的代表。

四、中意关系

意大利与中国的交往源远流长。公元前27年，罗马帝国第一位皇帝奥古斯都即位时，曾有中国使节祝贺。公元166年，罗马皇帝安东尼诺曾派遣使团来中国。元代，意大利旅行家马可·波罗驻留中国17年，著有《东方见闻录》，介绍了中国风物。明末，天主教传教士利马窦在中国传播西方的天文、数学、地理知识。

1. 外交关系

1970年11月中意两国建交。意大利是中国在欧盟的第五大贸易伙伴，中国是意大利在亚洲的第一大贸易伙伴。两国分别在上海、广州和米兰、佛罗伦萨设立总领馆。

2. 旅游关系

1981年来华旅游0.94万人次，2015年24.61万人次，2017年27.97万人次，2018年27.8万人次。

2000年中国赴意旅客10.9万人次。2004年9月，意大利成为中国公民出境旅游目的地国家，2014年中国游客赴意大利旅游人数突破150万人次。2018年达200万人次，中国首次进入意大利排名前10，占外国游客消费总额约为29%。

中国在设有罗马旅游办事处，意大利在北京设有旅游办事处。

学习提要

欧洲是世界旅游中心与中国出入境旅游市场的重要一翼。巩固与发展欧洲地区传统客源市场与新兴客源市场，是扩大我国国际旅游的重要方面。

教学重点

本章重点学习英国、法国、德国、西班牙、意大利和俄罗斯等国，其余国家以自学为主。

思考与讨论

英国、法国、德国、西班牙、意大利和俄罗斯国等旅游产品、旅游市场、旅游管理各有什么特点和经验？对我国旅游业有什么借鉴？

第五章

美洲地区

第一节 美国

一、基本国情

1. 自然地理

美国全称美利坚合众国（The United States of America，USA），位于北美大陆，东濒大西洋，西濒太平洋，北与加拿大为邻，南靠墨西哥和墨西哥湾。面积9 629 091平方公里（其中陆地面积915.896万平方公里），包括北美洲西北部的阿拉斯加和太平洋中部的夏威夷群岛，为世界第三领土大国。领土绵延5000多公里的落基山脉纵贯南北，中西部以山地高原为主，东部以平原低地为主。中部的密西西比河自北向南流入墨西哥湾，是境内最长、流域面积最广、水量最大、利用价值最高的大河。大部分地区属于大陆性气候，南部属亚热带气候。阿拉斯加属极圈内寒冷气候区，夏威夷属热带气候区。

2. 简史

原为印第安人聚居地。15世纪末西班牙、荷兰、法国、英国等国开始向北美移民，印第安人迁往西部。16~18世纪早期，北美大陆的殖民势力主要是西班牙、法国和英国。到1773年，英国已在大西洋沿岸建立了13个殖民地。1775年4月爆发独立战争，1776年7月4日发表《独立宣言》，正式宣布建立美利坚合众国。1787年制定联邦宪法，1788年华盛顿当选为第一任总统。1861~1865年国内爆发南北战争，废除了奴隶制。此后美国经济快速发展，20世纪后，美国的科学技术和国民经济一直居世界领先地位。

3. 国旗、国花与国鸟

国旗：星条旗，旗面左上角为蓝色星区，星区以外是红白相间的条纹。红色象征强大和勇气，白色象征纯洁和清白，蓝色象征警惕、坚韧不拔和正义。

国花：玫瑰花，象征美丽芬芳、热忱和爱情。

国鸟：白头鹰（白头海雕），外貌美丽、性情凶猛，有"百鸟之王"之称，象征勇猛、力量和胜利。

4. 政治体制

联邦宪法的规定，美国是联邦制共和国，实行立法权、行政权和司法权三权分立、互相制衡，分别由国会、总统和联邦最高法院行使。总统是国家元首、行政首脑和陆、海、空三军的总司令，掌管国家行政大权，通过间接选举产生，任期4年，可连任一届。国会是全国的最高立法机构，由参议院和众议院组成。联邦最高法院法官终身任职，非经国会弹劾不得免职。存在众多党派，但在国内政治生活中影响最大的是共和党和民主党。共和党成立于1854年，标志为大象。民主党成立于1791年，标志为驴。两党轮流执政，控制国会立法。劳动和产业联合会是美国最大的工会组织之一，农民协会联盟是全国性统一组织，妇女组织有全国妇女组织和大学妇女联合会。制造商协会是最有影响的企业主组织。

5. 国民经济

高度发达的市场经济国家，其国内生产总值居世界首位。信息、生物等高科技产业发展迅速。农业、服务业高度发达。2017年，国内生产总值194854亿美元，人均国内生产总值59407美元。2012年农业、工业、服务业增加值的比重为1.2∶23.4∶75.4。高速公路四通八达。海运以沿海运输为主，重要港口有纽约、费城、巴尔的摩、波士顿。主要航空港是芝加哥、亚特兰大、达拉斯、洛杉矶、旧金山、丹佛、底特律等。

货币名称：美元（United States Dollar），基本单位是元（Dollar，符号＄）和分（Cent，符号￠），1美元=100美分。

6. 对外政策

主张"世界新程序"的基本目标是"和平、安全、自由和法治"，维持同西欧国家的盟国关系，坚持以北约为欧洲安全防务的核心。日本是美国在亚洲地区最重要的盟国。维持同加拿大的"传统的特殊盟友"关系。近年来在巩固与传统盟友关系的同时，发展与新兴大国关系，实施亚太"再平衡"战略，开拓与非洲、拉美国家关系，并行推进跨太平洋、跨大西洋自贸谈判，拓展全球市场。与184个国家建立正式外交关系。

二、人文习俗

1. 人口、民族、语言和宗教

3.30亿（2019年），非拉美裔白人约占62.1%，拉美裔约占17.4%，非洲裔约占13.2%，亚裔约占5.4%，混血约占2.5%，印第安人和阿拉斯加原住民约占

1.2%，夏威夷原住民或其他太平洋岛民约占0.2%（少部分人被重复统计）。通用英语。人口中约54.6%信仰基督教，23.9%信仰天主教，1.7%信仰犹太教，1.6%信仰东正教，0.7%信仰佛教，0.6%信仰伊斯兰教，1.2%信仰其他宗教，16.1%无宗教信仰（少部分被重复统计）。

2. 公共节日

新年：1月1日。

华盛顿诞辰日：2月22日，也称全国公共服务和缅怀日。

复活节：3月21日后的首个星期日。

独立日：7月4日。

哥伦布日：10月13日，纪念哥伦布首次登上美洲大陆。

阵亡将士纪念日：5月30日。

万圣节：10月31日。

退伍军人节：11月11日。

感恩节：11月的最后一个星期四。

圣诞节：12月25日。

联邦政府规定的11个法定假日执行方案由州或地方裁定，除新年、独立日、老兵日、感恩节和圣诞节外，官方假日指定在星期一，以与周末形成3天连休假。各州还可设定节假日。

带薪假期，联邦和各州没有统一规定带薪休假天数，由劳资双方协商，几乎所有企业实行带薪休假，所有职工都使用带薪休假。带薪休假天数根据资历累加，少则1周，多则3周、4周、5周。

3. 文学艺术

19世纪末至20世纪初，杰出的作家和代表作有哈里特·比彻·斯托夫人的《汤姆叔叔的小屋》、马克·吐温的《哈克贝利·费恩历险记》和杰克·伦敦的《铁蹄》。20世纪杰出作家和代表作德莱塞的《嘉丽妹妹》《珍妮姑娘》《欲望三部曲》，辛克莱·刘易斯的《大街》《巴比特》以及欧内斯特·海明威的《太阳照样升起》《永别了，武器》《战地钟声》《老人与海》等。杰出的黑人作家和代表作有阿历克斯·哈利的《根》，托尼·莫里森成的《所罗门之歌》《宠儿》和《爵士乐》。美国人对文学、艺术、戏剧、音乐等抱有十分浓厚的兴趣，著名文化设施有林肯表演艺术中心、大都会艺术博物馆、百老汇大街、肯尼迪表演艺术中心。好莱坞是电影制作的中心。纽约是公认的戏剧之都。

4. 姓名称谓

美国人的姓名与其他西方英语国家相同，以名、姓次序排列。起名字的习惯是：喜欢用长辈的名字作为子女或孙子女的名字，为以示区别，常加上"小"字，如小罗斯福等；喜欢用世界伟人、本国总统和民族英雄的名字为子女命名。

5. 服饰餐饮

除正式社交场合穿着正规外，平时穿着打扮无拘无束，追求舒适，但一般不能穿着背心进入公共场所，不能穿睡衣出门。早餐一般在家中吃，比较简单。午餐一般食用快餐，晚餐是一天中最丰盛的。自助餐馆的食品价格比较便宜，也不必付小费。在正式餐馆就餐要付15%的小费。

6. 婚丧礼仪

每个婴儿出生后都要到当地主管部门登记，新生儿的父母要为其选教父、教母。为新生儿洗礼一般在教堂举行。禁止近亲结婚，结婚前要进行婚前检查。传统葬礼多采用宗教仪式，举行现代葬礼的越来越多，葬礼后实行火化的不断增加。

7. 社交礼仪

美国人的社交礼仪基本与欧洲人相同。

8. 体育运动

棒球、橄榄球和篮球是最具普遍性的体育项目，棒球被视为"国球"。高尔夫球和网球大众化，滑雪、游泳等群众性体育项目普及。地方色彩的体育运动项目有西部牛仔马术、驯牛、骑牛比赛，阿拉斯加的狗拉雪橇赛以及夏威夷铁人三项赛、冲浪等。

三、旅游业

1. 旅游城市与景点

首都华盛顿：主要文化游览景点有国会大厦、白宫、美国历史博物馆、华盛顿纪念碑、林肯纪念堂、自然史博物馆、现代艺术馆、航天博物馆、非洲建筑和艺术馆、国会图书馆和肯尼迪文化中心等。著名大学有乔治城大学、乔治华盛顿大学和美利坚大学等。

纽约：世界著名大都市，曼哈顿集中了世界最高的高楼和最大的公司，有联合国大厦、自然史博物馆、大都会博物馆、艺术博物馆、林肯表演中心、中央公园、唐人街及娱乐业集中之地百老汇等。

洛杉矶：西部沿海著名城市，全国最大的飞机制造中心、军火工业中心和著名旅游城市。著名游览点有迪斯尼乐园、环球影城以及圣地亚哥的海洋世界、野生动物园等。好莱坞是世界上最大的电影工业中心。

休斯敦：南部最大城市，全国最大石油、化工基地，国家航空和航天局最大的空间研究中心所在地。

圣弗朗西斯科（旧金山）：西部最大港口、西海岸经济中心，景点有金门大桥、渔人码头、花街以及约塞米蒂国家公园、红杉国家公园等。

迈阿密：南北美洲文化和商业交会的中心，世界上最大的游船码头，附近有大沼泽地国家公园。

奥兰多：集中了迪士尼世界、未来世界、环球影城、海洋世界等著名主题公园，成为新型综合性文化娱乐度假地。

拉斯维加斯：位于美国内华达州南部，美国唯一以任何方式赌博都合法的州。世界博彩娱乐休闲名城，250多家赌场遍布大街小巷。内华达州法律规定凡开赌场一定兼开旅馆、饭店。拉斯维加斯目前已成为娱乐休闲、会议展览和旅游度假中心。

美国有21处世界自然或文化遗产，主要有费城独立厅、自由女神像、梅萨维德印第安遗址、卡俄基亚土丘历史遗址、波多黎各的古堡与圣胡安历史遗址、查科文化国家历史公园、夏洛茨、夏洛茨维尔的蒙蒂塞洛和弗吉尼亚大学、陶斯印第安村、奥林匹克国家公园、全球著名的黄石国家公园、科罗拉多大峡谷和美加交界处的尼亚加拉大瀑布等。

加州的迪士尼乐园和佛罗里达州的迪士尼世界是现代主题公园的典范。

2017年美国在全球旅游竞争力排名中名列第6位。

2. 旅游客源市场

入境旅游一直居于世界前列。1999年入境游客4850.5万人次，旅游外汇收入894.01亿美元；2014年7476.7万人次，1772.4亿美元；2017年7590万人次，居世界第3位，2107.49亿美元、居世界第1位，接待入境游客人数与全国人口之比为23∶100。主要国际客源国为加拿大、墨西哥，占入境游客的一半，其次为英国、日本、德国、法国、韩国、澳大利亚、巴西和意大利。接待国际游客最多的城市依次为纽约、洛杉矶、迈阿密、旧金山、拉斯维加斯、奥兰多、华盛顿特区、火奴鲁鲁檀香山、波士顿和芝加哥。

世界上最大的客源产出国，出境旅游消费居世界前列。1999年出境旅游5731.8万人次，旅游支出610.58亿美元；2015年出境旅游7300万人次，出境旅游支出1200亿美元。2017年1~11月出国游客7976.7万人次，支出1530亿美元，居世界第2位。2017年出境旅游人数与全国人口之比为24∶100。出境旅游主要目的地是北美、加勒比与欧洲。主要出境旅游目的地为墨西哥、加拿大、英国、多米尼加、法国、意大利、德国、牙买加、中国和日本。出境游客中，以休闲观光和探亲访友为目的的出游占据主流，约占出境游的70%以上，其次为商务，在境外平均停留19.6天。185个国家和地区对美国公民实行免签入境或落地签证。

国内旅游十分普遍。1996年美国国内旅游达11亿人次，国内旅游支出为3438亿美元；2011年国内旅游人次20.05亿人次，人均6.4次，国内旅游支出7043亿美元，全国人均旅游花费2272美元，人均每次旅游花费352美元。其中商务旅游为4.5亿人次，休闲旅游为15.5亿人次。国内旅游以散客为主，多以家庭或三五好友结伴出游，极少通过旅行社。飞机是州际间主要交通工具，州内以汽车为主，不愿意驾驶私家车的，则到汽车租赁公司租车。

3. 旅游产业

"北美产业分类系统"（NAICS）将旅行与旅游业列为一大类产业，包括有关旅游服务的运输、住宿、饮食、旅行社、会议与展览、国家公园、海滩、博物馆与历史遗址等30个部门，涵盖面广、综合性强。

2016年旅游业的直接贡献占国民生产总值的2.7%、间接贡献占国民生产总值的8.1%。美国有860万人直接依赖旅游业，另有约15%的人口间接依赖旅游业。旅游业已经成为美国最大的服务出口业。

国际旅游收支长期呈顺差状态，2015年旅游外汇收入2107亿美元，出境旅游支出1350亿美元，旅游贸易顺差757亿美元。

饭店按地域分为城市、郊区、机场附近、两州交会处、度假村/景区酒店、小城镇酒店等6类，按星级分为超豪华（五星）、豪华（四星）、高档（三星）、中高档（二星）、中档（一星）和经济酒店等6类。2010年共有超过15间客房的酒店51015家，客房480万间，酒店入住率57.6%，创造了180亿美元的税前利润。著名酒店集团是希尔顿、万豪、温德姆、洲际、精选、贝斯特韦斯特、喜达屋、马格努森、凯悦等。居民成为"HomeExchange.com"网站会员后，可与其他会员交换公寓式住房、别墅、农村房屋和汽车。Airbnb.com是新兴的民宿网络订购平台，客户面向各国，中文译名"爱彼迎"。

2011年有2600家旅游批发商，11159家旅游代理商。全美旅游协会（NTA）和美国旅游批发商协会（USTOA）是两家最大的旅游批发商协会，其会员需交纳100万美元的定金，以补偿游客因事故而造成的损失。旅行商集中化程度很高，其中50家大型批发商占有全国80%的旅行团业务。最大的大型旅游公司集团是运通和福斯特。

拥有全球最大规模的主题公园产业。2011年共有468家休闲娱乐公园，6家连锁主题公园管理着122家主题公园。前6家主题公园分别是华特迪士尼、环球影城、六旗、雪松娱乐、海洋世界公园和贺森娱乐集团。邮轮业发达，市场规模和载客能力居世界首位。2010年美国邮轮游客1010万人次，占世界邮轮游客的61.6%。

4. 旅游管理

商务部工业和贸易局之下设旅游与旅行办公室。旅游产业办公室负责旅游政策和旅游调研统计工作，代表美国政府出席与旅游相关的政府间会议和谈判。旅游产业办公室下设旅游政策协调部和旅游发展部两个机构。商务部另设有旅游咨询委员会，由与旅游相关的国务卿、内政部、劳工部、交通部、移民局、海关、国家旅游组织、美国商会、国际行业管理、管理与预算办公室的代表组成，负责协调联邦旅游政策。

2012年成立全国旅游政策委员会，是旅游决策执行的权威机构，由总统的国内事务和政策助理担任旅委会主席，其成员包括交通部、内政部、商务部、国务卿、农业部、劳工部、财政部、卫生部、教育及福利部、能源部、国防部、住房和城市发展部、司法部、民用航空委员会、国际商业委员会、联邦贸易委员会以及国际通信机构和环境保护机构的负责人。

2012年5月出台《国家旅游旅行战略》，提出到2021年底每年吸引1亿名国外游客的目标，为美国创造更多就业。由商务部、内政部牵头，由国务院、财政部、农业部、劳工部、交通部、国土安全部、美国陆军工程兵、美国贸易代表处、美国进出口银行、美国小企业管理局等十多个机构派代表组成的特别工作组，以实现五大任务：共同致力于美国旅游宣传；促进和便利美国国民的国内旅游，鼓励美国人游美国，了解自己的国土和领地；提供世界一流的服务和游客体验；协调各级政府部门与机构；实施调研和评测成果。

行业协会在旅游业中发挥着重要作用。目前，美国旅游协会共有2100多会员，会员单位包括旅游相关的企业、协会、地区和各州的旅游促销机构。其正式会员主要分为以下几类：住宿与餐饮、景点、目的地促销机构、协会、交通企业、旅游批发商相关的企业和组织、大学、学院和图书馆等。收取会费的标准与会员单位的性质和营业收入相关。主要协会有美国国家旅游协会（NTA）、美国旅游协会（UST）、美国酒店及住宿协会（AH&LA）、美国旅游批发商协会（USTOA）、美国旅游零售商协会（ASTA）、美国航空协会（ATA）、美国巴士协会（ABA）。

2010年根据《旅游促进法》在设立"品牌美国"（Brand USA）机构，由政府机构和私营企业合作，由美国商务部部长指派的11个董事会成员具体管理，每位董事会会员都是旅游行业不同领域的专家，制订并执行旅游全球营销方案，建立和发布"发现美国"网站。与"品牌美国"机构有关的政府机构有：商务部下属美国旅游咨询委员会和旅游产业办公室；国务院下属外交部领事事务局，为出境旅游者和入境旅游者提供信息咨询；美国国土安全局，简化签证申请手续；内政部国家公园管理局，致力于保护旅游接待地，提升游客接待能力；农业部与当地社区建立伙伴合作关系，指导解决食品、农业和自然资源，为游客提供独特的文化体验；贸易代表办公室，降低旅游服务的贸易壁垒，扩大航空合作范围；交通运输部，建设通往旅游目的地的交通服务；劳工部，培养旅游业和酒店业的高端人才，增加就业机会；小企业管理局，增加对小型旅游企业的咨询和辅助计划。上述机构各承担推广美国旅游的未来战略的相关事务。

国家公园管理局隶属于内政部，负责管理全国397处国家公园，包括历史公园或遗址、战地或军事公园、自然保护区、休闲娱乐区、海岸、风景区干道、国家湖岸、国家保护区。国家公园管理局接受国会拨款，并通过门票、公园特许专营权费和拍摄电影和摄影专项费方式筹集经费。国家公园系统拥有909个游客访问中心。

各州政府中，一般设有观光与会议局，主要负责本州的对外旅游推广，推广经费来自州政府征收的消费税。主要城市一般设有观光与会议局，负责本市的对外旅游推广，多数属于公司性质，由旅游相关企业会员组成并交纳会费，市政府给予一定的财力支持。

最早的旅游学院是康奈尔大学旅游学院，目前有各类旅游院校1000多所，其中四年制本科旅游院校约100所，职业性大学500~800所，技术学院近100所。除正规的旅游学院外，还有许多培训学院或培训中心，一般由旅游企业（旅行社、饭店、航空公司）开办，用于培训本企业的职工。

四、中美关系

1. 外交与经贸关系

1972年2月《中美联合公报》（上海公报）确认"只有一个中国，台湾是中国的一部分"。1979年1月1日，两国正式建立外交关系。同日美国宣布断绝同中国台湾的外交关系，撤走驻台美军，并终止了美台《共同防御条约》。1979年3月美国众、参两院通过违反两国建交公报原则、干涉中国内政的美国《与台湾关系法》。2011年5月，双方签署《中美关于促进经济强劲、可持续、平衡增长和经济合作的全面框架》，建立中美战略安全对话机制，宣布启动中美亚太事务磋商机制。2014年，美国是中国第一大出口市场和第六大进口来源地，中国是美国第三大出口市场和第一大进口来源地。中国在休斯敦、旧金山、纽约、芝加哥和洛杉矶设有领事馆，美国在上海、广州、沈阳和成都设有领事馆。

2. 旅游关系

中美两国目前互为重要的旅游目的地和客源国。2014年11月，双方同意为前往对方国家从事商务、旅游活动的另一方公民颁发有效期最长为10年的多次入境签证。从2008年起，美国成为中国正式开展组团业务的出境旅游目的地国家。2016年中美共同举办"中美旅游年"。

1981年美国来华旅游13.04万人次，2015年208.58万人次，2016年224.78万人次，2017年230.93万人次，2018年248.4万人次。

中国旅美人数不断增长。2015年266.8万人次，2016年297万人次，2017年297.2万人次。

我国文化和旅游部在纽约和洛杉矶设有旅游办事处。

第二节 加拿大

一、基本国情

1. 自然地理

加拿大（Canada）位于北美洲的北半部，东邻大西洋，西濒太平洋，南接美国，北靠北冰洋，面积998.467万平方公里。为世界上领土面积仅次于俄罗斯的第二大国。东部为高原及山脉，西部为山地，中部为广阔的草原低地。沿中西部至东南一带，大熊湖、大奴湖、温尼伯湖及加、美边界上的五大湖呈弧状分布，构成了世界上最大的湖泊带。位于北半球高纬度地区，有1/5的地区在北极圈内。气温低、冬季长，大部分地区为温带大陆性针叶林气候，冬季全国绝大部分地区有积雪。

2. 简史

原为印第安人与因纽特人居住地，"加拿大"在古老的印第安语中是"棚屋"的意思。17世纪初沦为法国殖民地，后割让给英国。1867年7月1日，英将加拿大省、新不伦瑞克省和诺瓦斯科舍省合并为联邦，成为英国最早的自治领。此后，其他省也陆续加入联邦。1926年，英国承认其"平等地位"。1931年，成为英联邦成员国。1982年，英国女王签署《加拿大宪法法案》，议会获得立宪、修宪的全部权力。

3. 国旗、国兽

国旗：长方形，为红、白两色，左右两侧的宽红边分别代表太平洋、大西洋，中间的白色正方形代表加拿大广阔的国土，白色正方形中央一大片红枫叶，象征居住在这片土地上的加拿大人民。

国兽：水獭。

4. 政治体制

实行联邦议会制，英国女王是加拿大的国家元首，由她任命总督代表她常驻加拿大。实行"三权分立"，立法、行政、司法大权分别由议会、总理和法院行使。立法机构由参议院和众议院两院组成。由众议院占据多数席位的党组阁，其领袖即为总理。主要政党有保守党、新民主党、自由党和魁北克集团等。

5. 国民经济

西方七大工业国家之一。制造业、高科技产业、服务业发达，资源工业、初级制造业和农业是国民经济的主要支柱。以贸易立国，对外贸依赖较大，经济上受美国影响较深。矿产丰富，是仅次于美国和俄罗斯的世界第三大矿业国，世界上最大的新闻纸生产和出口国。2017年，国内生产总值13917亿美元，人均国内生产总值3.75万美元。2017年制造业总产值占国内生产总值的9.8%，建筑业占6.8%，农、林、渔业占1.5%。服务业占66.5%，运输业约占当年国内生产总值的4.3%。圣劳伦斯运河深水航道全长3769公里，是世界上最长的运河，船舶通航可从大西洋抵达五大湖水系。最大的港口是温哥华港。主要机场68个，包括多伦多、温哥华、卡尔加里和蒙特利尔等国际机场。

货币名称：加拿大元，汇率：1美元=1.3332加元（2018年）。

6. 对外政策

加拿大最重要的盟国是美国，加强与西欧的传统关系，重视发展与亚洲的经济和战略关系，是亚太经合组织成员、东盟地区论坛成员和东盟对话国；美洲国家组织成员国，拉美国家是重要贸易伙伴和投资目的地。已同193个国家建交。

二、人文习俗

1. 人口、民族、语言和宗教

人口3707万（2018年），主要为英、法等欧洲后裔，土著居民（印第安人、米提人和因纽特人）150万人。华裔加拿大人占4.3%，已经超过150万人。英语和法语同为官方语言。居民普遍信仰宗教，主要信奉天主教（占45%）和基督教新教（占36%）。

2. 节假日

元旦：1月1日。

基督受难日：复活节前的星期五。

复活节：春分满月后的第一个星期日。

维多利亚日：5月24日，英国女王维多利亚诞辰纪念日。

加拿大日：7月1日，国庆节，纪念1867年7月1日建立加拿大自治领。

安大略公民日：8月1日。

劳动节：9月的第一个星期日。

感恩节：10月的第二个星期一。

阵亡将士纪念日：11月11日，纪念在战胜中牺牲的军人与平民。

圣诞节：12月25日。

节礼日：12月26日。

联邦法规定，就业1年后有2周带薪休假，6年后有3周带薪休假。绝大多数企业有10~30天的带薪休假。

3. 文化体育

由法语文学和英语文学两部分组成。英文作品中以本民族的神话和历史传说为题材的作品增多，小说趋于诗歌化。1953年开始举办斯拉特福戏剧节，地区性专业剧团在各地兴起。原始美术是由印第安人和因纽特人创造，以后随着法国人的到来，把欧洲绘画和绘画技术带到了加拿大。展览馆、美术馆、各种画廊遍布全国各地，蒙特利尔、多伦多成为全国的艺术中心。音乐艺术由法国、英国和德国传入，成为生活的重要内容，国家艺术中心是最大的剧场。

传统体育运动项目有雪鞋、独木舟、平底雪橇、钓鱼和狩猎等，流行高尔夫球、冰上溜石饼、自行车、冰球、棒球、橄榄球（美式足球）等现代体育运动，对冰雪运动与户外、野外休闲运动格外青睐。

4. 餐饮

除一日三餐外，工商企业或政府部门在上午10点和下午3点还有15分钟休息时间，供雇员自己吃些点心（甜饼、饼干之类），喝杯咖啡或茶。饮食偏好低脂、低糖、低盐，口味较清淡，一般不用辛辣调味品，喜食烤、煎、炸制作的酥脆食品。忌食动物内脏和脚爪。

三、旅游业

1. 旅游城市和景点

首都渥太华： 主要景点有渥太华河、议会大厦、联邦政府、最高法院、和平塔、钟楼等，国家美术馆、全国科学技术博物馆、国家航空博物馆、邮政博物馆、国家图书馆、科技博物馆遍布全市。

多伦多： 港口花园城市。电视塔高553米，是世界上最高的电视塔，多伦多市和加拿大国家的标志性建筑。市郊有开放式的野生动物园。

蒙特利尔： 整个城市依山而建，市郊的劳伦欣山区是加拿大有名的风景区。该市以北约200公里的格雷文赫斯特镇，是伟大的国际主义战士、中国人民的朋友白求恩的故乡。1973年，加拿大政府购下白求恩的故居改为白求恩纪念馆，市中心有白求恩广场。

温哥华： 最大的海港，"加拿大通向东方的大门"，里多运河与渥太华河汇流处的国会山麓，由三大哥特式建筑群组成的国会大厦是城市的标志、国家的象征。

魁北克城： 加拿大最古老的城市，下城区的皇家广场，被称为加拿大"法国文明的摇篮"，市内遗存有英、法式的古典建筑。该市在200年前就与中国上海有贸易关系，史学家称之为"太平洋上的丝绸之路"。

维多利亚： 以英国女王名字命名，具有浓郁的英国旧城情调。有海底剧场、太平洋海底世界、微缩世界公园、皇家伦敦蜡像馆、雷鸟公园、橡树湾海滨等游览点。

全国有世界自然文化遗产17处、42处国家遗产公园和历史古迹、700多个游览点。世界文化遗产有魁北克古城、卢嫩堡古城、梅多斯湾国家历史公园（北美唯一被证实的 1000 年前维京人聚居地）、野牛跳崖处（近六千年前的北美土著人捕猎、宰杀野牛遗址）、斯冈瓜伊（安东尼岛，北美土著印第安人原始文化遗迹）等，以及卡萨罗马古堡、魁北克圣约瑟教堂、冷战博物馆等。

著名国家公园有美加共有的尼亚加拉瀑布，世界自然遗产伍德布法罗国家公园、纳汉尼国家公园、落基山国家公园、沃特顿冰川国际和平公园等。著名主题公园有安大略省梅普尔的幻境乐园、蒙特利尔的拉龙德乐园、蒙特利尔奥林匹克公园。

旅游宣传口号是"不断探索加拿大""深度探索加拿大"。

2017 年加拿大在全球旅游竞争力排名中名列第 9 位。

2. 旅游客源市场

世界上重要的旅游接待国和客源产出国。1998 年入境游客 1865.9 万人次，旅游外汇收入 91.33 亿美元；2014 年 1710 万人次，170 亿美元；2017 年 2079.8 万人次，203.28 亿美元，接待入境游客人数与全国人口之比为 58∶100。国际游客中 4/5 来自美洲，主要是美国，1/10 来自欧洲。

1991 年出境旅游 2200 万人次，旅游支出 105 亿美元。2012 年出境过夜游客 3226.8 万人次，旅游支出 212.4 亿美元。加、美两国公民不需签证即可自由穿越国界，赴美旅游占出境旅游的 70%。2015 年出境旅游 3500 万人次，出境旅游人数与全国人口之比为 94∶100。2017 年出境旅游支出 318 亿美元，居世界第 7 位。截至 2018 年，184 个国家和地区对加拿大居民实行免签入境或落地签证。

2011 年国内旅游 3.2 亿人次，国内旅游收入 342 亿美元，占当年国际国内旅游总收入中的 73.1%。主要旅游项目为冬季滑雪、狩猎旅游；春夏参加登山、骑马、帆板、泛舟、露营、游泳、打网球、高尔夫球等户外运动。

3. 旅游产业

旅游业是加拿大的战略性产业和最大的服务出口行业。2016 年旅游业的直接贡献占国民生产总值的 1.8%、间接贡献占国民生产总值的 6.3%。旅游创造直接就业岗位 60.3 万个，占就业岗位总数的 3.5%；间接就业岗位 60.3 万个，占就业岗位总数的 9.2%。国际旅游收支长期为逆差。2017 年，入境旅游收入 203 亿美元，出境旅游花费 318 亿美元，逆差 115 亿美元。

全国 200 万个中小企业中，有 8% 从事旅游服务业。现有注册旅游企业 17.8 万家。全国有 5000 多家旅行社，旅游零售点达 5.3 万个，50% 属于加拿大旅游协会。旅行商大体可分为旅游批发经营商和旅游零售商两大类。大型旅游经营商专业性强，目标客源层细致，产品丰富，经营独立，国际化程度高。饭店协会注册的饭店成员 6658 家，客房近 28 万间；饭店连锁集团占全国饭店总数的 10%，其房间数占总数的 40%。

4. 旅游管理

1995年撤销旅游部，现为大小企业和旅游委员会。

旅游委员会是联邦政府、地方政府与私营部门的协作组织，通过工业部直接向国会负责，行使政府旅游主管部门的职能，奉行"以业界为主导，以市场为驱动，以调研为基础"的活动原则。其执行管理机构是由26位业内成员组成的董事会，主席和总裁由加拿大总理直接任命。2001年1月，经过联邦政府批准，旅游委员会正式成为"皇冠联合体"，从一个隶属于产业部的半官方机构变为一个纯粹由合作伙伴关系组成的、通过产业部直接向国会负责的联合体机构。在国外开设有20多个旅游办事处，其中在美国就有14个，其余的主要设在伦敦、悉尼、墨西哥、海牙、巴黎、东京、法兰克福等世界著名城市。同时，世界上有50多个国家在加拿大设立了70多个旅游办事处。旅游行业组织有旅游代理商协会、酒店协会、旅游业协会、旅游人力资源理事会和旅游顾问学会等。

四、中加关系

1. 外交与经贸关系

中加两国于1970年10月13日建立外交关系。2014年11月两国重申致力于在相互尊重、平等互利的基础上加强中加战略伙伴关系。目前，加拿大是中国境外投资第二大目的地国，中国是加第二大贸易伙伴、第二大进口来源地和第二大出口市场，是加最大留学生来源国和海外游客增长最快国，中文已成为加第三大语言。中国先后在温哥华和多伦多设立了总领事馆。加拿大在上海设有总领事馆。

2. 旅游关系

2010年6月中加两国政府签署《关于便利中国旅游团赴加拿大旅游的谅解备忘录》，加拿大正式成为中国公民出境旅游的目的地。2015年3月9日起，两国互为前往对方国家从事商务、旅游、探亲活动的公民颁发长期多次签证，一次签证有效期最长可达10年。双方共办"2018年中加旅游年"。中国在加拿大多伦多设有旅游办事处。

加拿大来华旅游人数逐年增长，1982年1.42万人次，2013年68.42万人次，2015年67.98万人次，2017年80.5万人次，2018年84.9万人次。来华游客中华裔占很大比例。

1998年前往加拿大的中国公民有5.8万人次。2011年36.98万人次，2015年44.2万人次，为加拿大第四客源国。2017年69.45万人次，是加拿大的第二客源国。

第三节 墨西哥合众国

一、基本国情

1. 自然地理

墨西哥合众国（The United States of Mexico）位于北美洲南部，拉丁美洲西北端，是南、北美洲陆路交通的必经之地，素称"陆上桥梁"。东临墨西哥湾和加勒比海，西南濒太平洋。面积196万多平方公里，东、西、南三面为马德雷山脉所环绕，中央为墨西哥高原，东南为地势平坦的尤卡坦半岛，沿海多狭长平原。气候复杂多样，高原地区终年温和，西北内陆为大陆性气候，沿海和东南部平原属热带气候。冬无严寒，夏无酷暑，四季万木常青，享有"高原明珠"的美称。

2. 简史

美洲文明古国。闻名于世的玛雅文化、奥尔梅克文化、托尔特克文化和阿兹特克文化均为墨印第安人创造。1519年西班牙殖民者入侵，1521年沦为西班牙殖民地。1810年9月16日开始独立战争。1821年宣告独立，1824年10月成立联邦共和国。1910年爆发资产阶级民主革命，1917年宣布国名为墨西哥合众国。

3. 国旗、国鸟、国花与国石

国旗：呈长方形，从左至右由绿、白、红三个平行相等的竖长方形组成，白色部分中间绘有国徽。绿色象征独立和希望，白色象征和平与宗教信仰，红色象征国家的统一。

国鸟：雄鹰。

国花：仙人掌、大丽菊。

国石：黑曜石。

4. 政治体制

1917年2月《墨西哥合众国宪法》规定，立法、行政、司法三权分立；土地、水域及其他一切自然资源归国家所有；工人有权组织工会、罢工等。总统是国家元首和政府首脑，任期6年，终身不得连选连任。联邦议会分为参众两院，行使立法权。内阁是政府行政机构，由总统直接领导。联邦各州制定本州宪法，但州政府权力受国家宪法约束。多党制，主要政党有：革命制度党（1929~2000年连续执政71年，2012年重新执政）、国家行动党（基督教民主国际成员）、民主革命党、劳动党、绿色生态党、公民运动党等。

5. 国民经济

拉美经济大国、北美自由贸易区成员、世界最开放的经济体之一，同45个国家签署了自贸协定。2017年国内生产总值1.143万亿美元，人均国内生产总值10100.6美元。拉美主要石油生产与出口国，世界第一白银出口国。世界主要蜂蜜生产国。古印第安人培育出了玉米，有"玉米故乡"之称。服务业发达。2012年农业、工业、服务业增加值的比重为3.5∶36.4∶60.1。主要机场有墨西哥城、瓜达拉哈拉、蒂华纳、坎昆、瓦利亚塔港和阿卡普尔科等机场。

货币名称：比索（Peso），汇率：1美元=19.1995比索（2018年）。

6. 对外关系

长期奉行独立自主的外交政策，主张维护国家主权与独立，尊重民族自决权，推行对外关系多元化。二十国集团、北美自由贸易区、亚太经合组织、经济合作与发展组织、美洲国家组织、拉美和加勒比国家共同体等组织成员和不结盟运动观察员。与193个国家有外交关系。属于北美自由贸易区成员国。

二、人文习俗

1. 人口、民族、语言与宗教

人口1.23亿（2017年），印欧混血种人占90%，其余为印第安人。88%的居民信奉天主教，5.2%信奉基督教新教。官方语言为西班牙语。

姓名通常由3节或4节组成。其排列次序是：名字—父姓—母姓。一节或二节是本人的名字，即教名。姓名的全称仅在正式场合或公文中使用。在一般场合，通常使用简称，即"教名—父姓"。以字母o结尾的名字是男人名，以字母a结尾的是女人名。在正式场合称呼别人姓名时，还有加尊称的习惯，通常在男子的教名前，冠以Don（译为唐，即先生），在女子的教名前，冠以Dona（译为唐娜、唐妮亚，即太太），以表示尊敬。下级对上级，或在正式场合时，常用行政职务、职称、学位等头衔来称呼。

2. 节假日

元旦：1月1日。

三王节：1月6日。

宪法日：2月5日。

国旗日：2月24日。

华雷斯诞辰：3月21日。

圣周、复活节：4月。

五一国际劳动节：5月1日。

普埃布拉胜利纪念日：5月5日。

圣船日：6月29日。

玉米节：7月。
仙人掌节：8月。
独立日：9月16日（1810年）。
种族节：10月12日。
亡灵节：11月2日。
革命日：11月20日。
瓜达卢佩圣母节：12月12日，扫墓节。
圣诞节：12月25日。
职工年带薪休假16天。

3. 文化艺术

美洲著名文明古国，古代印第安文化的重要发源地。流动的民间乐队"马里亚契"乐队遍及城乡。全民皆舞，在印第安音乐、欧洲音乐、黑人音乐的影响下形成的民族音乐舞蹈，男女老幼都会跳。面具舞、踢踏舞步的"哈拉"舞尤有特色。墨西哥城尤有"壁画之都"之称。拉丁美洲头号电影大国，《叶塞尼亚》《冷酷的心》被译制成中文。作家奥克塔维奥·帕斯获得1990年诺贝尔文学奖。流行壁画，在政府大厦、博物馆、大学、剧院以及公共建筑物的墙上都画有壁画，题材广泛。斗牛从西班牙传入，每逢节假日，许多城镇都要举行各种风格的斗牛表演，全国有300多个斗牛场。

4. 服饰餐饮

服饰绚丽多彩，受西班牙欧洲文化的影响，具有浓郁的印第安族特色。印第安男子平时头戴草帽，脚穿皮凉鞋，脖间常系红绸印花巾。妇女多穿着白色镶花边的轻纱短衫、鲜艳的长裙，还有一块手织的蓝色大披巾。

社交场合最常用的礼节是微笑和行握手礼。较热情的见面仪式是先握手、后拥抱，并同时在对方的背上拍两下。餐桌上注重交谈，菜肴较简单，主人很少劝酒。用餐时应等女主人动手后才开始用餐。玉米、菜豆和辣椒为三大食物，仙人掌菜肴为特色，并可酿酒、制成饮料。用龙舌兰叶酿造的特吉拉烧酒被列为国酒。用玉米做成玉米冰淇淋、玉米酒及各种玉米食品。

5. 婚丧嫁娶

法定最低结婚年龄男女分别为16岁和15岁，女孩子年满15岁时过成人节，从此可以参加社交活动，也可以开始选择伴侣。多用宗教婚礼，也有由地方官员或其他人主持婚礼、领取结婚证书的仪式。

传统葬礼多采用宗教形式，通常在教堂式的公墓里举行。玛雅族人实行土葬，死者嘴里要填满捣碎的玉米，旁边再放一些小石当钱币。阿兹特克族一般实行火葬。

黄色花意味着死亡，红花代表符咒，紫色是不吉利的颜色，白花意味着对主人的尊重。印第安人崇拜"羽蛇神"。

三、旅游业

1. 旅游城市与景点

首都墨西哥城：西半球最古老的城市，始建于公元 1325 年，1821 年墨西哥独立时定为首都。保留了浓郁的民族文化色彩。市内人类学博物馆是拉丁美洲最大和最著名的博物馆之一。由阿兹特克金字塔废墟、16 世纪西班牙殖民者修建的教堂和 20 世纪建造的外交部大楼组成"三种文化广场"展示了古老的阿兹特克文明、西班牙殖民文化与墨西哥现代文明的兼容并包。

瓜达拉哈拉市：保存有殖民地时代的大量教堂、剧院、法院、市政厅等。

莫雷利亚市：殖民时期是著名的文化和艺术中心。该市有许多古街、广场、宫殿、有教堂、拱桥高架水道等，巴洛克风格与丘里格拉风格的完美结合的莫雷利亚大教堂，被列入世界文化遗产名录。

阿卡普尔科－德华雷斯（Acapulco de Juarez）：南部著名的港口及滨海旅游城市。市中有一座圣迭戈古堡，记录了 19 世纪初墨西哥人民争取独立的历史。阿卡普尔科博物馆里收藏着 16 世纪时由"中国之船"运来的中国的精美瓷器，该市每年举行"中国之船节"，并同中国的青岛结为姊妹城市。

坎昆市：位于加勒比海北部，该城市三面环海，原是一个僻静渔村，1978 年在这里建设旅游区和自由贸易中心。白沙海滩、海水清澈、湿地纵横、岛海相拥，1975 年开始接待游客，现已成为每年可接待 200 万游客的国际滨海度假旅游胜地。

有 31 个世界自然与文化遗产，展示了从远古到近代的灿烂文化和悠久文明史和热带森林、红树林、鲸鱼保护区等生态资源。旅游宣传口号是："墨西哥是一个迷人的国家""超乎你的想象"。

2017 年墨西哥在全球旅游竞争力排名中名列第 22 位。

2. 旅游客源市场

美洲旅游大国。1999 年接待入境游客 9986.9 万人次，旅游外汇收入 72.23 亿美元；2014 年入境游客 2909.9 万人次，旅游外汇收入 162.6 亿美元；2017 年入境游客 3929.8 万人次、居世界第 6 位，旅游外汇收入 213.33 亿美元、居世界面第 9 位，接待外国游客人数与本国人口之比为 32∶100。最大的客源地是美洲，其次是欧洲，80% 的游客来自美国和加拿大。

据 2014 年抽样调查，近 5 年来，有出境旅游经历的墨西哥居民达半数以上，超过 10% 的墨西哥人有 3 次以上的海外旅游经历。80% 以上的出境旅游是去美国与加拿大，其次是西班牙、法国、意大利等欧洲国家，去往亚洲的游客不足 10%。158 个国家和地区对墨西哥国民实行免签入境或落地签证政策。

3. 旅游产业

旅游是经济的三大支柱之一，也是发展速度最快的产业。旅游业目前是第三大创汇来源，仅次于海外侨汇和石油出口。2016年旅游业的直接贡献占国民生产总值的7.4%、间接贡献占国民生产总值的16%，旅游业从业人员大约有225万人。长期以来，出入境旅游收支呈顺差状态。

4. 旅游管理

设有国家旅游部，还设有部际间旅游执行委员会为中央政府的旅游协调，各州成立旅游促进委员会。1999年设立墨西哥旅游促进委员会（又叫旅游局），主要职能是海外旅游宣传促销，在国外设有16家旅游办事处。全国31个州均设有旅游局，业务上受国家旅游部指导，行政上归各州政府管辖。

四、中墨关系

中国与墨西哥的友好交往源远流长。1565年6月1日满载着中国丝绸、瓷器、珠宝、茶叶等商品的西班牙大帆"中国之船"从菲律宾启航，于10月8日抵达阿卡普尔科。到1911年时，中国境内流通和贮藏19世纪初年墨西哥铸造的"鹰洋"总量有四五亿枚之多。当时，最大宗的交易是中国丝绸和墨西哥白银、银圆贸易，有"丝银贸易"之称，是中国与美洲的"海上丝绸之路"。

1. 外交与经贸关系

1972年2月，中墨两国建交。1973年4月，墨西哥总统访华期间，周恩来总理特地让中国人民银行仿制24枚墨西哥16世纪通行的银币"鹰洋"作为礼物送给墨西哥人民。2003年12月，两国宣布建立战略伙伴关系。2013年6月中国与墨西哥进一步宣布建立全面战略伙伴关系。目前，中国是墨西哥第二大贸易伙伴，墨西哥是中国在拉美第二大贸易伙伴。墨西哥在上海、广州设总领事馆，中国在蒂华纳设领馆。

2. 旅游关系

1978年10月，两国签订《旅游合作协定》。2005年1月，中墨签署《关于中国旅游团队赴墨西哥旅游实施方案的谅解备忘录》，当时是唯一接待中国公民团队旅游的北美国家。2006年墨西哥旅游局在中国设立办事处。2010对中国公民签证做了诸多改善，包括实施网上预约，提供长达5~10年期的商务签证，从2010年5月起，持有美国签证可免签进入墨西哥等。2014年11月两国签署《〈旅游合作协定〉框架下2015~2016年具体合作项目书》，双方将在旅游规划、旅游宣传推广、旅游人才培养等方面进一步深化合作。

墨西哥来华旅游人数逐年增长。2007年4.62万人次，2014年6.58万人次，2015年6.83万人次，2017年8.21万人次，2018年9.3万人次。

2005年9月，中国旅游团队赴墨旅游正式启动，2010年旅墨中国游客2.84

万人次，2013 年游客超过 6 万人次。

在美洲大陆，墨西哥处于通北联南的战略地位。加强中墨旅游交流，开发墨西哥旅华市场，对全面开拓美洲旅华市场、开发拉丁美洲旅华市场有战略意义。

第四节　巴西

一、基本国情

1. 自然地理

巴西联邦共和国（The Federative Republic of Brazil）位于南美洲东南部，东濒大西洋，海岸线长 7408 公里，面积 854.7 万平方公里。全境地形分为亚马孙平原、巴拉圭盆地、圭亚那高原和巴西高原。主要河流为亚马孙河，全长 6751 公里，巴西境内为 3000 多公里，横贯西北部，是世界上流域面积最广、流量最大的河流。主要湖泊有帕托斯湖、米林湖等。大部分地区属热带气候，最南部地区属亚热带。

2. 简史

古代巴西为印第安人的居住地。1500 年 4 月 22 日，葡萄牙航海家佩德罗·卡布拉尔发现巴西大陆。16 世纪 30 年代，成为葡萄牙殖民地。1889 年 11 月 15 日，建立联邦共和国。1891 年定国名为巴西合众国。

3. 国旗与国花

国旗：呈长方形，旗地为绿色，中间是一个黄色菱形，其四个顶点与旗边的距离均相等。菱形中间是一个蓝色天球仪，其上有一条拱形白带。绿色象征该国广阔的丛林，黄色代表丰富的矿藏和资源。天球仪上的拱形白带将球面分为上下两部分，下半部象征南半球星空，其上大小不同的白色五角星代表巴西的 26 个州和一个联邦区。白带上用葡萄牙文写着"秩序和进步"。

国花：毛蟹爪兰。

4. 政治体制

总统联邦共和制，总统由直接选举产生，任期 5 年，为国家元首与行政首脑。议会由参、众两院组成，是全国最高权力机关。现登记有 32 个政党，主要政党有：劳工党、民主运动党、工党、民主工党、社会主义人民党、共产党、进步党、社会民主党、民主党、基督教社会党、共和党、社会自由党、民族动员党、巴西社会党、巴西共和党、绿党等。劳工党曾为长期执政党。2015 年 1 月由民主运动党执政。

5. 国民经济

世界第十大经济体，经济实力居拉美首位。为新兴市场经济体国家。农牧业发达，全球最大的蔗糖生产和出口国、第二大大豆生产和出口国、第三大玉米生产国，世界上最大的牛肉和鸡肉出口国。工业实力和工艺均居拉美首位，在南半球唯一掌握航天技术的国家，拥有卫星、火箭、航天器和发射场。服务业和金融业较发达。2017 年国内生产总值 2.05 万亿美元，人均国内生产总值 9895 万美元。2017 年一、二、三次产业比例为 18.8∶19.5∶61.7。桑托斯港为巴西最大港口。国际机场 34 个，圣保罗国际机场是全国航空枢纽，其他为里约热内卢、巴西利亚、累西腓、马瑙斯机场。

货币名称：雷亚尔（Real）。汇率：1 美元＝3.78 雷亚尔。

6. 对外政策

奉行国家独立、民族自决、主权平等、不干涉内政、尊重主权和领土完整、和平解决争端的外交政策，主张世界多极化和国际关系民主化。主张加强联合国作用，积极推动联合国安理会改革，力争担任安理会常任理事国。同 172 个国家建有外交关系。

二、人文习俗

1. 人口、民族、语言与宗教

人口 2.028 亿（2018 年），白种人占 53.74%，黑白混血种人占 38.45%，黑种人占 6.21%，黄种人和印第安人等占 1.6%。官方语言为葡萄牙语。64.6% 的居民信奉天主教，22.2% 的居民信奉基督教福音教派。

2. 节假日

（1）法定节日

元旦：1 月 1 日。

狂欢节：2 月中下旬，为期 3 天。

耶稣受难节：4 月 2 日。

印第安人日：4 月 19 日。

巴西民族独立日：4 月 21 日。

五一国际劳动节：5 月 1 日。

圣灵节：6 月初。

国庆节：也称"独立日"，9 月 7 日，纪念 1882 年巴西宣告独立。

圣母显灵节：10 月 12 日。

万圣节：11 月 2 日，扫墓节。

共和国日：11 月 15 日，纪念 1889 年推翻佩德罗二世帝制，确立共和政体。

圣诞节：12 月 25 日。

如果法定节假日与周末重叠不予补休,但如果遇上周二或周四,很多企业和机构往往采取与周一或周五"搭桥"的方式,让员工享受一个长假期。作为"足球王国",世界杯期间每逢巴西队比赛,巴西机构和企业可以自行决定是否让员工提前下班或干脆不上班,让员工观看球赛。

(2) 民间节日

莱曼雅节:1月1日,纪念黑人崇拜的海洋女神莱曼雅,现已成为全民节日。

移民节:每年举行,为期十天。

父亲节:8月的第二个星期日。

巴贡巴祭祀:原是黑人的宗教节日,现已发展成巴西沿海一带居民的重要节庆。

"六月节":全国性节日。这个月里有基督教中的3位圣人升天,也就有了圣安东尼奥节、圣若昂节和圣佩德罗节。

亚马孙狂欢节:起源于17世纪一只公牛获救的传说,后来当地人将牛作为狂欢节的象征。该节日富有亚马孙地区的印第安人特色。

骑士节:比利诺波利斯有"巴西历史遗产"称号,举行已有182年历史,节日活动展现法国英雄史诗《罗兰之歌》所记述的故事。

(3) 带薪休假

《劳动法》规定,员工工作满12个月就能带薪休假30天,并能领取相当于月工资三分之一的休假补贴。禁止员工全部"出售"自己的带薪假期,要求员工每年至少要把假期的三分之一用于休息。如果员工带薪休假制度没有得到执行,政府主管部门将参照当地工资标准处罚雇主。员工因病缺勤时,照常享受带薪休假。对低收入者企业设有度假储备金,低收入者可领取度假支票,用于住宿、餐饮和交通支出。农牧业等季节性强的行业通常利用生产淡季安排员工休假。

3. 文学艺术

18世纪下半叶,出现一批民族作家,作品多数描写巴西土著民族的风俗人情和印第安人的战争。独立后出现了一批现实主义文学作品,作品以反映巴西社会问题居多。早期以宗教剧为主,20世纪50年代开始戏剧走向世界舞台。著名剧作家吉列尔梅·菲格雷多的《狐狸和葡萄》(中译名《伊索》)先后被30多个国家搬上舞台。音乐和舞蹈,受非洲文化的影响,如狂欢节人们跳的桑巴舞、土风舞、"阿弗谢舞"、"弗雷沃"等,都具有非洲舞蹈的特色。

4. 服饰餐饮

男子平时喜欢穿短裤和衬衫,在社交场合则穿西装。女子喜欢穿色彩艳丽的裙装。圣保罗州的居民饮食以意大利风味居多,南部的圣塔卡林纳州人则以德国风味为主。美食以烤肉为代表,还是著名的"咖啡王国"。在农村用支架支撑起来离地面很高的圆筒形草房;而东北部地区大多数人住木制房屋,东南部地区的人们住石屋、木屋和土屋。

5. 体育运动

世界足球王国，足球运动风靡全国，正式登记注册的足球俱乐部有两万个以上，从事足球运动的人数逾百万。除球王贝利外，巴西还拥有济科、苏格拉底、卡雷卡、罗纳尔多、里瓦尔多、罗马里奥等一批世界级的足球巨星。

6. 社交礼仪

印第安人在接待客人时有一种特殊的礼仪，即沐浴礼。他们认为招待客人的最好礼节是邀请客人到河里洗澡，洗澡的次数越多，表示对客人越热情。

三、旅游业

1. 旅游城市和景点

巴西利亚市：1960年后为新首都，现代化新兴城市，城市布局呈"十"字形，南北轴线大街为主要交通干线，平面形状犹如向后掠翼的飞机。市内有国家剧院、博物馆、历史研究所、大学等文教机构，建有动物园和森林游览区。

里约热内卢市：1822年成为巴西共和国首都，现仍设有相当多的联邦政府机关和社会团体、公司总部等，有"第二首都"之称。全市共有海滩72处，其中科帕卡巴纳海滩呈新月形，为世界上最有名的海滩。附近科尔科瓦杜山山顶上的耶稣雕像身高30米，张开的双臂伸向碧波荡漾的大西洋，其从远处望去，就像一个巨大的十字架，是世界上最大的耶稣像。

有世界文化与自然遗产18处。文化遗产为：欧鲁普雷图古城、奥林达城历史中心、瓜拉尼人居住区的耶稣会传教所、萨尔瓦多历史中心、孔戈尼亚斯的仁慈耶稣圣殿、巴西利亚、卡皮瓦拉山国家公园、圣路易斯历史中心、迪亚曼蒂纳城历史中心、戈亚斯城历史中心和圣弗朗西斯科广场，显示了久远的文明和丰厚的文化。自然遗产有伊瓜苏国家公园、东南沿岸森林保护区、大西洋沿岸森林保护区、中亚马孙保护区、潘塔纳尔保护区、巴西的大西洋群岛（费尔南多—迪诺罗尼亚岛和罗卡斯环礁保护区）和塞拉多保护，展示了生物多样性与生态独特性。巴西的旅游形象是：激情巴西（Brazil Sensational）。旅游宣传口号有：

为什么去巴西？

——因为到这里非常容易。

——因为这里天生茂盛。

——因为这里每时每刻充满乐趣。

巴西集原始热带雨林、滨海度假、历史文化和现代化国际城市于一身，在南美国家中以丰富的旅游资源闻名于世。

2017年巴西在全球旅游竞争力排名中名列第27位。

2. 旅游客源市场

1996年接待入境游客220万人次，旅游外汇收入22.7亿美元；2014年入境游客640万人次，旅游外汇收入87.11亿美元；2017年入境游客658.9万人次，旅游外汇收入58.09亿美元，接待入境游客人数与全国人口之比为3∶100。外国游客主要来自美洲，占60%，其次是欧洲，占30%。

1999年出境旅游286.3万人次，旅游外汇支出30.85亿美元；2010年644.8万人次，2013年近900万人次，境外旅游消费2013年达到253亿美元。出境旅游者中去美国、阿根廷、巴拉圭等美洲地区占70%，去欧洲地区的占20%，来亚洲地区的不到10%。巴西人出境旅游主要是休闲度假，占60%，大多在本区域内，尤其是阿根廷；公务、商务约占30%，主要集中在与巴西贸易、文化联系比较紧密的国家和地区；探亲访友主要集中在欧洲。

3. 旅游产业

2016年旅游业的直接贡献占国民生产总值的3.2%、间接贡献占国民生产总值的8.5%。国际旅游收支逞逆差状态。2011年外汇收入65.5亿美元，外汇支出213亿美元，逆差147.5亿美元。

全国旅游企业3万家，从业人员187万人，占全国就业人员的6%。全国共有旅行社9000多家，1.8万家饭店，30多万间客房。为满足不同层次游客的需要，各旅游区建设了不同的住宿设施：星级饭店、家庭旅馆、假日公寓、野营场所。家庭旅馆历史悠久、俭朴而有家庭氛围，在小城镇和乡村更为多见；假日公寓家具齐全，适合家庭和团体，大多按一周或两周起租；野营场所只有在指定的场地允许经营。

4. 旅游管理

2008年9月，颁布《旅游总法》，规定国家旅游政策遵循自由创办、非集权化、地区化和保持可持续社会经济发展的原则，目标在于提高国民整体福利水平、增加就业机会、调节收入分配、统筹区域协调发展、促进旅游业发展。

国家旅游体系包括旅游部、旅游协会、国家旅游委员会、国家旅游国务秘书和领导者论坛以及大区、地区和市的管理层级等。巴西旅游部为国家旅游体系的中心，负责规划、发展、规范、协调和监察旅游活动，具体承担制定和落实旅游政策和规划、对内对外开展旅游宣传和推广、改善旅游基础设施、核准旅游经营者、提升旅游产品和服务质量、促进就业以及将旅游业发展成果惠及其他部门的职能。

国家旅游委员会协助旅游部部长制定和实施国家旅游政策、规划、计划方案和活动。该委员会由联邦政府和旅游行业各方代表组成。建立旅游部际协调委员会，规定旅游部与发展、工业、外贸、财政、教育、劳动就业、外交等部门的合作职能。

《总法》明确旅游经营者包括旅店、旅行社、旅游运输者、活动组织者、主题公园和旅游营地等，1999年成立了专门为游客提供安全保障和援助的警察部门。旅游警察通过葡萄牙语、英语、法语、德语和意大利语等几种语言与游客沟通。

《生态旅游法案》规定在沿海沙滩地带，从沙滩内部界线起600米内，不允许修建和沙滩海岸平行的道路；在沙滩300米范围内，不允许建造居住性质的旅游设施或其他任何形式的住宅以保护生态环境。

四、中巴关系

1. 外交关系

1974年8月15日，我国与巴西建立大使级外交关系。建交以来，两国在政治、经济、贸易、文化、科技和军事等领域的合作关系得到全面发展。1993年，两国建立战略伙伴关系。2012年，两国关系提升为全面战略伙伴关系。中国与巴西同属"金砖国家"成员国，在国际事务中的交流与合作日趋密切。目前，中国已成为巴西全球最大贸易伙伴、第一大出口市场和第二大进口市场。

2. 旅游关系

巴西来华旅游随着外交和经贸关系的发展逐步发展，1998年巴西来华1.15万人次，2012年9.46万人次，2017年10.05万人次，2018年11.9万人次。

2004年中国赴巴西旅游1.4万人次。2005年巴西成为中国公民自费旅游目的地国。2013年中国首站赴巴西5.3万人次。2017年中国赴巴西的签证有效期从之前的3个月延长到现在的5年。

学习提要

北美地区是世界旅游的发达地区和中国的重要的客源地和目的地，南美地区是新兴旅游地区，进一步推进中国与美洲地区的旅游交流与合作，是中国拓展国际旅游市场的重要方面。

教学重点

美国、加拿大等的旅游业现状、特点及其与中国的旅游交流与合作。

思考与讨论

美国、加拿大旅游产品、旅游市场和旅游管理各有什么特点和经验？对我国旅游业有什么借鉴？

第六章

非洲地区

第一节 埃及

一、基本国情

1. 自然地理

阿拉伯埃及共和国（The Arab Republic of Egypt）临近欧洲，地跨亚非，大部分位于非洲东北部，只有苏伊士运河以东的西奈半岛位于亚洲西南角，面积为100.145万平方公里。尼罗河谷和三角洲地区，不足全国面积的3.3%，是人口最为稠密的地区；西部和东部为沙漠区。尼罗河是世界第一长河。地中海沿岸地区属亚热带地中海式气候，夏季干旱炎热，冬季温暖多雨。其他广大地区属热带沙漠气候，高温少雨。

2. 简史

世界四大文明古国之一。有7000年的文明史，经历过繁荣的法老时代。大约在公元前2600年，埃及人制定了历法，创造了象形文字，建起了巨型金字塔，并用尼罗河边的芦苇造纸。其后先后被利比亚人、努比亚人、亚述人和马其顿人征服，曾沦为罗马帝国的一个行省。公元640年左右，阿拉伯人进入埃及，建立了阿拉伯国家。1882年英军占领后成为英"保护国"。1952年7月23日推翻封建王朝，建立阿拉伯埃及共和国。

3. 国旗

呈长方形，由三个相等的横条组成，上面为红色，下面是黑色，中间呈白色，中央是金黄色的鹰徽，是埃及人民奋斗精神的象征。

4. 政治体制

总统共和制。行政权首先属于总统，其次属于政府。总统由公民投票选出，任期6年，可多次连选连任。人民议会是最高立法机关，议员由普选产生，任期5年。实行多党制，主要政党有：萨拉菲光明党、新华夫脱党、社会民主党、自由埃及人党、埃及民族政党联盟等。

5. 国民经济

属开放型市场经济，拥有相对完整的工业、农业和服务业体系，旅游、侨汇、苏伊士运河和石油是国民经济的四大外汇收入来源。2017/2018 财年国内生产总值约 2493 亿美元，人均国内生产总值约 2567 美元。服务业约占国内生产总值 50%。工业以纺织、食品加工等轻工业为主，工业约占国内生产总值的 16%。农村人口占总人口 55%，农业占国内生产总值 14%。主要港口是亚历山大、塞得港、杜米亚特、苏伊士等。苏伊士运河是沟通亚、非、欧的主要国际航道。有国际机场 11 个，开罗机场是重要的国际航空站。

货币名称：埃及镑（Egyptian Pound）。汇率：1 美元 ≈ 17.8 埃及镑。

6. 对外政策

埃及奉行独立自主、不结盟政策，在美国、以色列和阿拉伯国家之间寻求平衡，在阿拉伯激进派和温和派之间保持平衡，加强同发展中国家的双边关系。开罗现为阿拉伯国家联盟总部所在地。目前已与 165 个国家建立了外交关系。

二、人文习俗

1. 人口、民族、语言与宗教

人口 1.045 亿（2018 年），伊斯兰教为国教，信徒主要是逊尼派，占总人口的 84%。科普特基督徒和其他信徒约占 16%。另有 800 万海外侨民。阿拉伯语为官方语言，通用英语。

2. 姓名与称谓

埃及阿拉伯人的名字，与一般穆斯林相同，依次由本人名字、父亲名、祖父名和姓组成，但全称一般只在正式场合使用。熟人之间可省略祖父名和父系名，简称时只称呼名字。对上层人士都称呼其姓。埃及穆斯林的人名有一种特别现象，不称呼其本人名字，而称"某某之父""某某之母""某某之子"，如乌姆·阿里（阿里之母）、伊本·西纳（西纳之子）。重视社会地位及宗教、学术头衔，对政界人士应在头衔前加尊敬用语"阁下"，对宗教、学术界人士，应在头衔前加尊敬用语"谢赫"。

3. 节假日

（1）法定节日

独立日：2 月 28 日。

西奈解放日：4 月 25 日。

劳动节：5 月 1 日。

共和国独立日：6月18日。
革命纪念日—国庆日：7月23日。
武装部队日：10月6日。
人民抵抗纪念日：10月24日。
胜利日：12月3日。

（2）穆斯林节日

先知圣纪：又称"先知诞辰纪念日"，伊斯兰历法3月12日，纪念穆罕默德诞生（公历571年）及去世日（公历632年），又称为"圣忌"。
伊斯兰教新年：5月15日。
斋月：伊斯兰历法9月（公历3月）。
开斋节：伊斯兰历法10月1日，庆祝斋月结束。
献祭节：7月14日。
穆罕默德升天日：12月8日。
宰牲节：伊斯兰历法12月10日，标志斋月结束70天，也称古尔邦节，我国新疆叫肉孜节，纪念亚伯拉罕拿儿子作牺牲。

（3）科普特基督教节日

科普特人是埃及的基督教徒，节日有：
圣诞节：1月7日。
喜讯节：3月27日，纪念圣母马利亚怀胎耶稣。
主显节：1月19日，又称"显灵节"，纪念耶稣显示神性。
棕枝主日：复活节前的星期日，纪念耶稣进入耶路撒冷城。
复活节：4月15日。
耶稣升天节：复活节后40天的星期四。
圣灵降临节：也称五旬节，是复活节后第50天的节日。

（4）民间节日

尼罗河节：8月28日，埃及最古老的节日。古埃及时把一位美丽的少女"献给"尼罗河。现在举行祈祷活动时，往尼罗河里扔五颜六色的玩具娃娃。
闻风节：4月15日，也译"惠风节"，相当于中国的春节。

（5）节庆活动

旅游与购物节：7月20日~8月20日。
地中海旅游节：9月。
国际马拉松节：1月，在吉萨举行。
国际钓鱼赛：3月，在塞得港举行。
骆驼赛：8月，在西奈举行。
国际戏剧节：9月，在开罗举行。

国际电影节：9月，在开罗举行。

国际划船节：12月，在开罗与卢克索举行。

（6）带薪休假

公务员每年夏季休假10天，企业职工每年夏季休假7~10天。

4. 风俗礼仪

埃及伊斯兰教徒虔诚信仰"五行"（自白、礼拜、绝食、布施、参拜麦加圣地）。每星期五是"主麻日聚礼"，到清真寺做集体礼拜。为数众多的教徒仍然虔诚地信守每日5次礼拜的教规：即晨礼、响礼、晡礼、婚礼、宵礼。

穆斯林认为"右比左好"，右是吉祥的，做事要从右手和右脚开始，握手、用餐、递送东西必须用右手，穿衣先穿右袖，穿鞋先穿右脚，进入家门和清真寺先迈右脚。

一般人都厚爱绿色和白色，认为绿色寓为吉祥之色，白色为"快乐"之色。比较喜欢"5"和"7"数。认为"5"数会给人们带来"吉祥"，认为"7"数是个受人崇敬的完整数字。埃及人宠猫，敬猫如神。

5. 餐饮

通常以"耶素"（不用酵母的平圆形埃及面包）为主食，进餐时与"富尔"（煮豆）、"克布奈"（白乳酪）、"摩酪赫亚"（汤类）一并食用。喜吃甜食，正式宴会或富有家庭正餐的最后一道菜都是上甜食。烤全羊是待客佳肴。

6. 婚俗礼仪

传统婚俗有提亲、给女方送聘礼、订立婚约、举行婚礼、去清真寺行跪拜礼等程序，大约要持续30天。埃及人同异族人通婚、融合，甚至一些家庭好似"多国部队"，父母、儿女、女婿、儿媳分属不同的国籍。

三、旅游业

1. 旅游城市与景点

首都开罗：位于尼罗河三角洲的顶端，是非洲和阿拉伯世界最大的城市，市内清真寺林立，有"千塔之城"的美誉。世界七大奇迹之一的金字塔和狮身人面像就在附近的吉萨，距今已有4000多年的历史。

亚历山大城：位于尼罗河三角洲的西侧，面对地中海，是埃及最大的商港；始建于公元前332年，在古代和中世纪就是文化名城和经贸中心，被誉为"地中海上的新娘"、避暑胜地或夏都。

阿斯旺：位于埃及东南部纳赛尔水库的北边，附近的尼罗河上建有110米高的福利坝和水电站。古迹众多，人称"避寒地的新娘""疗养员的梦乡"。

卢克索：在历史上曾是埃及法老时期的首府，地面上的庙宇宏伟壮丽，地下的古墓坚固肃穆，素有"埃及历史博物馆"之称，也是世界上最幽静的避寒胜地。

埃及是世界四大文明古国之一，文化遗产丰厚、民族风情浓烈与现代滨海度假是埃及旅游的优势与特色。旅游宣传口号先后有："埃及，历史金库""埃及，举世无双""埃及，一切从此开始""尼罗河之子""尼罗河谷：古文化的摇篮""红海与西奈半岛：水上天堂""沙漠与绿洲：抑制不住的神秘"。

2017年埃及在全球旅游竞争力排位中名列第68位。

2. 旅游客源市场

1998年接待入境过夜游客376.6万人次，旅游外汇收入38.38亿美元，居世界第27位。2017年815.7万人次，77.75亿美元。2010年接待外国游客人数与全国人口之比为9∶100。主要客源地是欧洲、约占70%，其次是中东地区。俄罗斯、德国、英国、意大利和法国是赴埃及旅游人数最多的几个国家。

2003年出境旅游364.4万人次，旅游外汇支出12.31亿美元，出境旅游人次与全国人口之比为5∶100。

3. 旅游产业

旅游业是国民经济和社会发展的重要产业，外汇收入的重要来源。2016年旅游业的直接贡献占国民生产总值的3.2%、间接贡献占国民生产总值的7.2%。占全国1/8的就业人口。旅游就业人数近400万。国际旅游收支长期呈顺差状态。

目前有五星级饭店32家，全国饭店和度假村共有客房18.75万间。星级宾馆饭店主要分布在大城市、旅游景点和尼罗河水域。近年在红海滨海地区兴建了一批度假设施。开罗地区的A级旅行社共有139家，开罗地区还有17个从属于饭店协会的旅游商业公司。

4. 旅游管理

埃及设有国家旅游部，主管全国的旅游业，下设埃及旅游局，该局负责宣传促销、教育培训等，接受私营营业经济资助。埃及全国旅游联合会，下设有旅游饭店协会、旅行商协会、旅游教育协会和旅游商品协会。埃及建有专门的旅游警察队伍，派驻各个景区涉外酒店，以重点保护外国游客。旅游局和旅游协会承担国家旅游推广促销工作，派有15个驻外办事处，分别设在雅典、法兰克福、约翰内斯堡、伦敦、洛杉矶、芝加哥、纽约、马德里、蒙特利尔、巴黎、罗马、斯德哥尔摩、东京、维也纳、莫斯科。

四、中埃关系

1. 外交与经贸关系

1956年5月30日埃及与我国建立外交关系，是第一个承认新中国的阿拉伯及非洲国家。1999年两国建立战略合作关系，2006年双方签署《两国深化战略合作关系的实施纲要》。2014年12月，中埃两国建立全面战略伙伴关系。中国在亚历山大设有领事馆。

2. 旅游关系

1981年中埃两国政府签订《旅游合作协议》。2002年，中埃两国签署《中国公民组团赴埃旅游实施方案的谅解备忘录》。2011年8月中埃签署《旅游合作执行计划》，两国旅游部门在旅游市场宣传推广、旅游培训、旅游投资等方面加强合作。

1998年埃及来华游客0.42万人次，2014年8.39万人次，2017年8.35万人次，2018年8.5万人次。

2003年中国赴埃游客0.63万人次，2015年约13万人次，2017年1~6月，约15.9万人次，中国已经跃居为埃及第四大旅游客源国。大多数以旅行社组团的形式出游，大多集中在开罗至卢克索尼罗河沿岸文物古迹资源丰富的城市。

第二节 南非

一、基本国情

1. 自然地理

南非共和国（The Republic of South Africa）位于非洲最南端，东、西、南三面被印度洋和大西洋环抱，面积121.909万平方公里，海岸线长2500公里。除东南沿海为平原外，大部分地区为高原，地势较平坦，平均海拔1200米左右。西南部为开普山系，西北部为干旱或半干旱的沙漠地带，北部和中部均为高原，沿海为狭窄平原，土地肥沃。奥兰治河自东向西流贯全境，是非洲南回归线以南最长河流。气候温暖，大部分地区属热带草原气候，东部沿海为热带季风气候，南部沿海为地中海式气候。

2. 简史

远在数千年前，已有班图人、布须曼人和霍屯督人在南非这块土地上居住。1488年以后，葡萄牙人、荷兰人和英国人相继来到这里。1899年成为英国的直辖殖民地。1910年成立南非联邦，为英国的自治领。1961年退出英联邦，成立共和国。300多年来白人政权实行不得人心的种族隔离政策。1994年4月，非洲国民大会党主席曼德拉在首次大选中当选为新总统，新宪法开始生效，标志着白人种族主义统治的结束和民族平等的开始。

3. 国旗、国花与国石

国旗：由红、白、蓝、黑、绿、黄六种颜色组成，黑色为三角形，被称为"彩虹旗"，象征民族和解、和平和新生。

国花：王山龙眼。

国石：钻石。

4.政治体制

1996年5月南非新宪法规定，实行行政、立法、司法三权分立制度，中央、省级和地方政府相互依存、各行其权。宪法中的人权法案是南非民主的基石。总统是国家元首和行政首长，任期5年，由国会议员直接选举产生，通常是多数党的领袖。立法权属于国会，实行两院制，分为国民议会和全国省级事务委员会，任期均为5年。司法权属于独立的法院。多党制，主要政党有南非非洲人国民大会（黑人民族主义政党）、人民大会党（白人政党）、民主联盟、因卡塔自由党（祖鲁族人）和南非共产党等。南非工会大会，1985年成立，包括34个以黑人为主体的工会，有会员70多万人。

5.国民经济

2014年国内生产总值3510亿美元，人均国内生产总值6500美元，居非洲之首。新兴市场经济国家，中等收入的发展中国家，也是非洲经济最发达的国家。矿业、制造业、农业和服务业是经济四大支柱。世界上重要的黄金、铂族金属和铬生产国和出口国，有"黄金之国"之称。深井采矿等技术居于世界领先地位。主要国际机场有奥立佛·坦博国际机场（原约翰内斯堡国际机场）、德班国际机场和开普敦国际机场等。

货币名称：兰特（Rand），1兰特=100分。汇率：1美元≈1.78兰特（2018年）。

6.对外政策

奉行独立自主的全方位外交政策，主张在尊重主权和平等互利基础上同一切国家保持和发展双边友好关系。努力促进非洲一体化和非洲联盟建设，大力推动南南合作和南北对话，是联合国、非盟、英联邦、二十国集团等国际组织或多边机制成员国。2004年成为泛非议会永久所在地。2010年12月被吸纳为金砖国家成员。已同186个国家建立外交关系。

二、人文习俗

1.人口、民族、语言与宗教

人口5652万（2017年），有黑人、白人、有色人和亚裔四大种族，分别占总人口的79.6%、9%、8.9%和2.5%。黑人主要有祖鲁、科萨、斯威士、茨瓦纳、北索托、南索托、聪加、文达、恩德贝莱9个部族，使用班图语。白人主要是荷兰血统的阿非利卡人（自称布尔人）和英国血统的白人。亚裔人主要是印度人和华人。有11种官方语言，英语和阿非利卡语为通用语言。约80%的人口信仰基督教，其余信仰原始宗教、伊斯兰教、印度教等。

2. 节假日

（1）法定节日

新年：1月1日。

人权日：3月21日。

耶稣受难日：复活节前的星期五。

复活节：每年过春分月圆后第一个星期五至下星期一。

家庭日：复活节后的星期一。

自由节：4月27日，也是国庆节。

劳动节：5月1日。

青年节：6月16日。

妇女节：8月9日。

传统节：9月24日。

和解节：12月16日。

圣诞节：12月25日。

友好节：12月26日。

（2）民间节庆

喧闹艺术节：每年9~10月在约翰内斯堡举行，为南非最大的民间节日。节日期间，各部落的艺术家云集此地，展示土著音乐和舞蹈等。

兰花节：每年10月第三个星期在首都比勒陀利亚举办，到处兰花盛开，公园里有音乐会和歌舞表演。

求雨节：汶达部族人的节日，每年的11月在伯乐百都地区举行。求雨仪式极为特别，全由"雨后"莫家姬一人主持，这在父系氏族里是极为少见的。从众多少女少男中选出跳神人选，进行传统的祭神礼仪，其间伴有原始舞蹈，跳舞者全都赤身裸体，但身体和脸上涂有彩色泥巴。男女进入成年的仪式也在此时进行。"雨后"从不结婚，但生儿育女，死后由其长女继承其位。

德班市是印度人和穆斯林的主要聚居地。这里的印度教徒每年1~2月和4~5月都守"卡瓦地"节，以求神灵消灾免祸。7~8月间有为期10天的"粥节"，11月有3天的"光节"，12月有"战车节"。

职工年带薪休假15天。

3. 民间习俗

南非民族成分复杂，生活习俗各异，构成一幅万花筒式的风俗画。祖鲁部族是南非最大的部落民族，牛是财富的象征。每逢节庆都要宰牛祭祖，娶亲必须用牛作聘礼，送给新娘的父亲。盛行一夫多妻制。留存有夸祖鲁帝国的首都乌伦帝城，位于夸祖鲁—纳塔尔省东北部的祖鲁部落文化村。

科萨部族文化：大多数成年人都穿染红的衣服，被称为"红人"。多信各种神灵和巫术，最常见的是"经火"，赤脚走过火烫的铁板、红砖之类毫无损伤。男孩进入成年的头三个月，脸上必须涂满白泥，穿棕树叶做的衣服，而此时的芳龄少女要禁闭在幽暗的茅屋里，亲朋好友绕屋而行，且边走边唱。

汶达人仍保持母系社会的传统，不吃猪肉和没有放过血的动物，每年祭女祖先的仪式由女祭师主持，举行成年的仪式是跳一种有"通灵色彩"的蟒蛇舞，由刚出闺门的少女表演，充满了原始神秘色彩。

4. 饮食

白人的饮食习惯与英国人相似，大块牛排、炸土豆丝和煮得很透的青菜。意大利式烤馅饼很流行。黑人主要以大米和玉米为食。开普敦的菜肴较有名气，以荷兰和马来西亚混合口味为主，可以吃到熏鳄鱼肉片和鸵鸟肉。

三、旅游业

1. 旅游城市与景点

南非设有三个首都：

比勒陀利亚为行政首都，始建于1855年，市内有联邦大厦、国家纪念馆、国立历史博物馆、教堂等重要建筑，南非大学、比勒陀利亚大学等多所高等院校也在市内，有"花园城"的美名。

开普敦为立法首都，始建于1652年，市内有许多殖民时代的古老建筑，如开普敦古城堡、大教堂。"桌山"为著名景点，可乘缆车至山顶，远眺全城景色。海运方面开普敦是欧洲沿西非海岸通往远东、太平洋的必经之路，特布尔湾为天然良港。

布隆方丹为司法首都，有"母城"之称，"布隆方丹"的意思是"花之泉"。始建于1840年。1848年建成的女王古堡是市内最古老的建筑，现为军事博物馆。另外还有原自由邦的总统府、阿非利加人文博物馆等。布隆方丹动物园和植物园以及富兰克林野生动物园保护地均为旅游景点。

约翰内斯堡：意为"金城"，南非最大城市、世界最大的产金中心。市内有世界著名的露天金矿博物城"金礁石城"，有"黄金城"之称。

金伯利：世界闻名的金刚石产地。市内有金伯利矿井博物馆、美术馆、教堂等建筑。市郊有世界上最大的人造矿穴"大穴"，约800米深，是著名的黄金工业旅游地。

德班：位于东海岸，濒临印度洋纳塔尔湾，是全国第三大城市、南非最大港口之一和度假胜地。市政厅为1910年建的文艺复兴式建筑，还有自然科学博物馆、圣保罗教堂、非洲艺术中心。主麻清真寺是南半球最大的清真寺，阿雷扬印度庙是南非最古老和最大的印度教庙宇。

世界自然文化遗产8处，文化遗产有约翰内斯堡西部斯泰克方丹化石遗址

"人类摇篮"遗址，古人类学家认为人类先祖最早出现于此，后迁徙至世界各地；位于约翰内斯堡以南6公里处的金矿城与开普敦南非博物馆；地处大西洋和印度洋汇合处的著名岬角好望角为葡萄牙探险家迪亚士与达·伽马经过之地，当时是沟通欧亚的唯一海上通道；罗本岛，1991年前监禁黑人政治犯（包括曼德拉）的南非最大的秘密监狱。

自然遗产有世界上最大、最有名的野生动物园克鲁格国家公园，西开普省的沿海的花园大道（世界自然遗产开普植物保护区），卡拉哈里大羚羊公园、大林波波河跨国公园，大圣卢西亚湿地公园（世界自然遗产）、德拉肯斯山地公园、奥赫拉比斯瀑布公园等。

2017年南非在全球旅游竞争力排名中名列第53位。

2. 旅游客源市场

1992年入境游客289万人次，旅游外汇收入15亿美元，等于南非黄金出口收入的1/4；2014年954.9万人次，93.48亿美元；2017年1028.5万人次，88.18亿美元，接待外国游客人数与本国人口的比例为10∶100。客源主要来自非洲周边国家，其次是欧洲地区。2010年南非的前15位客源国依次为：津巴布韦、莫桑比克、斯威斯兰、莱索托、博茨瓦纳、英国、美国、德国、纳米比亚、赞比亚、马拉维、印度、中国大陆、巴西、俄罗斯。

1999年出境旅游387.5万人次，旅游外汇支出20.28亿美元；2013年南非出境旅游人数达到516.77万人次，出境旅游人次与全国人口之比为10∶100。南非出境旅游首选目的地是欧洲，主要是英国、德国、法国和以色列；其次是非洲，主要是津巴布韦、纳米比亚及毛里求斯；再次是亚洲，主要是印度、新加坡以及中国大陆、中国香港和中国台湾地区；最后是美洲，主要是美国。南非公民出境旅游70%是观光度假，其余为商务旅游，平均停留时间为21~28天。

2007年国内旅游1300万人次，2008年达1400万人次，约占南非成年公民的46%，国内旅游花费32.25亿美元。2009年国内旅游3090万人次，与本国人口之比为61∶100。

3. 旅游产业

南非是非洲的旅游大国，旅游设施完善，在国民经济中起着重要作用，是南非第三大外汇收入和就业部门。2003年起旅游业取代黄金业成为国家最大创汇产业。旅游业产值占国内生产总值的8.7%。旅游业创造140万个就业机会。生态旅游与民俗旅游是南非旅游业两大最主要的增长点。南非国际旅游收支长期呈顺差状态，2004年外汇收入56.72亿美元，外汇支出26.8亿美元，顺差29.92亿美元。

1994年有375家酒店评定星级，其中五星级酒店13家，四星级酒店48家，三星级酒店149家。五星级和四星级的高档酒店多集中在开普敦和花园大道旅游区及约翰内斯堡周围地区。目前，南非有700多家大饭店、2800多家大小宾馆和

10000多家餐馆，床位约9.2万张。

南非共有700余家旅行代理商，其中400余家为南非旅行代理商协会成员，主要旅行社有南非旅游公司、雷尼斯旅游公司、羚羊阿特拉斯公司、南非学生旅行社等。南非旅游公司在全国各主要城市有销售网点，在英、美、法、德、日等国有办事机构。雷尼斯旅游公司是英国托马斯·库克公司在南非的唯一代理商。羚羊阿特拉斯公司是南非最大的旅行批发商。南非学生旅行社在全国各高校均有办事处，为青年学生提供各种低价服务，如招待所和特价机票。

"非洲之傲"是一列可以让游客"住"下来游的豪华火车，是铁轨上的五星级酒店，最多可以搭乘72位客人，进行为期2~15天的慢旅行，遍布整个南非和南部非洲。

4. 旅游管理

南非野生动植物资源丰富，保护与利用生态资源发展旅游的历史起步较早，1655年出台森林保护措施，1685年开始野生动物管理工作，1894年建立第一个国家公园，提出"国家公园是所有南非人的自豪与欢乐"。为了协调旅游发展与环境保护之间的关系，南非原设环境和旅游部，下设国家公园管理委员会与旅游局。南非宪法规定建设国家公园的宗旨是："为了南非国家自豪与利益，妥善管理野生动物、植被、景观和相关的南非文化。"2011年单设旅游部。

南非旅游委员会（法定法人，经费由政府出资80%，自筹20%）是全国最大的旅游组织，在很多情况下行使政府授权的职能，如饭店的分类、定级，发放营业执照，市场研究与开发，资料收集和促销活动等。其附属的旅游联络委员会由各行业协会组合而成，具有广泛的代表性和权威性。

主要行业协会有：南非旅行代理商协会（Asata）、南非接待同盟协会（Fedhasa）、南非车辆出租协会（Savrata）和非洲旅行与游猎协会（Satsa）。这些协会基本上由白人业主占主导地位，能进入协会的黑人业主极少。为了扶持黑人企业发展，旅游委员会制定了《1994~1999年旅游业重建与发展战略》，其中包括要求各行业协会重新制定会员标准。1996年2月新成立了南非旅游行业委员会，该组织为私人旅游业主的行业组织。

各省也有旅游委员会之类的机构，负责本省旅游法规的制定以及国内旅游的开发。国家旅游论坛（NTF）是政府的旅游政策咨询机构，负责对即将出台的旅游法规进行调研和提出修改意见。

南非在纽约、洛杉矶、多伦多、巴黎、伦敦、法兰克福、阿姆斯特丹、苏黎世、维也纳、米兰、特拉维夫、东京、悉尼和哈拉雷等地设有旅游办事处。从2005年12月起，南非免除中国、俄罗斯、印度、埃及等17个国家公民的过境签证，以方便这些国家公民到南非旅游观光，推动南非旅游业的发展。

国家旅游形象：彩虹之国（A Rainbow）。旅游宣传口号："南非，没有什么不可能"，该口号包含四大内涵：强烈的感观、壮丽的自然景观、融合与活力、人情味与自由。

四、中南（非）关系

1. 外交与经贸关系

1992年10月南非国大党主席曼德拉首次访华。1998年1月，中国与南非正式建立大使级外交关系。2006年两国签署《中南关于深化战略伙伴关系的合作纲要》。2008年1月，两国建立战略对话机制。2010年8月，两国签署《北京宣言》，将双边关系提升为全面战略伙伴关系。2011年南非成为"金砖国家"成员国。中国在开普敦和德班设立总领事馆，南非在上海设立总领事馆，同时保留其在香港的总领事馆。目前中国是南非最大贸易伙伴，南非是中国在非洲最大贸易伙伴。

2. 旅游关系

2002年11月，中国和南非签署《关于中国公民组团赴南非旅游实施方案的谅解备忘录》，南非成为中国公民出境旅游的目的地国家。2005年南非在旅游网开通了官方中文网站。2010年南非旅游局在华设立常驻代表机构。2012年1月，南非在北京、上海成立了签证中心。中国和南非互办国家年，2014为中国"南非年"，2015为南非"中国年"，主题为"2015本色南非行"。

1998年南非来华旅游0.82万人次。2013年6.68万人次，2014年6.82万人次，2017年7.49万人次，2018年8.4万人次。2001年，中国有1万人次去南非，大多是商务旅客。2003年中国公民首站赴南非旅游达2.54万人次，2011年8.4万人次。2012赴南非12万人次，2013年，中国（含香港）赴南非游客人次达到15.18万人次，2015年9.55万人次，2016年11.7万人次，成为南非第四大旅游客源国。

第三节　尼日利亚

一、基本国情

1. 自然地理

尼日利亚联邦共和国（The Federal Republic of Nigeria）位于西非东南部，南濒大西洋几内亚湾，面积923768平方公里。地势北高南低。沿海为宽约80公里的带状平原，南部低山丘陵，中部为尼日尔—贝努埃河谷地，北部豪萨兰高地平均海拔900米，东部边境为山地，西北和东北分别为索科托盆地和乍得湖湖西盆地。河流众多，尼日尔河及其支流贝努埃河为主要河流。属热带季风气候，高温多雨，全年分为旱季和雨季。

2. 简史

非洲文明古国。公元8世纪，扎格哈瓦游牧部落在乍得湖周围建立了卡奈姆—博尔努王国，延续了一千多年。从10世纪开始，约鲁巴族在尼日尔河下游建立了伊费、奥约和贝宁等王国。11世纪前后，豪萨族在尼北部地区建立了7个城堡王国，16世纪被西部的桑海帝国所征服。1472年葡萄牙入侵，16世纪中叶英国入侵，1914年沦为英国殖民地。1960年10月1日宣布独立，为英联邦成员国。1963年10月1日成立尼日利亚联邦共和国。

3. 国旗

呈横长方形，旗面由三个平行相等的竖长方形构成，两边为绿色，中间为白色。绿色象征农业，白色象征和平与统一。

4. 政治体制

宪法规定，实行联邦制和三权分立的政治体制，总统为最高行政长官，领导内阁；国民议会分参、众两院，是国家最高立法机构；最高法院为最高司法机构；总统、国民议会均由直接选举产生，总统任期四年，连任不得超过两届。1998年6月开放党禁。目前，共有50多个正式注册的政党，人民民主党为现执政党。

5. 国民经济

2014年国内生产总值5799亿美元，人均国内生产总值3452美元。20世纪70年代起成为非洲最大的产油国，世界第十大石油生产国。国内生产总值的20%~30%来源于石油行业。农业占国内生产总值的40%左右，全国70%的人口从事农业生产。拉各斯港（包括阿帕帕港和廷坎港）是西非最大、最繁忙的港口。拉各斯、阿布贾、卡诺、哈尔科特港和卡拉巴尔为5个国际机场。

货币名称：奈拉，汇率：1美元=200奈拉。

6. 对外政策

奉行广泛结好、积极参与国际事务、促进和平与合作的外交政策。以非洲为中心的外交战略，力图发挥地区大国作用。积极倡导南南合作、南北对话。重视发展与西方、发展中大国关系。积极参与联合国事务。与100多个国家建立了外交关系。

二、人文习俗

1. 人口、民族、语言与宗教

人口1.9亿（2018年），非洲第一人口大国，有250多个民族，其中最大的是北部的豪萨—富拉尼族（占全国人口29%）、西部的约鲁巴族（占21%）和东部的伊博族（占18%）。官方语言为英语。主要民族语言有豪萨语、约鲁巴语和伊博语。居民中50%信奉伊斯兰教，40%信奉基督教，10%信仰其他宗教。

2. 节假日

独立日：10月1日（1960年）。

国庆日：10月1日（1960年）。

军队节：1月15日。

主要民族与旅游节庆活动有：

捕鱼节：每年2月，在阿尔贡古城举行，是体现尼日利亚渔猎文化与部族间友好相处的友谊节日。

伊古埃节：约鲁巴族辞旧迎新、祈求和平繁荣的节日，纪念第一代贝宁王奥巴与以奥面加为首的一帮元老之间的战争，在节日的最后一天，青年男子手举火把驱赶恶神，迎接新年到来。

世界黑人和非洲艺术文化节：1977年1月尼日利亚举办的第二届节日时，在拉各斯成立了世界黑人和非洲文化艺术中心。

3. 文化艺术

尼日利亚早在2000多年前就有了较为发达的文化，著名的诺克、伊费和贝宁文化是非洲最古老的文化之一，享有"黑非文化摇篮"的美誉。独立后，在传统文化的基础上民间文学、音乐、舞蹈、绘画等都有较快发展。非洲鼓是富有民族特色的传统艺术与旅游纪念品。早在两千多年前就有了比较发达的文化。独立后，产生了一批著名小说家、戏剧家、诗人和表演艺术家。1986年，著名小说家、诗人和戏剧家沃尔·索因卡获诺贝尔文学奖，是第一位获此殊荣的撒哈拉以南非洲文学家。

4. 体育活动

非洲体育强国，足球运动十分普及，在多次在世界足球赛事中夺冠。在田径、举重等项目上也有一定优势。

三、旅游业

1. 旅游城市与景点

新首都阿布贾：国家政治中心，交通方便、气候宜人，有机场和连接各州首府的高速公路。

拉各斯：原首都，由奥贡河入海口拉各斯潟湖的6个岛屿和周围陆地组成，有"非洲威尼斯"之称。17世纪建城，曾为西非奴隶贩运港和贸易中心。1960年尼日利亚独立后定为国家首都。维多利亚岛海滨现为著名度假胜地。

卡诺：历史名城，原为加亚人村落。11世纪时为豪萨部落所建卡诺王国首府，15世纪达鼎盛时期，城内滨河的库尔米中心市场为古代横越撒哈拉骆驼队商贸易的终点站。19世纪成为富拉尼人所建卡诺酋长国首府。主要古迹有15世纪古城墙、王宫和全国最大的清真寺，设有博物馆、艺术馆肃宁城宫和传统市场。

卡齐纳：北部古城。始建于12世纪，原为卡齐纳王国首邑，16世纪属桑海王国。16世纪末至18世纪末，曾为穿经撒哈拉沙漠队商贸易路线要站和豪萨人重要文化中心、西非伊斯兰教研究中心。1806年属卡齐纳酋长国。城内有古城墙遗址、清真寺、宫殿和高塔等历史古迹。

贝宁城：南部古城，终年高温多雨，附近有森林保留地。10世纪建城，曾为古贝宁王国首邑，保留有古城墙和护城河遗址。15世纪后葡萄牙人来此进行胡椒、象牙、珊瑚珠等贸易、贩运奴隶。

苏库尔人文景观与奥孙神树林被列为世界文化遗产名录。主要旅游景点有：奥孙州的奥索博神树林，阿达玛瓦州的宿库卢文化遗产，夸拉州的奥乌瀑布，博尔诺州的乍得湖寺院，十字河流州的奥布都大牧场，伊莫州的奥古都湖，翁多州的温泉和包奇州的杨卡里野生动物园。

黑非文化体验与高原河湖生态是尼日利亚旅游的两大特色。

2013年尼日利亚在全球旅游竞争力排名中名列第127位。

2. 旅游客源市场

1999年入境游客142.5万人次，旅游外汇收入1.71亿美元；2013年60万人次，5.34亿美元，2013年接待外国游客人数与全国人口之比为1∶100。最大的客源产出地是非洲、约占70%，其次是欧洲。主要客源国为尼日尔、贝宁、加纳、利比里亚、喀麦隆、乍得、意大利、苏丹、法国和德国等。

3. 旅游产业

目前全国有饭店约400家。

4. 旅游管理

尼日利亚的文化旅游资源丰富，为了把文化利用与旅游开发紧密地结合起来，国家设有旅游文化指导部。

四、中尼关系

1. 外交关系

1971年2月10日中尼建交，两国友好合作关系发展顺利。2005年双方确定建立战略伙伴关系，2009年中尼举行首次战略对话。

2. 旅游关系

尼日利亚来华游客人数为：2007年4.05万人次，2012年3.89万人次，2017年4.62万人次，2018年4.5万人次。

2002年7月中尼双方签署《旅游合作协定》协定。

学习提要

非洲地区是世界新兴旅游地区，是中国重要的潜在旅游客源地与目的地，进一步推进中国与中东、非洲地区的旅游合作,是中国拓展国际旅游市场的重要任务。

 教学重点

埃及、南非的旅游业现状、特点及其与中国的旅游交流与合作。

 思考与讨论

结合第一章的教学内容,思考以下问题。
1. 埃及和南非的旅游产品、旅游市场、旅游管理有什么特点。
2. 怎样发展中国与非洲国家的旅游合作、拓展非洲国际旅游市场?

第七章

大洋洲

第一节 澳大利亚

一、基本国情

1. 自然地理

澳大利亚联邦（The Commonwealth of Australia）位于南半球，孤悬于印度洋与南太平洋之间，由澳大利亚大陆、塔斯马尼亚岛及大洋中的一些小岛组成国土面积769.2万平方公里。全境分为东部山地、中部平原、西部高原三个地区。沙漠和半沙漠占全国面积的35%。东北部沿海有世界上最大的珊瑚礁大堡礁。热带和亚热带两种气候类型。

2. 简史

原为土著人居住地区。17世纪初，西班牙、葡萄牙和荷兰人先后抵此。1770年英国的詹姆斯·库克船长率船队抵澳东南沿海，进行多处命名，并宣布为英王的属地。1788年1月26日英国航海家菲利普率首批移民千余人抵达杰克逊湾，建立了第一个流放殖民地，命名为悉尼。此年现为建国之年，此日为国庆日。19世纪末英国先后在澳建立了6个殖民区。1901年1月1日，各殖民区改为州，澳大利亚联邦正式产生，成为英国的自治领。1931年获内政、外交独立的自主权，成为英联邦内的独立国家。

3. 国名、国旗、国树、国花、国鸟

国名来自拉丁文，意为"南方之地"。这块土地十分古老，但是作为一个国家的历史却很短，加之羊毛资源极为丰富，故又有"古老土地上的年轻国家""骑在羊背上的国家"。

国旗：长方形，旗地为深蓝色，左上方是红、白"米"字，"米"字下有一颗白色七角星，旗的右边有四颗白色七角星和一颗白色五角星。"米"字为英国国旗图案，象征澳是英联邦成员，表明两国的传统关系。最大的一颗七角星象征组成澳联邦的六个州和联邦区（北部自治区和首都直辖区），其余五颗星代表南十字星座。

国树：桉树。

国花：金合欢。

国鸟：琴鸟。

4. 政治体制

宪法规定，澳大利亚联邦和各州都采用英国的议会制度，实行政党政治和责任内阁制。英国女王是澳名义上的国家元首，由她派总督代行权力。联邦议会由代表英王的总督、参议院和众议院组成，拥有联邦的立法权。联邦行政议会是联邦最高行政机构，内阁是行政领导机构。主要政党有自由党、国家党、工党及民主党、绿党、单一民族党、无核澳大利亚党、进步联盟党和共产党等。

5. 国民经济

工业化国家，农牧业发达，自然资源丰富，盛产羊、牛、小麦和蔗糖，同时也是世界重要的矿产品生产和出口国。农牧业、采矿业为澳传统产业。制造业和高科技产业发展迅速，服务业已成为国民经济主导产业。国内生产总值（2017/2018 财年）：2.45 万亿美元。悉尼是南太平洋主要交通运输枢纽，悉尼、墨尔本、布里斯班和珀斯是主要的国际机场。

货币名称：澳大利亚元（Australian Dollar）。汇率：1 澳元 ≈ 0.71 美元（2019年1月）。

6. 对外政策

在巩固澳美同盟、发挥联合国作用以及拓展与亚洲联系三大传统外交政策的基础上，推进"积极的有创造力的中等大国外交"。重视发展与中、日、韩、印尼和印度等国的关系。主张通过双边、区域和多边途径推动贸易自由化和反恐，积极致力于维护南太地区稳定。

二、人文习俗

1. 人口、居民、语言与宗教

人口 2520.9 万（2019 年），其中 74% 为英国及爱尔兰后裔；5.6% 为华裔；土著居民占 2.8%；还有其他族后裔。官方语言为英语，汉语是除英语外流行最广的第二大语言。居民中 63.9% 信奉基督教，5.9% 信奉佛教、伊斯兰教、印度教和犹太教等。

2. 节假日

（1）法定节日

元旦：1月1~2日。

国庆日：各州分别为1月26日与30日，又称"澳大利亚日"。

澳新军团日：4月25日，又称"安札克日"，安札克是澳大利亚新西兰军团的英文缩写音译。第一次世界大战中，澳新军团于1915年4月1日在土耳其加利波利半岛登陆。

英女王寿辰：6月4日，庆祝英国女王伊丽莎白二世诞辰。

耶稣受难日：复活节前的星期五。

复活节：春分第一次月圆之后的第一个星期日。

圣诞节：12月25日。

节礼节：12月26日。

（2）节庆活动

悉尼游艺节：1月1日开始，为期1个月。

澳大利亚网球公开赛：1月，世界四大网球公开赛之一（其他为法、英、美）。

墨尔本欢乐节：3月的第一个星期一开始，为期十天，又译为蒙巴节。"蒙巴"是本土语"联欢"之意。

赛马节：11月的第一个星期二。

南太平洋艺术节：每四年举行一次。

墨尔本国际喜剧节：3~4月3周，世界三大喜剧节之一（其他为英、法）。

墨尔本国际电影节：5~6月。

墨尔本赛马节：每年11月第一个星期二在墨尔本城西举行，全国性的赛马锦标赛，成为约定俗成的全国性假日。

堪培拉花卉节：9月。

悉尼至荷伯特风帆赛：12月26日。

（3）带薪假期

法律规定，在同一雇主下工作1年以上者可得到至少20天的有奖金额的带薪休假，该奖金相当于平时工资的17.5%（已扣除所得税后），并须在休假前支付。如不休假，则取消奖金。在同一雇主下工作10年者至少休假6周，15年以上者有13周带薪休假。工作满10年有一次性3个月假期。

3. 文化体育

有8个大型专业管弦乐团，人们好欣赏音乐会、观看歌剧、芭蕾舞。1833年落成的悉尼歌剧院是悉尼的标志性建筑。冲浪、帆板、赛马、滑雪、钓鱼都有众多的爱好者。澳式橄榄球、网球、滚球、游泳、钓鱼是热门项目。澳大利亚与英、法、美并称世界四大网球王国。喜欢赛马，赛事频繁，赌马之风盛行。

4. 饮食

餐饮习惯和英国人相似，但更喜爱吃鱼类的菜肴，对中餐非常喜欢，一些大城市都有很多中餐馆。喜欢野餐，野餐通常以烤肉为主。家庭中一般是三餐加茶点。午餐多食快餐，晚餐是正餐。早茶（10：30左右），午茶（下午4点左右），以咖啡和茶为主，加上饼干、小点心等甜食。

5. 社交礼仪及土著习俗

白种人占95%以上，其中绝大多数为英国血统，其余为意大利、希腊等国移民的后裔。这一人口结构自然形成了接近英国传统的习俗。

原住的土著人经过成人礼的男女均文身，是吸引异性爱慕的身体装饰，具有宗教意义并获得避邪的魔力。几乎采用了世界上各种葬法，包括火葬、埋葬、天葬、弃葬、木乃伊化等。葬礼伴有歌舞和宗教仪式。虽奉行一夫一妻制，但一夫有2~3妻的现象较为常见。

三、旅游业

1. 旅游城市与景点

万花之都堪培拉：首都堪培拉是一个纯粹的政治中心，全城犹如一座大花园。以城市建筑设计师的名字命名的人工湖——格里芬湖长约8公里。湖中喷泉水柱高达137米，从城市的各个角度均可见其高大的白玉水柱直冲长天。

历史名城悉尼：是全国文化、贸易、商业、金融中心和交通枢纽。悉尼有南半球最大的海港大桥、风格独特的悉尼歌剧院。悉尼唐人街是澳最大的华人社区，以德信街为中心。

墨尔本：澳大利亚第二大城市，华侨称其为新金山，以别于美国的旧金山。著名景点有墨尔本艺术中心和维州国立美术馆。菲茨罗伊公园内有发现和登上"南方大陆"的库克船长童年时代住宅，从库克的故乡英国的约克郡装运而来。城西和有两个过去的淘金地，再现了当年采金时期的生活与习俗。

艺术之城阿得雷德：有"文艺之城"的美誉，在这里每两年举办一次为期两周的国际艺术节庆典。

移民国家的历史决定了本土文化与外来文化并存，原始文明与现代文明交织、自然生态与人文风情兼具，正如它的旅游宣传口号所说，"集地球四角于一体　感受澳洲魅力"，"澳大利亚，与众不同"。共有18处世界自然或文化遗产。

2013年澳大利亚在全球旅游竞争力排名中名列第11位。

著名景点有黄金海岸、海底花园大堡礁、山间洞府蓝山、荒漠三绝（艾尔斯独石山、奥加斯山、艾丽思温泉小镇）和独有的珍禽异兽，如鸭嘴兽、树熊、袋鼠、琴鸟和小企鹅等。

2. 旅游客源市场

1998年接待入境过夜游客431.79万人次，旅游外汇收入达85.75亿美元；2014年698.9万人次，旅游收入320.2亿美元，接待入境旅游人教与全国人口比为29∶100。客源地区依次为：东亚太地区、欧洲地区、美洲地区、南亚地区。主要客源地亚太地区占60%以上，欧洲占20%以上，美洲占10%。主要客源国依次为中国大陆、新西兰、英国、美国、韩国、马来西亚等。

澳大利亚是世界上人均出国率最高的国家，平均每5~6人中就有一人出国旅行。2011年出境旅游780万人次、旅游支出314亿美元。2017年出境旅游911.8万人次，出境旅游人数与全国人口之比为36∶100。主要出国旅游目的地依次为：英国、新加坡、美国、印度尼西亚、泰国、中国香港、中国内地、马来西亚、加拿大、日本。出境目的主要为商务旅游、休闲度假和探亲访友。185个国家和地区对澳大利亚国民实行免签入境或落地签证政策。

旅游已经成为澳大利亚人生活的重要组成部分。出游目的以度假娱乐为主。1月是盛夏，学校一般放3个月的暑假，形成一年一度的旅游高峰期。7、8月冬季是旅游淡季。国民旅游的宣传口号是："没有假日，就没有生活。"近年来，海外游客人数总体呈上升趋势，但国内游客仍是旅游业的主导。2016/2017财年，国内游客消费支出1385亿美元，海外游客消费支出524亿美元。

3. 旅游产业

2016年旅游业的直接贡献占国民生产总值的2.9%、间接贡献占国民生产总值的10.9%。旅游兼职就业22.44万人，全职就业28.93万人，合计51.37万人，占总就业人数的4.5%。澳大利亚的旅游外汇为顺差，2017年旅游外汇收入417亿美元，旅游外汇支出342亿美元，旅游贸易顺差75亿美元。

澳大利亚的旅游基础设施和服务设施十分完善。目前澳大利亚拥有各类饭店约1150座、汽车旅馆约3200座。墨尔本的洛克曼摄政王饭店、墨尔本摄政饭店、悉尼的塞贝尔饭店等都是世界一流饭店。

商务旅游是澳大利亚旅游的重要组成部分。教育旅游市场对澳大利亚经济非常重要。2010~2011年度国际学生37万人次、收入65亿美元。著名的旅游教育机构有福茨克雷理工学院、墨尔本皇家理工学院、威廉·安格利斯学院、塔斯马尼亚旅游学院、昆士兰农学院、丽晶·帕克社区学院、堪培拉职业教育学院、塔斯马尼亚农学院、戈登技术学院、阿尔班尼技术学院等院校。

4. 旅游管理

原为资源、能源和旅游部，下设旅游司。现为旅游和国际教育部。旅游部长理事会由联邦州和领地政府的旅游部长组成，是一个非常设性的政策协调机构。由政府旅游相关机构与企业代表组成的旅游指导委员会是旅游咨询机构。澳大利亚统计局、澳大利亚旅游调研局和旅游预测委员会分别负责旅游统计、调研和预测工作。各州设立旅游委员会、旅游局或旅游部，统一管理本州的旅游事业。旅游的市场开发与促销工作由旅游委员会主办，在奥克兰、法兰克福、伦敦、洛杉矶、东京、大阪、新加坡、中国香港和上海设有办事处。

四、中澳关系

1. 外交与经贸关系

1972年12月21日中澳建立外交关系，两国宣布建立全面合作关系，正在商议建立自由贸易区。中国在悉尼和墨尔本设有总领事馆。澳大利亚在广州设有总领事馆。两国已建立58对友好省州和城市关系。中国是澳大利亚第一大贸易伙伴，第一大进口来源地和第二大出口市场。

2. 旅游关系

1999年澳大利亚成为中国出境旅游目的地国家，是首个与中国签定旅游目的地（ADS）谅解备忘录的西方国家。2016年4月中澳签署《关于加强旅游合作的谅解备忘录》，2017年共办"中澳旅游年"。

1979年来华游客仅7359人次，2000年23.41万人次，2015年63.73万人次，2017年73.37万人次，2018年75.2万人次。旅华市场的特点是：散客、小包价团增长快；中转游客增长；商务旅游看好，商务旅游占旅华总人数的20%以上。

1998年赴澳9.28万人次，2015年102.36万人次，2016年121.3万人次，2017年137.9万人次，数量超过新西兰，成为澳大利亚第一大游客群体；在澳总花费147亿美元，是澳最大的入境旅游消费国。观光度假旅游为主，其次是探亲和教育。我国文化和旅游部在悉尼设有旅游办事处。

第二节　新西兰

一、基本国情

1. 自然地理

新西兰（New Zealand）是位于太平洋西南部的岛国，介于赤道和南极之间。由南岛、北岛及一些小岛组成，距离澳大利亚1600公里。海岸线长6900公里，面积270534平方公里。新西兰全境多山，山地丘陵占全境面积的3/4，多火山和地震。南岛多海拔3000米以上的山峰，海拔高3764米的库克峰为全国最高峰，岛上冰川湖泊众多；北岛海岸线曲折，多半岛和良港。全国气候温和，四季差别不太明显。

2. 简史

早在 14 世纪，毛利人就在新西兰定居，1642 年荷兰航海家首先在此登陆。1769~1777 年，英国库克船长先后 5 次到新。1840 年 2 月 6 日英国迫使毛利人族长签订《威坦哲条约》，新沦为英殖民地。1907 年新西兰从英国的直辖殖民地中独立出来成为自治联邦。1947 年新西兰成为主权国家，并为英联邦成员。

3. 国旗、国树、国鸟与国石

国旗：旗地为深蓝色，左上角为英国国旗图案，表明新西兰同英国的传统关系；旗的右边有 4 颗镶白边的红色五角星，表示南十字星座，象征独立和希望。

国树：银蕨。

国鸟：几维鸟。

国石：绿玉。

4. 政治体制

新西兰无成文宪法，国家元首为英国女王伊丽莎白二世，总督为女王代表。议会实行一院制，称众议院。有议员 97 名，其中 4 名为毛利族议员，均由普选产生，任期 3 年。总督与内阁成员组成的行政会议是法定的最高行政机构。行政会议由总督主持。世界上第一个实施妇女选举权的国家，自 1935 年起由工党和国民党轮流执政。有大小政党 20 多个，主要有国家党行动党、毛利党、联合未来党、工党、进步党、绿党等。

5. 国民经济

经济发达国家，以农牧业为主，农牧产品出口约占出口总量的 50%。羊肉和奶制品出口量居世界第一位，羊毛出口量居世界第三位。农业高度机械化，畜牧业发达，是新西兰经济的基础，渔产丰富。主要贸易伙伴为中国、澳大利亚、美国、日本、新加坡、韩国。2017 年年度国内生产总值 4162 亿美元，人均国内生产总值 8.68 万美元。2012 年农业、工业、服务业增加值的比重为 8.4：25.5：66.1。进出口货物主要靠海运，奥克兰、惠灵顿等是重要的港口。国际机场有奥克兰机场、克赖斯特彻奇机场和惠灵顿机场。

货币名称：新西兰元（New Zealand Dollar）。汇率：1 新元 =0.68 美元（2019 年 1 月）。

6. 对外政策

保障新西兰的主权与安全，促进新西兰经济繁荣及与其他国家的经济贸易关系。积极参与亚太地区的经济合作、控制军备、主张核裁军。已同 100 多个国家建立外交关系。

二、人文习俗

1. 人口、民族、语言与宗教

人口491万（2019年）。欧洲移民后裔占74%，毛利人占15%，亚裔占12%，太平洋岛国裔占7%（部分为多元族裔认同）。官方语言为英语、毛利语。大多信奉基督教新教和天主教。

2. 节假日

元旦：1月1~2日。

国庆日：2月6日，纪念1840年建国。

复活节：4月10~13日。

澳新军团日：4月25日，纪念1915年第一次世界大战中澳新军团在加利波利半岛登陆。

英女王寿辰：6月4日，庆祝英国女王伊丽莎白二世诞辰。

劳动节：10月22日。

圣诞节：12月25日。

节礼节：12月26日。

职工年带薪休假20天。

3. 饮食特色

食物丰富，主要有羊肉、野味、鹿肉、龙虾、三文鱼、酪梨、草莓及奇异果等，其中肉类、海产、水果新鲜味美，素有"美食天堂"之誉。饮食口味较为清淡。

4. 社交礼仪

欧洲和亚洲移民均遵从各自传统的风俗习惯。生活在城市里的毛利人仍然沿袭毛利人的传统文化，尊敬长者、珍视权杖、绿玉项链等传家之宝，深信其中藏有先辈的灵气。毛利人能歌善舞，擅长雕刻。接待客人的最高礼仪是碰鼻礼。国鸟是几维鸟，新西兰人常称自己为"几维"。

三、旅游业

1. 旅游城市与景点

惠灵顿：首都，新西兰重要工商业城市、文化中心和海港。主要文化景点有国家美术馆、图书馆、圣公会大教堂及维多利亚大学等。

奥克兰：新西兰第一大城市，拥有海滩，景点还有嘉里道顿海底世界及南极模拟、天空之城娱乐城、奥克兰博物馆、海事博物馆、奥克兰城市艺术画廊、毛利族及波利尼西亚文化中心等；市民喜爱扬帆出海，有"帆船之都"之誉。

罗托鲁瓦：著名的地热观光城市，城中的热泉和泥浆池数不胜数，到处弥漫着浓浓的蒸汽和硫黄气味。毛利族历史文化荟萃之地。主要景点有爱歌顿牧场、波利尼西亚浴池、怀芒口火山谷、峡谷内湖水沸腾奇观等。

基督城：19世纪的英国式建筑、环绕市内主要景点的怀旧电车，显示了浓郁的英国风情。基督城文化艺术气息浓厚，经常有歌剧、演奏会、芭蕾舞表演、户外流行音乐会、民间艺人表演，雅俗共赏。是探索南极的研究中心，展出各科考组织考察南极的资料，模拟南极地貌、气候、生态环境的展览。

很早开展生态旅游，自然生态旅游与人文生态旅游协调发展。世界自然遗产有汤加罗里国家公园、亚南极岛屿（热带与亚热带地域的生物多样性）和蒂瓦希波乌纳穆地区（长期冰川作用下形成的地质地貌与原生态环境）等3处，库克山国家公园和峡湾地区国家公园，瓦尔特高原牧场，罗托鲁阿·陶波湖地热，怀托莫溶洞，北岛火山与热泉，可开展多种海上运动、温泉养生和登山滑雪，塔斯曼冰川探险考察。新西兰是蹦极的发源地。旅游宣传口号："新西兰：百分之百的纯净。"

2017年新西兰在全球旅游竞争力排名中名列第16位。

2. 旅游客源市场

2000年接待外国游客243.5万人次，外汇收入65.22亿美元；2013年入境人数为262.9万，74.72亿美元；2017年入境人数为355.5万，102.85亿美元，接待入境游客人数与全国人口之比为72∶100。主要客源地区是亚太地区，占60%；欧洲占20%；美洲占10%。主要客源国为澳大利亚、中国、英国、美国、日本。40%来自澳大利亚，11%来自中国。多数国际旅客的主要目的是度假与探亲访友。

1999年出境旅游118.5万人次，旅游支出15.05亿美元；2011年，出境游客208万人次，2017年出国旅游270万人次，创历史最高纪录。新西兰人海外旅行增长最快的目的地分别是澳大利亚、美国和中国。2017出境旅游人数与全国人口之比为55∶100。由于血缘和地缘关系，赴澳大利亚旅行的人数约占出境总人数的一半左右。181个国家和地区对新西兰国民实行免签入境或落地签证政策。

3. 旅游产业

旅游业是新西兰经济体和生活方式的重要组成部分。2016年旅游业的直接贡献占国民生产总值的5.2%、间接贡献占国民生产总值的17.2%。旅游业位居新西兰出口收入来源第一位，有12.1%的人口直接或间接地服务于旅游业。

4. 旅游管理

新西兰商业、创新与就业部旅游部主管旅游业，向政府提供建议，就关键的旅游政策问题与其他部门合作，以及进行旅游研究和提供统计数字，其中包括对政府旅游投资问题提供建议和评估等。

国家旅游政策的重点是：环境渔业和海洋作为旅游资源的使用；提供旅游设

施；在尊重当地人价值观的同时将他们的文化和毛利人的遗产开发为旅游景观；旅游业和经济发展规划。

旅游宣传工作由旅游促进局负责，在悉尼、墨尔本、布里斯班、洛杉矶、纽约、芝加哥、温哥华、东京、大阪、伦敦、法兰克福、新加坡、曼谷、中国香港、中国台北、首尔设有办事处。

四、中新关系

1. 外交与经贸关系

中新于1972年12月22日建立外交关系，中新经贸关系稳步发展，2004年4月，新西兰政府正式承认中国已经建立市场经济体制，两国已签订《自由贸易区协议》。中国是新西兰第二大贸易伙伴和第三大出口市场、第二大进口来源地。

2. 旅游关系

1995年5月，双方面签署《关于旅游合作的谅解备忘录》。2009年4月，两国签署《旅游事务对话与合作安排》。新西兰来华旅游人数不断增长，1997年2.8万人次，2015年12.54万人次，2017年14.35万人次，2018年14.6万人次。中国已成为新西兰第五大出国旅游目的地。来华游客中观光度假的约占1/4，商务会议的约占1/5。

1997年11月，新西兰成为中国公民自费出境旅游目的地。1998年赴新旅游0.89万人次，2015年35.5万人次，2017年40.42万人次，2018年14.6万人次，目前，中国是新西兰第三大客源国和成长最快的海外旅游市场。2018年两国互访人数达60万人次。2019年即将举办"中新旅游年"。

学习提要

大洋洲地区是中国重要的潜在旅游客源地与目的地，是中国拓展国际旅游市场的重要方面。

教学重点

澳大利亚的旅游业现状、特点及其与中国的旅游交流与合作。

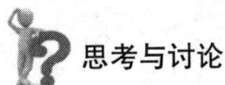

思考与讨论

澳大利亚的旅游产品、旅游市场、旅游管理有哪些特点。

参考书目与网站

1. 书目

[1] 中国国家旅游局，中国旅游年鉴（1990~2017）.北京：中国旅游出版社，2014.

[2] 中国国家旅游局，中国旅游统计年鉴（1990~2017）.北京：中国旅游出版社，2013.

[3] 中国社会科学院旅游研究中心，旅游绿皮书（2000~2018）.北京：社会科学文献出版社.

[4] 中国旅游研究院，中国入境旅游者发展年度报告（2018）.北京：旅游教育出版社，2018.

[5] 中国旅游研究院，中国出境旅游者发展年度报告（2018）.北京，旅游教育出版社，2018.

[6] 联合国世界旅游组织，世界旅游统计概览（2005）.北京：中国旅游出版社，2005.

[7] 张凌云，世界旅游市场分析与统计手册.北京：中国旅游出版社，2008.

[8] 魏小安、张凌云，共同的声音——世界旅游宣言.北京：旅游教育出版社，2003.

[9] 刘高焕，世界国家地理地图.北京：中国大百科全书出版社，2010.

[10] 王兴斌，旅坛忧思录.北京：旅游教育出版社，2013.

[11] 王兴斌，中国出入境旅游国家（地区）概要，北京：化学工业出版社，2014.

2. 网站

[1] 联合国世界旅游组织：http://www.world-tourism.org.

[2] 世界旅行旅游理事会：http://www.wttc.com.

[3] 世界经济论坛：http://chinese.weforum.org/

[4] 亚太旅游协会：http://www.patachina.org

［5］中华人民共和国外交部：http：//www.fmprc.gov.cn.
［6］中华人民共和国国务院港澳事务办公室：http：//www.homo.gov.cn
［7］中华人民共和国商务部：http：//www.moftec.gov.cn.
［8］中华人民共和国国务院台湾事务办公室：http：//www.gwytb.gov.cn
［9］中华人民共和国国务院侨务办公室：http：//www.gqb.gov.cn.
［10］中国国家外汇管理局：http：//www.safe.gov.cn.
［11］中国旅游新闻网：http：//www.ctnews.com.cn.
［12］新华网港澳频道：http：//www.news.cn/gangao.
［13］新华网台湾频道：http：//www.news.cn/tw.
［14］香港特别行政区：http：//www.info.gov.hk.
［15］香港旅游发展局：http：//www.discoverhongkong.com
［16］香港旅游业网：http：//partnernet.hktb.com/tc
［17］澳门特别行政区：http：//www.macau.gov.mo.
［18］澳门旅游局：http：www：//macautourism.gov.mo.
［19］澳门统计与普查局：http：//www.dsec.gov.mo.
［20］中国台湾网：http：//www.chinataiwan.org.
［21］台湾观光局：http：//admin.taiwan.net.tw.
［22］台湾观光资讯网：http：//taiwan.net.tw.

第8版修订后记

本教材于2000年由国家旅游局人教司组织编写的全国旅游院校统编教材。初版以来，几乎每年增印，总印数约在20万册以上。本教材为全国众多旅游院校（系）采用，也被用作旅游职业培训的参考用书及旅游从业人员的自学用书。2008年本教材被教育部评为"十一五"规划教材。

随着中国出境旅游大发展的形势，中国主要客源国（地区）与目的地国家（地区）两者呈现重合的特点。为此，本书不仅是对中国主要客源国的介绍，也是对主要旅游目的国的介绍，实际上本书是"中国旅游客源国与目的地国（地区）概况"，涵盖了中国（大陆）最重要的入境客源产出地与出境旅游目的地。

本版在介绍各国概况时，精简了有关历史、政体、经济与文化等的篇幅，扩充了对各国旅游业近况的介绍，增添了对各国旅游产品特点、宣传推广口号和2018年世界经济论坛发布的"旅游与旅行竞争力"世界排名等内容，更新、补充了新资料，引用了2018年8月世界旅游组织发布的《旅游亮点2018》中2017年世界与各国旅游的最新统计数据，增补了中国与相关国家旅游交往的新进展。

竭诚欢迎使用本书的老师、学员和读者批评指正、共同切磋，使这门课程更趋成熟。在笔者的书架上收藏有十多本全国兄弟院校同仁们编著的同类教材，足见这门课程备受重视，也使我深信，在全国同仁的共同努力下，本课程必将成为所有旅游院校一门的必修的、传统的，乃至经典的课程。因为一个合格的中国旅游人，必然是一个有世界视野、了解世界旅游的人。

需要向读者说明的是，20年前参加本教材编写的有：兄弟院校的周进步（浙江大学旅游学院）、周培义（桂林旅游高等专科学校）、罗兹柏（重庆旅游学院）、孙玉琴（江西财经大学）等老师，北京第二外国语学院的李翠霞、吕龙根、徐堃耿、纪焕祯、祖淑珍、蒋桂良、王富德、李中泽、杜学、杨培华、郑扬、刘春辉、张招华等老师。这几位老师大多已与我一样退休，有些已另有工作安排。北京第二外国语学院原副院长李翠霞教授已不幸病逝。

受旅游教育出版社之约，此版修订与二、三、四、五、六、七版修订一样，仍由本人执笔。书稿中不妥之处，均由本人负责。

2019 年 3 月 20 日
于京郊奥林匹克花园寓所
13901362835@139.com